Acquisition.com Volume II

Leads da $100M

Come Convincere gli Sconosciuti a

Voler Comprare le Tue Cose

Alex Hormozi

I

Acquisition.com
7710 N FM 620, Building 13C, Suite 100,
Austin, Texas 78726

Titolo originale:

$100M Leads: How To Get Strangers To Want To Buy Your Stuff
Fotografie, illustrazioni e immagini interne realizzate da Alex Hormozi

Tradotto da:

Madani Academy

Tradotto dall'inglese da Mirko Cannatà & Matteo Chapellu
Corretto da Fabiana Vuillermoz & Nour Matine

Guida Principale

Fare di più

Grazie

A Trevor:

Grazie per la tua Vera amicizia. Grazie per il tuo instancabile sforzo nell'estrapolare le idee dalla mia mente. E grazie per il tuo continuo supporto nello sconfiggere il mostro del nichilismo. Si dice che si sia fortunati ad avere un vero amico nell'arco di una vita intera. Grazie di essere il miglior amico che un uomo potrebbe desiderare.

A Leila:

Anche se Lady Gaga l'ha detto per prima, non lo rende meno vero.

"Hai trovato la luce in me che io non riuscivo a trovare.

La parte di me che è te non morirà mai."

IV

Indice

Sezione I: Inizia da qui

"È difficile essere poveri con leads che bussano alla tua porta" -
Jingle della famiglia Hormozi

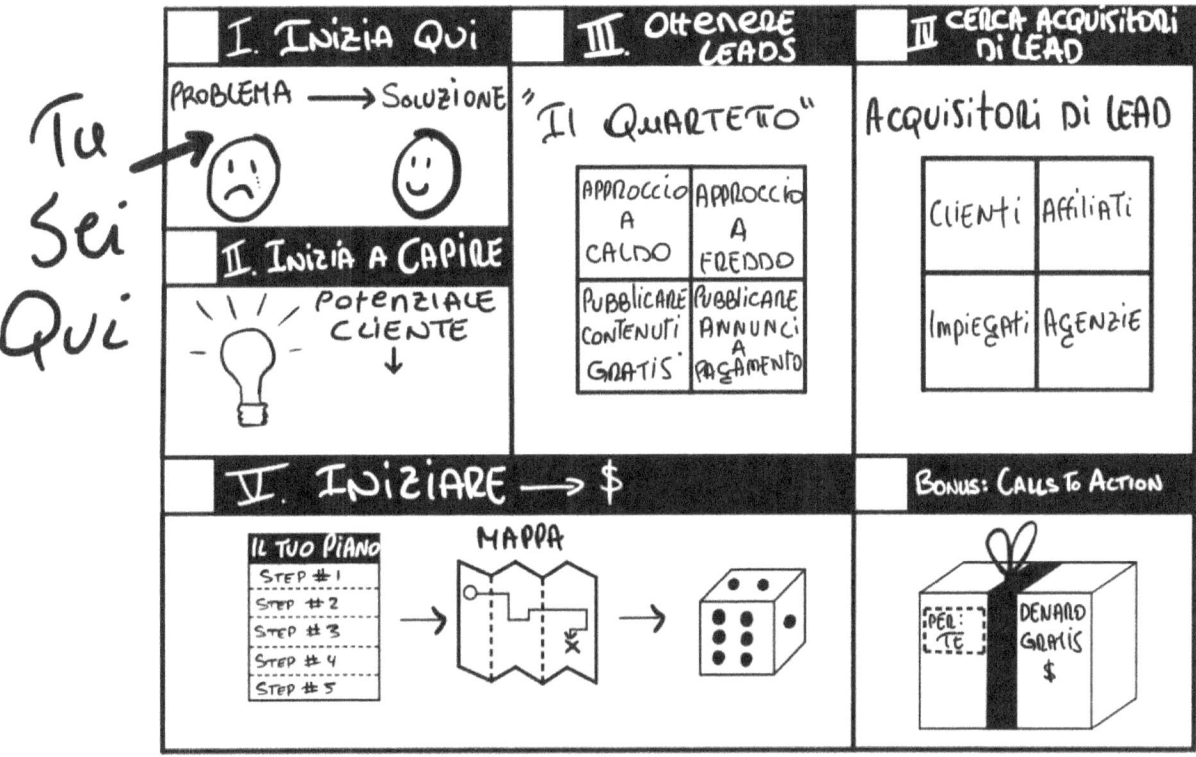

Per guadagnare denaro, devi vendere qualcosa. Sembra piuttosto semplice, ma tutti cercano di passare direttamente alla fase del "guadagnare denaro". Non funziona in questo modo, l'ho sperimentato. È necessario avere *tutti* gli elementi. Devi avere qualcosa da vendere, un'offerta. Devi avere persone a cui vendere, i leads. Poi devi convincere queste persone ad acquistare, ossia fare vendite. Solo quando avrai organizzato *tutte queste componenti*, potrai realmente guadagnare denaro.

Il mio primo libro, "*$100M Offers*", copre il primo passo e ti fornisce le cose. Risponde alla domanda secolare *"Cosa dovrei vendere?"*. La risposta è un'offerta così buona da far sentire le persone stupide a dire di no. Ma gli sconosciuti possono comprare le tue cose solo se sanno che esisti. Questo richiede leads. La parola "lead" ha significati diversi per molte persone. Ma la maggior parte concorda sul fatto che siano il primo passo per ottenere più clienti. In termini più semplici, significa che hanno il problema da risolvere e i soldi da spendere.

Se stai leggendo questo libro, sai già che i leads non compaiono magicamente. Devi andare a cercarli. Più precisamente, devi aiutarli a trovarti in modo che possano comprare le tue cose! E la cosa migliore è che non devi aspettare... puoi *costringerli* a trovarti. Lo fai attraverso la pubblicità. **La pubblicità**, che consiste nel *far conoscere agli sconosciuti ciò che vendi*, permette loro di scoprire i tuoi prodotti. Più persone conoscono i tuoi prodotti, più vendi. Aumentando le vendite, aumenti i guadagni. *Avere molti leads rende difficile vivere in condizioni di povertà.*

La pubblicità ti dà la possibilità di avere un prodotto di qualità mediocre... e comunque guadagnare denaro. Ti permette di non essere eccellente nelle vendite... e comunque fare profitto. Ti consente di commettere vari errori e *comunque generare guadagni*. In definitiva, possedere questa abilità ti offre *un'infinità di opportunità per agire correttamente*.

Nel mondo spietato degli affari, le seconde opportunità sono rare. Quindi è meglio sfruttare al massimo la prima. *La pubblicità è una competenza preziosa da possedere.*

E questo libro, "$100M Leads", ti mostra *esattamente* come farlo.

***

$100M Leads si basa sulle fondamenta del mio primo libro, *$100M Offers*. Si presume che tu abbia già *un'Offerta da Grande Slam* da vendere. Una volta che hai un'offerta da vendere, si crea il problema successivo: "*A chi devo venderla?*". Questo libro è la mia risposta a quella domanda. Leads. Molti leads.

Prima di imparare a ottenere leads, *la vita è una lotta*. Non sai dove arriverà il prossimo cliente. Ti sforzi per pagare l'affitto e le bollette. Hai l'ansia di dover licenziare dipendenti, di riuscire a mettere il cibo sulla tavola e... di finire in *bancarotta*. Lavori intensamente per raggiungere il successo, mentre gli altri ridicolizzano i tuoi sforzi. Sembra una tragedia. L'ho vissuta sulla mia pelle. Capisco perfettamente come ci si sente. Questo libro ti pone in una posizione migliore. Dove hai più leads di quanti riesci a gestire e più denaro di quanti riesci a spendere.

Ecco come:

Prima di tutto, spiega come funziona la pubblicità.

In secondo luogo, rivela i quattro pilastri principali per ottenere leads.

In terzo luogo, ti mostra come far fare ciò ad altre persone al tuo posto.

Infine, offre un piano pubblicitario di una pagina che puoi mettere in pratica *immediatamente* per far crescere la tua azienda.

***

Una volta che sai come ottenere leads, la vita diventa più semplice.

Per quanto riguarda il motivo per cui dovresti prendere in considerazione il mio consiglio su come ottenere più leads - non prendere decisioni alla cieca. Decidi da te, per favore! Ma, per onestà intellettuale, ecco il mio curriculum:

Sono coinvolto nella pubblicità in diverse industrie tramite la mia società di investimenti, Acquisition.com. Nel nostro portfolio figurano software, e-commerce, servizi aziendali, servizi per i consumatori, catene di negozi fisici, prodotti digitali e molte altre categorie. Insieme, generano un fatturato annuo di oltre $250.000.000 e riescono a ottenere più di 20.000 leads al giorno, vendendo prodotti che vanno da $1 a oltre $1.000.000.

Dal lato personale, ho un rendimento medio a vita sulla pubblicità di 36:1. Ciò significa che per ogni dollaro che spendo in pubblicità, ne ottengo indietro 36. Un rendimento del 3600%. Alcune persone hanno costruito la loro ricchezza nel mercato azionario, altre nell'immobiliare. Io ho costruito la mia tramite la pubblicità.

Quest'anno ho superato i 100.000.000 di dollari di patrimonio netto all'età di 32 anni. Se sei venuto dal futuro, si tratta di dollari statunitensi del 2022. A malincuore, non c'è stato alcun festeggiamento con volantini, premi o parate. Sono ancora 2000 volte più povero dell'uomo più ricco del mondo. La mia vita è essenzialmente la stessa. Sono ancora della stessa altezza, sposato con la stessa donna e sto diventando grigio più velocemente di quando ero più giovane e meno ricco.

In queste pagine, condivido le competenze responsabili della maggior parte del mio successo materiale. Ho ottenuto tutto ciò utilizzando i metodi pubblicitari presenti in questo libro. Non ho tralasciato nulla. Questo non è un libro di teorie o analisi da poltrona. Questo libro si basa su ciò che ha funzionato per me. L'ho scritto sperando che funzioni ancora meglio per te.

Per rispondere a una domanda che mi è stata posta dopo aver pubblicato il mio primo libro: "Perché i tuoi libri sembrano scritti per bambini?" La risposta è semplice: i miei libri devono essere libri che io leggerei. E ho una breve capacità di attenzione. Pertanto, equiparo le mie preferenze di lettura a quelle di un bambino: brevi in lunghezza, semplici nelle parole e con molte immagini. Questi libri sono il mio tentativo di fare questo.

$100M Leads riguarda il far suscitare interesse agli estranei per ciò che vendi. E una volta che ti avrò trasferito questa abilità, sarà il tuo turno di usarla

Detto questo... diventiamo ricchi, ok?

Suggerimento Professionale: Leggere ed Ascoltare ti Permette di Imparare Meglio

Se ascolti un audiolibro mentre leggi il libro fisico o l'ebook, leggi più velocemente e ricordi meglio. Il contenuto si fissa in più parti del cervello. È così che leggo i libri che meritano di essere letti.

Anch'io uso questo metodo perché faccio fatica a rimanere concentrato. Ascoltare l'audio mentre leggo mi aiuta a evitare distrazioni. Mi ci sono voluti due giorni per registrare questo libro ad alta voce, per facilitarti nella comprensione e memorizzazione dei concetti.

Se vuoi provare, prendi la versione audio e sperimenta di persona. Spero che la troverai tanto utile quanto lo è stata per me. Ho pensato di condividere questo trucco all'inizio, così avrai la possibilità di utilizzarlo se hai trovato il primo capitolo abbastanza interessante da meritare la tua attenzione.

Suggerimento Professionale: Trucco Per Finire I Libri

Mi distraggo facilmente. Quindi ho bisogno di piccoli trucchi per mantenere la mia attenzione. Questo mi aiuta molto: Finisci i capitoli. Non fermarti nel mezzo. Completare un capitolo ti dà un rinforzo positivo. Ti fa andare avanti. Quindi, se incontri un capitolo difficile, finiscilo in modo da poter ricominciare da capo su quello successivo.

Come Sono Arrivato Qui

"La speranza è la capacità di vedere la luce nonostante tutta l'oscurità" - Desmond Tutu

Marzo 2017.

Sentii ripetuti tocchi sulla mia spalla mentre stavo lavorando alla mia scrivania. Era Leila, la mia ragazza e socia in affari.

"Cosa succede? Va tutto bene?" chiesi.

"Abbiamo un problema," disse.

Che c'è adesso? pensai.

"Guarda questo." Spostò un mucchio di libri per fare spazio al suo laptop.

"Cosa dovrei guardare?" strizzai gli occhi.

"Un disastro.

Passò il dito sullo schermo per indirizzare il mio sguardo.

-$99... -$499...-$499... -$299...-$399... -$499...-$499@

Ogni singola operazione era più grande del mio affitto.

"Cosa sono questi?"

Iniziò a scorrere. "Rimborsi. Tutti. Dai due centri fitness che abbiamo aperto il mese scorso."

"Aspetta. Come? Perché?

Scorse ulteriormente. "Ieri sera ho ricevuto un bel po' di messaggi strani dai membri della palestra in Kentucky che ci siamo fatti. Pare che il proprietario si sia messo in piedi e abbia detto a tutti di chiedere il rimborso e tornare a casa. Sembra non avesse intenzione di occuparsi di tutti i nuovi clienti. "

"È pazzesco," dissi.

Stava ancora scorrendo. "Ieri sera ho ricevuto un bel po' di messaggi strani dai membri della palestra in Kentucky che ci siamo fatti. Pare che il proprietario si sia messo in piedi e abbia detto a tutti di chiedere il rimborso e tornare a casa. Sembra non avesse intenzione di occuparsi di tutti i nuovi clienti."

"Aspetta un attimo. Non possono farlo." dissi.

"Eh, lo hanno fatto." *La lista cominciò a scorrere più velocemente, i numeri si confondevano.*

"Li hai chiamati? Non è permesso nell'accordo." dissi.

"Sì, lo so. Non rispondono alle mie chiamate."

Posai la mano sulla sua. La cascata di rimborsi si fermò. Centinaia di minuscoli promemoria di quanto fossi in un mare di guai.

"Quanto è grave? Quanti rimborsi? Solo tagli agli utili? O abbastanza da finire in negativo e dovere soldi?" Cercai di mantenere ferma la voce. Ho fallito.

Leila si fermò prima di rispondere. "Sono centocinquantamila dollari...non saremo in grado di pagare i miei amici."

Le loro facce mi sfilarono davanti agli occhi, e la poca speranza che avevo svanì dal petto. Un mese prima, avevo convinto i suoi amici a lasciare i loro lavori per questo. Ora dovevo dir loro che non avevo i soldi per pagarli.

Continuò. "Non possiamo risolvere tutto aumentando le vendite. Finiremmo solo con più rimborsi da gestire. E siamo a corto di soldi." I suoi occhi mi fissarono, cercando le risposte che lei meritava. Io non avevo niente da offrire.

Mi sentii male.

Un anno prima -

Ero bravo a ottenere leads per le mie palestre. Ero passato da zero a cinque sedi in soli tre anni. La mia fama era dovuta al fatto che le mie palestre erano completamente operative sin dal primo giorno. Così, ho aperto quante ne potevo nel minor tempo possibile.

La mia rapida crescita ha iniziato ad attirare l'attenzione. Mi chiesero di parlare a una conferenza riguardo al mio metodo pubblicitario. Tuttavia, per me, non pensavo che il mio processo fosse speciale. Pensavo che fosse la norma per tutti. Perciò, ho fatto la mia presentazione sperando di non annoiare il pubblico. Loro sono rimasti in silenzio.

Appena scesi dal palco, si formò intorno a me un gruppo numeroso. Mi furono lanciate domande da ogni parte. Avevo difficoltà a tenermi dietro a loro. Mi seguirono persino nel bagno. Mi sentii come una celebrità. Era incredibile. Fino a quel momento, non fui mai così bombardato nella mia vita. Tutti volevano che insegnassi loro come fare ciò che avevo appena presentato. Volevano il mio aiuto. Io. Ma non avevo nulla da vendere loro. Nonostante ciò, più di cento persone mi lasciarono i loro numeri di telefono e biglietti da visita nel caso avessi cambiato idea. Fu allora che mi venne in mente un'idea folle.

Potrei guadagnare qualcosa facendo questo...

3 mesi dopo - un'idea si trasformò in un'attività

Dato che avevo usato la pubblicità per portare le mie palestre alla piena capacità, pensai che avrei potuto fare lo stesso per le palestre di altre persone. Ho chiamato l'azienda Gym Launch. Originale, lo so.

La mia offerta era semplice. *Riempirò la tua palestra in 30 giorni gratuitamente. Non paghi nulla. Pago tutto io. Vendo nuovi abbonamenti e tengo le prime 6 settimane delle quote d' iscrizione come pagamento. Tu ti tieni tutto il resto. Se non riempio la tua palestra, non guadagno soldi. Tu in ogni caso non spendi nulla*

Era un'offerta che si vendeva da sola. Viaggiavo incessantemente, attivando la mia macchina dei leads. Lavoravo duramente su ogni lead e poi li monetizzavo. Non vendendo i leads alla mia palestra di riferimento, ma piuttosto alla palestra in cui mi trovavo accampato quel mese. Ogni mese cambiavo location. E così via, ciclo dopo ciclo. *E funzionava da matti.*

La voce su questo ragazzo che avrebbe riempito gratuitamente la tua palestra si diffuse rapidamente. Se non avessi chiesto aiuto, le raccomandazioni mi avrebbero prenotato per più di due anni consecutivi. Non potevo gestire le palestre e fare questo, quindi vendetti tutte le palestre e investii tutto in Gym Launch.

Un piccolo intoppo nel piano, però. Il mio nuovo partner aveva "scarsa situazione finanziaria". Così, il bravo ragazzo Alex si offrì di pagare tutte le spese e accollarsi tutta la responsabilità per il primo lancio. Io personalmente avrei garantito il contratto di locazione e avrei investito il *mio* tempo e i miei soldi per riempire la palestra di membri. Una volta riempita, l'avrei ceduta a lui. Ho messo tutti i soldi provenienti dalla vendita delle mie palestre, compresi i miei risparmi, in questo modello di "lancio e gestione". Mi ha portò via tutto ciò che avevo.

Alcune settimane dopo, a metà del lancio, mi svegliai e scoprii che tutti i soldi del conto erano spariti. TUTTI. Il mio partner mi accusò di furto e prese i soldi con la scusante che fossero "la sua parte" dei profitti. Ma, *non avevamo fatto alcun profitto.* Poi, inviò i soldi a un contatto straniero e dichiarò bancarotta. Almeno, è ciò che mi ammise. Quando gli proposi di esaminare i conti e di rendere conto di ogni dollaro, rifiutò. Fu allora che compresi di aver commesso un grave errore.

Scoprii che era stato incriminato per frode qualche anno prima. E per rendere le cose ancora peggiori, ne ero già a conoscenza. Mi disse che era "solo un grosso malinteso". Gli credetti. Come dice il detto, *quando i soldi incontrano l'esperienza... i soldi si arrendono all'esperienza, e l'esperienza scappa con i soldi.* Lezione imparata.

In tre mesi, sono passato da essere un proprietario di palestre di successo con diverse sedi, a vendere tutte le mie palestre. Ad un nuovo modello per aprire palestre. E poi, completamente al verde. Tutto quello che avevo guadagnato dalla vendita delle palestre era sparito. I miei risparmi erano svaniti. Cancellati. Tutto. Quattro anni di lavoro, risparmi, dormite per terra – cancellati in un... oh no... *Leila*.

Leila aveva abbandonato la sua vita così com'era per seguirmi in questa avventura. Aveva sopportato i miei continui cambiamenti. Mi aveva sostenuto anche quando era contraria alla partnership poco solida. Nonostante questo enorme fallimento, non aveva mai accennato a un "*Te l'avevo detto*". Invece, mi disse: "Il modello di Gym Launch è ancora valido. Li rifacciamo in un batter d'occhio questi soldi." E così abbiamo fatto.

Ho messo $3.300 *al giorno* su una carta di credito per pagare annunci, voli, alloggi, auto a noleggio, ecc., per sei rappresentanti di vendita. Gli amici di Leila. Dico questo leggermente, ma ho descritto quanto fosse un incubo nel mio primo libro. Quindi non lo ripeterò qui.

Nel primo mese, abbiamo lanciato sei palestre e raccolto $100.117. Abbiamo guadagnato abbastanza per coprire il conto di $100.000 della carta di credito. E per la cronaca, ciò significava che ero ancora al verde. Il mese successivo abbiamo guadagnato $177.399 con un profitto di $30.000-$40.000. Mi ha dato un po' di respiro. *Finalmente*.

E fu in quel momento che Leila mi toccò la spalla per condividere $150.000 di brutte notizie.

Ora sei aggiornato.

La mattina dopo che Leila mi disse che avevamo $150.000 di rimborsi e avevamo perso tutti i nostri soldi.

Di nuovo.

Un clacson assordante mi spaventò alle 3 del mattino. I miei problemi tornarono a galla. Bene. Ora ero sveglio. Mi tirai fuori dal letto e mi avviai verso il mio angolo di lavoro. Mi avvicinai per abitudine più che per desiderio. Spostai la sedia e mi lasciai cadere - quaderno e penna pronti. Dovevo guadagnare $150.000 di profitto, non di ricavi, in trenta giorni. E dovevo farlo senza avere soldi, e senza esperienza nel fare così tanto profitto in un mese. Mai. Così iniziai a scarabocchiare idee:

...Chiedere una tariffa anticipata per le nuove palestre

...Chiedere una percentuale dei ricavi delle vecchie palestre

...Far pagare in anticipo le palestre che avevo già lanciato per un lancio futuro

...Chiamare ogni vecchio cliente e vendergli integratori per telefono

Continuavo a fare i calcoli. Nessuna di queste idee avrebbe reso abbastanza soldi. *Non in trenta giorni comunque*. Mi sentivo incollato alla sedia. *Devo trovare una soluzione a questo problema.*

Un paio d'ore dopo, Leila si svegliò. Come un orologio, entrò in cucina e si versò una tazza di caffè. Si mise subito al lavoro al tavolo della cucina dietro di me.

"Che cosa stai facendo?" le chiesi, cercando di distrarmi.

"Controllo i clienti di fitness online", disse.

"Quanto hai guadagnato il mese scorso?"

"3600 dollari."

"Quanto fai pagare?

"300 dollari al mese. Perché?"

"Quanto tempo ci metti?"

"Qualche ora alla settimana."

"E non ci sono spese, solo tempo?"

"Sì... perché?"

Proseguì "So che si tratta di vecchi clienti di allenamento personale, ma pensi che potresti farlo con estranei?"

"Non lo so... forse... cos'hai in mente?".

"Credo di avere idea", ho detto.

"Aspetta, per cosa?"

"Per trovare i centocinquantamila dollari."

"Cosa, il mio corso online? Come?" Lei sembrava scettica.

"Eliminiamo semplicemente l'intermediario e vendiamo direttamente. Penso di poter semplicemente pubblicare annunci su una pagina di vendita che prenota appuntamenti telefonici. Poi possiamo vendere i programmi fitness che abbiamo venduto nelle palestre, ma venderlo come un programma online. Abbiamo già i materiali. Sappiamo già che gli annunci funzionano. E non ci saranno costi da sostenere. Inoltre, niente più voli. Niente affitti. Niente motel. E nessun proprietario di palestra che dice di rimborsare..."

Lei esitò. "Pensi che potrebbe funzionare?"

"Onestamente... non ne ho idea. Ma ogni giorno in cui non facciamo qualcosa è un giorno in meno per trovare i soldi."

"Va bene, facciamolo."

Era tutto ciò di cui avevo bisogno.

Lavorai trentotto ore di fila per rendere l'offerta attiva. Poche ore dopo, i leads iniziarono a entrare. Leila fece la sua prima chiamata il giorno successivo. Entrai mentre la chiamata stava finendo:

"499 euro... sì... e quale carta volevi usare?" *Aveva il carisma di un professionista.*

Pochi minuti dopo, chiesi con anticipo, "Chiuso??"

"Sì." *Caspita, è davvero una professionista.*

Ho persino scattato una foto di Leila mentre chiudeva la nostra prima vendita perché sembrava un momento così importante.

Entro pochi giorni, stavamo facendo 1000 euro al giorno in vendite di fitness online. Abbiamo anche ottenuto il denaro in anticipo con quasi nessun rischio di rimborsi. *Stava funzionando.* Ma, eravamo *ancora molto* lontani dai 150.000 dollari.

A pranzo, ascoltava il mio piano tra un boccone e l'altro. "Va bene, i venditori possono restare a casa e vendere questo al telefono. Se guadagnano 1000 euro al giorno come te, con otto ragazzi, dovremmo raggiungere 8.000 euro al giorno. In trenta giorni, guadagneremo 240.000 euro. Dopo la spesa pubblicitaria e le commissioni, avremo abbastanza per coprire i 150.000 euro."

"E le palestre che dobbiamo inaugurare?"

"Li chiamerò e dirò loro che stiamo prendendo un'altra direzione. Non ci hanno pagato nulla, quindi non c'è molto su cui possono obiettare. Inizierò a chiamarli dopo pranzo."

La prima chiamata fu a un proprietario di una palestra a Boise, Idaho.

"Pronto?"

Guardai in basso per leggere i punti elencati sul mio piccolo script. "Ehi amico, non faremo più lanci. Stiamo concentrati sul vendere il programma dimagrante direttamente ai consumatori. Quindi non verrò"

Mi interruppe. "Ma ne ho *davvero* bisogno ora. Ho appena rifinanziato la mia casa e ho esaurito tutte le mie carte di credito per mantenere la mia palestra. Ho investito tutti i miei risparmi in questo posto. Puoi aiutarmi in qualche modo? Hai lanciato la palestra del mio amico. So cosa sai fare."

Dato che la mia situazione era peggiore della sua, non mi importava quanto fossero gravi le sue finanze. Così dissi fingendo empatia. "Capisco che sia un momento difficile, ma non ci sposteremo. Mi dispiace."

"Va bene, va bene. Capisco che non puoi venire. Ma c'è un modo per mostrarmi cosa fare? Ne abbiamo davvero bisogno."

Ero esausto, stremato, senza soldi e mi sentivo deluso dall'intera industria. Avrei dovuto rifiutare, ma ho detto invece... "D'accordo. Ti insegnerò come ottenere leads, ma non sarò lì a salvarti se non riesci a concludere la vendita."

"Lo capisco perfettamente. Dipende da me. So come concludere un affare. Solo che non ho nessuno che entra. Ho bisogno di LEADS. Quanto vuoi per mostrarmi come avviare il tutto?"

Guardai in basso il mio script. *Non doveva andare così.* Volevo dire no e riattaccare. La nostra offerta di dimagrimento stava funzionando e non volevo distrazioni. Mi aveva già detto che era al verde, quindi ho detto la cifra più grande che mi veniva in mente per farlo desistere.

"6000 dollari. Consideralo la mia offerta speciale."

"6mila?"

"Sì. Seimila." Dissi, articolando l'intero numero, sperando di spaventarlo.

"6mila? Ok - fatto.

Che cosa. Restai lì con la bocca aperta, congelato nell'incredulità. *Seimila. Dollari.* Mi staccai da me stesso e osservai la conversazione accadere. Ancora mi commuove pensarci.

"Oh...ehm...benissimo...quale carta vuoi usare?" Ora, cercando di non far fuggire i *Seimila Dollari*. In preda al panico, scrissi le informazioni della sua carta sul lembo di una scatola di cartone.

"Quando inizio?" chiese.

"Ti manderò tutto lunedì mattina." Dandomi l'insana missione di impacchettare il mio intero sistema di leads e vendite per palestre in quarantotto ore. Lui accettò.

Riattaccai e rimasi sotto shock. Una volta tornato in me, passai la carta di credito. *6000 euro...successo. È reale?*

Volevo disperatamente raccontarlo a Leila, ma lei era in una chiamata di vendita. Quindici minuti dopo, entrò.

"Ne ho preso un altro," disse.

"Non ci crederai. Ho appena venduto il nostro sistema Gym Launch per $6000 alla palestra di Boise."

"Cosa? Pensavo stessimo vendendo dimagrimento."

"Sì, lo so. Anch'io... penso che siamo ancora nel business delle palestre... ma credo che lo stessimo facendo nel modo sbagliato." Avevo bisogno di conferme. Ancora non ne avevo. "Chiamerò le palestre con cui avevamo pianificato di lanciare il prossimo mese e vedrò se anche loro accettano."

"Ehm... va bene." Disse.

La chiamata successiva andò allo stesso modo, tranne che proposi "$8,000." Ed egli accetto senza esitazione.

Chiamata successiva, stessa cosa, tranne che chiesi "$10,000." Anche lui accettò.

Tutte le otto palestre che avevamo pianificato di lanciare accettarono di acquistare il materiale di lancio. In un solo giorno, raccolsi *$60,000 vendendo qualcosa senza aver dovuto sostenere costi.* In un solo giorno, avevo coperto un terzo del mio debito da $150,000. Impiegai cinque anni a sviluppare quel sistema pubblicitario. Finalmente diede i suoi frutti. Fare la cosa che mi spaventava di più - *rivelare i miei segreti* - portò alla più grande svolta della mia vita.

"Non posso crederci," dissi. "Penso che possiamo uscire da questa situazione."

"Quindi... non facciamo più dimagrimento?"

"No. Non penso... Credo abbiamo sempre avuto la nostra più grande opportunità sotto agli occhi. Dovevamo solo mettere insieme i pezzi."

"Pensi che qualcun altro lo comprerà?"

"Chiamerò le trenta palestre che abbiamo già lanciato. Sanno che il nostro sistema funziona perché l'abbiamo fatto davanti a loro. Abbiamo anche alcuni leads di proprietari di palestre di quella conferenza. Dovrei riuscire a coprire i $150,000 e darci un nuovo inizio."

"E poi? Cosa facciamo poi?" Mi guardò cercando traccia di una stabilità tanto meritata.

"Sai, penso proprio di sì? Porta più soldi dell'altra opzione ed è molto più semplice da gestire." Lei accettò. "Dopo aver contattato questi clienti potenziali, inizierò le campagne pubblicitarie. E condividerò le nostre storie di successo in vari gruppi di palestre per ottenere nuovi leads. Inoltre, pensavo di promettere $2000 in contanti per ogni palestra che ci segnala di volersi iscrivere. Leads, contenuti e referenze, tre piccioni con una fava."

***

Nei 30 giorni successivi, realizzammo un profitto di $215,000. Coprimmo i $150,000 di rimborsi con i nostri risparmi. Il nostro successo fu in gran parte dovuto al fatto che le palestre medie che utilizzavano il nostro sistema pubblicitario ottenevano un extra di $30,000 in contanti nei loro primi 30 giorni. Questo li rese più redditizi di quanto avevano investito. Fu un grande successo. Inoltre, riuscivano a mantenere tutto il ricavo. *Erano entusiasti.* Le referenze crebbero in modo esponenziale.

Ecco il recap del conto di maggio-giugno 2017: avvenne tutto in un solo mese.

	autorizzazione in attesa		Spese		Rimborso		Rtns/Chgbks		Vuoti		Declini		Totali		
	Conto	Importo	Conto	Importo	Conto	Importo	Conto	Importo	Conto	Importo	Conto	Aprvl Pc	Conto	Totale	
01/2017	0	$0.00	348	$102.605.64	7	$-2.488.33	0	$0.00	12	$2,002.98	148	70%	515	$100,117.3	
02/2017	0	$0.00	847	$190.809.50	56	$-13.243.77	1	$-186.00	5	$1,247.00	232	78%	1141	$177,399.7	
03/2017	0	$0.00	782	$177.820.58	61	$-12.701.50	4	$-997.00	21	$3,458.50	285	73%	1153	$164,122.0	
04/2017	0	$0.00	704	$204.461.25	49	$-10.725.00	10	$-6.315.00	2	$50.00	354	67%	1119	$187,421.2	
05/2017	0	$0.00	191	$260.754.00	4	$-797.00	11	$-16.984.00	0	$0.00	42	82%	248	$242,973.0	
06/2017	0	$0.00	214	$272.835.00	5	$-1.498.00	30	$-55.375.00	0	$0.00	1	100%	250	$215,962.0	
07/2017	0	$0.00	282	$316.917.98	0	$0.00	21	$-23.450.00	0	$0.00	7	98%	310	$293,467.9	
08/2017	0	$0.00	346	$393.370.62	0	$0.00	28	$32.998.99	1	$100.00	45	88%	420	$360,371.6	
09/2017	0	$0.00	478	$543.376.29	1	$-1.000.00	64	$65.792.00	0	$0.00	41	92%	584	$476,584.2	
10/2017	0	$0.00	799	$828.709.31	7	$-5.798.00	50	$-49.887.00	8	$8.000.00	31	96%	895	$773,024.3	
11/2017	0	$0.00	1076	$1.132.319.31	8	$-8.000.00	66	$-64.296.00	1	$1.00	92	92%	1243	$1,060,023.3	
12/2017	0	$0.00	1313	$1.363.956.31	13	$-17.296.00	83	$-82.099.00	1	$1.000.00	111	92%	1523	$1,264,561.3	
01/2018	0	$0.00	1609	$1.621.972.81	15	$-28.175.00	97	$-88.995.00	8	$9.000.00	102	94%	1831	$1,504,802.8	
Totali	0	$0.00	8991	$7,409,908.60	226	$-101,722.60	465	$-487,354.99	59	$24,759.48	1491	86%	11232	$6,820,831.0	

13

Concludemmo il primo anno con un fatturato di $6.820.000. L'anno successivo, raggiungemmo un fatturato strabiliante di $25.900.000 e un profitto di $17.000.000. Sì, *decine di milioni*. Incredibile. Veramente sorprendente. L'azienda continua ancora oggi con oltre 4500 palestre e continua a crescere. E nessuno è più sorpreso di me. Alla fine, qualcosa che ho creato *ha finalmente funzionat*o…

Nel 2018 fondammo Prestige Labs per vendere integratori attraverso la nostra base di clienti delle palestre. Utilizzammo Prestige Labs e le palestre come una rete di affiliati per generare lead per la perdita di peso a vicenda. Nel 2019, avviammo ALAN, un nuovo tipo di azienda software che lavorava su lead per le aziende locali. Nel 2020, fondammo Acquisition.com come holding per i nostri interessi commerciali. Nel 2021, vendemmo il 75% di ALAN a una compagnia più grande. Non posso dire per quanto, ma ALAN realizzò un fatturato di $12.000.000 nei dodici mesi precedenti. Quindi potete usare la vostra immaginazione. Vendemmo il 66% della nostra attività di integratori e licenze per palestre al gruppo American Pacific ad una valutazione di $46.200.000. E ciò dopo aver preso $42.000.000 come retribuzione dai proprietari di palestre nei primi 4 anni.

Condivido tutto ciò perché ancora fatico a crederci. Tutto ciò è stato possibile grazie a una ragazza che ha creduto in me, una carta di credito e *la capacità di ottenere leads*.

Nota Importante

Saper come ottenere leads ha salvato la mia attività, la mia reputazione e probabilmente la mia vita. È stato l'unico modo per rimanere a galla. È stata la ragione per cui ho continuato ad avere una seconda, terza, quarta, quinta possibilità.

Alex Hormozi
@AlexHormozi

Durante i miei giorni più difficili, ho ripetuto
la stessa frase a me stesso:

Non posso perdere se non smetto.

Ho pubblicizzato molte cose diverse, in modi diversi. Ho fatto pubblicità per ottenere lead per palestre locali. Ho fatto pubblicità per ottenere leads online per la perdita di peso per Leila. Ho fatto pubblicità per ottenere leads di proprietari di palestre per vendere servizi commerciali. Ho fatto pubblicità per ottenere lead di affiliati per la nostra azienda di integratori. Ho fatto pubblicità per ottenere lead di agenzie per il nostro software. E così via. Ottenere leads è stato il mio asso vincente per tutto questo tempo.

Vorrei condividere questa abilità con voi. Posso mostrarvi come ottenere più lead. E qui c'è la vostra prima buona notizia: leggendo questo libro, siete già nel top 10%. La maggior parte delle persone compra roba e non la apre mai. Eccovi pure anche uno spoiler: più leggete, più le informazioni diventano preziose. Vedrete.

Grazie di cuore. Grazie per avermi permesso di svolgere un lavoro che considero significativo. Grazie per avermi concesso il vostro bene più prezioso: la vostra attenzione. Prometto di impegnarmi al massimo per offrirvi il miglior risultato possibile. Questo libro mantiene le sue promesse.

Il mondo ha bisogno di più imprenditori. Ha bisogno di più combattenti. Ha bisogno di più magia. Ed è questo che sto condividendo con voi: magia.

Il Problema Che Risolve Questo Libro

"Leads, un sacco di leads."

Tu hai un problema:

Non stai ricevendo i lead che desideri perché non stai facendo abbastanza pubblicità. Punto. Di conseguenza, i tuoi potenziali clienti ignorano la tua esistenza. Che peccato! Questo significa che meno denaro affluisce a te.

Ora che sai di avere un problema, a meno che tu non detesti aiutare le persone e fare soldi, devi in qualche modo risolverlo.

Come questo libro ti aiuta a risolverlo:

Per fare più soldi, devi far crescere la tua attività. Puoi far crescere la tua attività solo in due modi:

1) Ottenere più clienti

2) Renderli più preziosi

Ecco tutto. Faccio crescere le nostre aziende del portfolio con questo preciso schema. *$100M Leads* si concentra sul primo punto: ottenere più clienti. Ottieni più clienti ottenendo:

1) Più Leads

2) Leads migliori

3) Leads più economici

4) In modo affidabile (pensa 'da molti posti')

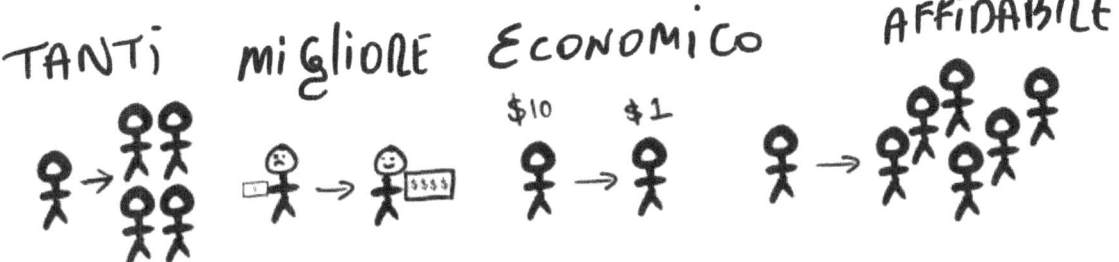

In sintesi: a parità di condizioni... quando raddoppi i tuoi lead, raddoppi il tuo business.

Questo libro ti mostra come trasformare la tua attività in una macchina per ottenere leads. Una volta applicati questi modelli, aumenti *immediatamente* il flusso di lead. E, come il cash flow, quando i lead entrano, è difficile non fare soldi. Questo libro risolverà definitivamente il tuo problema di "non ottenere abbastanza lead".

In poche parole: ti mostrerò come far sì che degli sconosciuti vogliano acquistare ciò che offri.

Cosa ci guadagno io?

In una parola: *__fiducia__*.

Offro questo libro e il corso che lo accompagna gratuitamente (o al costo) della speranza di guadagnarmi la tua fiducia. Voglio che questo libro fornisca più valore di qualsiasi corso da $1000, programma di coaching da $30,000 o titolo di studio da $100,000. Anche se potrei vendere questi materiali in quel modo, *non voglio farlo*. Ho un modello diverso. Lo spiego subito.

Chi sto cercando di aiutare?

Voglio fornire valore a due tipi di imprenditori. Il primo guadagna *meno* di $1,000,000 all'anno di profitto. Il mio obiettivo è aiutarti a raggiungere $1,000,000 di profitto all'anno (gratuitamente) e, così facendo, guadagnarmi *la tua fiducia*. Prova un paio di tattiche di questo libro, aumenta i tuoi leads, poi prova qualche tattica in più e aumenta ancora di più i leads. Più lead ottieni, meglio è.

Facendolo costantemente, diventerai il secondo tipo di imprenditore: quello che produce oltre $1.000.000 in EBITDA (margine operativo lordo) all'anno. Al raggiungimento di quel livello, o se ci sei già arrivato, sarei onorato di investire nella tua attività e supportarti nella crescita.

Non vendo coaching, master mind, corsi o cose del genere... Io investo. <u>Acquisto quote in aziende in crescita</u>, redditizie e avviate con risorse proprie. Poi, uso i sistemi, le risorse e i team di tutte le mie aziende per accelerare la crescita *della tua azienda*.

Non prendere subito per buone le mie parole... ci siamo appena conosciuti.

Nota d'Autore: I Nostri Criteri di Investimento Sono Cambiati dall'Ultimo Libro

Se hai notato alcuni cambiamenti nei nostri criteri di investimento, hai ragione. Abbiamo cambiato la nostra soglia minima di investimento da $3.000.000 di entrate a $1.000.000 di profitto.

Oltre a questo, eravamo anche soliti investire principalmente in attività di istruzione e servizi. Ma il nostro portafoglio si è ampliato. Abbiamo fatto abbastanza bene al di fuori di quei settori. Quindi ora, se un'azienda soddisfa i nostri requisiti di dimensioni ed è redditizia, in flusso di cassa e in crescita, consideriamo di investire in essa.

Il Mio Modello di Business

Il mio modello di business è semplice:

1) Fornire prodotti gratuiti migliori dei prodotti a pagamento presenti sul mercato.

2) Guadagnare la fiducia degli imprenditori che realizzano un profitto superiore a $1.000.000 all'anno.

3) Investire in questi imprenditori per accelerare la loro crescita.

4) Aiutare tutti gli altri gratuitamente, con buone intenzioni.

Il nostro processo analizza e scompone il successo in elementi chiave. I vincitori sanno che i miei modelli funzioneranno per loro perché hanno già dato risultati positivi. E so che i vincitori continueranno a usarli perché lo fanno già. Quindi, operiamo basandoci sulla fiducia reciproca.

Questo approccio evita fallimenti e aumenta la probabilità di successo. Vantaggioso per entrambi. Facile da dire, ma lascia che ti mostri quanto la nostra procedura possa fare la differenza…

Nei primi 12 mesi, la nostra azienda media del portfolio ha incrementato le entrate dell'1,8x e i profitti del 3,01x. Collaboriamo per il lungo termine, quindi parliamo solo dei primi 12 mesi. La nostra azienda media del portfolio che resta con noi tra 12 e 24 mesi incrementa le entrate del 2,3x e i profitti del 4,7x. *Questa strategia funziona.*

Ecco come so che i modelli che sto per mostrarti funzionano. *Lo hanno già fatto.*

Obbiettivo di Acquisition.com

Rendere il vero business accessibile a tutti. Le aziende risolvono problemi. Le aziende migliorano il mondo. Ci sono troppi problemi da risolvere per una sola persona.

E non posso curare il cancro, eliminare la fame o risolvere la crisi energetica mondiale (per ora). Ma *posso* fornire valore agli imprenditori che costruiscono le aziende che lo faranno. Voglio aiutare a creare il maggior numero possibile di aziende per risolvere il maggior numero possibile di problemi. Chiaro?

Bene. Proseguiamo.

Struttura di base di questo libro:

Ho strutturato questo libro partendo da zero clienti, zero leads, zero pubblicità, zero soldi, zero competenze (Sezione II) fino ad arrivare al massimo dei clienti, massimo dei leads, massimo della pubblicità, massimo dei soldi e massimo delle competenze (Sezione IV). Impariamo più competenze man mano che procediamo nel libro. E quando abbiamo più competenze, possiamo *ottenere più lead nello stesso lasso di tempo*. Quindi, ci concentriamo sulle competenze più complesse che ci offrono il maggior numero di lead rispetto al tempo impiegato Le riserviamo per la fine perché richiedono molte competenze *e* soldi. E, diventare bravi e avere soldi richiede tempo. Voglio che questo libro aiuti una persona a ottenere i suoi primi cinque clienti *e* a raggiungere il suo primo mese da dieci milioni di dollari e oltre.

Questo promemoria serve anche a coloro con competenze e risorse, *me incluso*, di non dimenticare le fondamenta che abbiamo lasciato indietro. Le nostre aziende meritano di più. Seguire i metodi collaudati che ci hanno portato al nostro attuale livello probabilmente ci porterà al successo futuro. *I maestri non trascurano mai le basi.*

Quindi, partiamo dall'ottenere il tuo primo lead fino alla costruzione di una macchina da lead da oltre $100.000.000. Ecco la suddivisione:

Sezione I: *Stai per terminare di leggerla proprio ora.*

Sezione II: Ti svelo cosa fa davvero funzionare la pubblicità. Spesso gli imprenditori hanno una visione distorta della pubblicità e questo li porta a scegliere strategie sbagliate per ottenere leads. Se vuoi fare le mosse giuste per generare lead, questo è il percorso da seguire.

Sezione III: Approfondiamo i "quattro pilastri" della pubblicità. Esistono solo quattro modi per ottenere lead. Pertanto, se c'è una sezione che ti devi ricordare, è questa.

Sezione IV: Esploriamo come far svolgere tutto ad altri (clienti, dipendenti, agenzie e affiliati). *Questo completa la costruzione della tua macchina da lead da $100M, completamente operativa.*

Sezione V: Per finire, ti presento un piano pubblicitario di una sola pagina che puoi implementare oggi stesso per ottenere più lead.

Sezione II: Acquisire Chiarezza

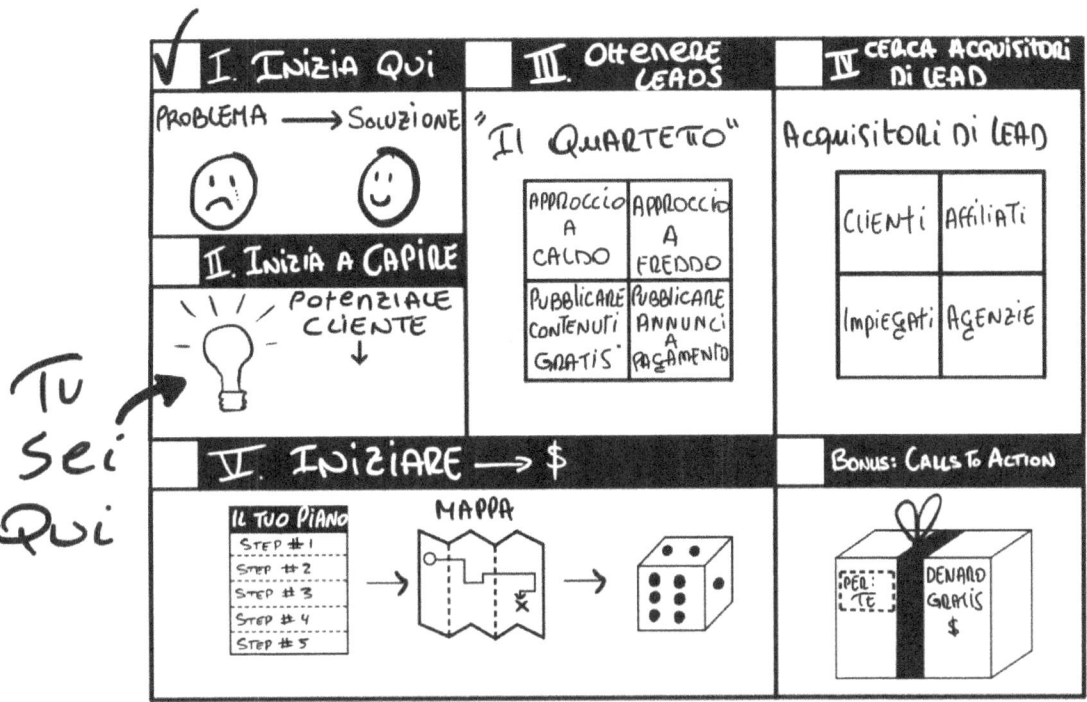

Pubblicità. Semplificata.

In questa sezione, trattiamo tre aspetti per assicurarci che la pubblicità faccia esattamente ciò che vogliamo.

Iniziamo definendo cos'è esattamente un lead. È cruciale essere certi di concordare sulla definizione se vogliamo acquisirne di più. Secondo, vediamo come distinguere i lead redditizi da quelli che sono solo una perdita di tempo. Terzo, ti mostro i migliori approcci che conosco per ottenere leads interessati per ciò che vendi.

Cominciamo.

I Leads Da Soli Non Bastano

"Se non riesci a spiegare qualcosa in termini semplici, allora non la capisci."

- Dr. Richard Feynman, premio Nobel per la fisica

Ti confido un piccolo segreto. Questo libro è nato quando qualcuno mi ha chiesto cosa fosse esattamente un lead. Potrebbe sembrare una domanda semplice, ma non sono riuscito a dare una risposta chiara. Dopo sei mesi di tentativi, mi sono ritrovato più confuso di prima. È diventato evidente che sapevo molto meno sui lead di quanto pensassi. Il mio tentativo di definire chiaramente cosa sia "un lead" si è trasformato nel grande progetto che è diventato $100M Leads. Tutto questo per dire che dobbiamo essere d'accordo su cosa diamine sia un lead prima di immergerci completamente nel processo di ottenerli...

Allora, cos'è un lead?

Qualcuno che fa clic su un annuncio?

Un numero di telefono?

Una persona che programma una chiamata?

Una lista di nomi?

Una porta a cui bussi?

Un cliente che entra?

Un indirizzo e-mail?

Un abbonato?

Una persona che vede il tuo contenuto?

Etc…

Vedi, le parole sono importanti perché influenzano il nostro modo di pensare. Il nostro modo di pensare influisce su ciò che facciamo. E se le parole ci fanno pensare nel modo sbagliato, probabilmente faremo le cose sbagliate. Odio fare le cose sbagliate. Quindi, per fare più scelte giuste, è fondamentale conoscere il significato delle parole e come applicarle correttamente.

Per tagliare corto, un **lead** è una _persona che puoi contattare_. Solo questo. Se hai acquistato una lista di e-mail, sono lead. Se ottieni informazioni di contatto da un sito web o da un database, sono lead. I numeri nel tuo telefono sono lead. Le persone per strada sono lead. _Se puoi contattarli, sono lead._

Ma quello che devi capire è che - i lead da soli non bastano. Vogliamo **lead ingaggiati**: _persone che mostrano interesse in ciò che vendi._ Se qualcuno fornisce le proprie informazioni di contatto su un sito web, è un lead ingaggiato. Se qualcuno ti _segue_ sui social media e puoi contattarlo, è un lead ingaggiato. Se le persone rispondono alla tua campagna e-mail, sono lead ingaggiati. I lead che _mostrano interesse sono quelli che contano_.

I leads ingaggiati sono il vero risultato della pubblicità.

Ottenere più lead _ingaggiati_ è lo scopo di questo libro. Ma non potevo chiamare il libro "lead ingaggiati" perché nessuno l'avrebbe capito. Ma ora tu sì. Quindi la prossima domanda è: _Come facciamo ad ingaggiare i lead?_

Ingaggiare i Tuoi Leads: Offerte e Lead Magnet

"Non mi drogo. Sono droga" - Salvador Dali

Aprile 2016.

Ho pagato $25,000 per far parte di questo gruppo, dove mi dicevano tutti di fare un webinar. Infatti, il mio mentore dell'epoca mi disse: "Fai un webinar ogni settimana fino a quando non guadagnerai un milione di dollari. Fino ad allora, non chiedermi di nient'altro". *Questa è la mia unica via per il successo. Devo capire come fare.*

Il webinar, almeno quello che ho imparato, era una presentazione magica con migliaia di diapositive. Guardandolo, chiunque sarebbe stato ipnotizzato ad acquistare ciò che offrivo.

C'era così tanto che non sapevo. Landing page. Pagine di registrazione. E-mail di follow-up. E-mail di replay. E-mail di chiusura del carrello. Software di presentazione. Integrazione del sito web. Scrivere annunci. Creare contenuti pubblicitari. Capire dove mettere gli annunci. A chi mostrare gli annunci. Creare una pagina di pagamento. Processare i pagamenti. *Per non parlare della creazione del webinar stesso.* La lista mi sopraffece.

Così, iniziai con ciò che capivo di più, la landing page. Ne avevo costruite alcune per le mie palestre. Il mio mentore aveva guadagnato milioni con i webinar, così presi spunto dalla sua landing page. Ma non avevo bisogno di guadagnare milioni. Avevo solo bisogno di guadagnare *qualcosa*.

Okay... ora la pagina di "ringraziamento".

Un'intera domenica dopo, la pagina di "ringraziamento" era finalmente pronta. *Era arrivato il momento del grande test.* Inserii la mia e-mail nella landing page, cliccai su "iscrivimi" e guardai il logo di caricamento. La mia nuovissima pagina di ringraziamento si caricò davanti ai miei occhi. Evvai! Non ero ancora milionario, ma era un già un bel passo in avanti.

La domenica successiva, mi sedetti per il mio regolare rituale di strategia aziendale, e non di lavoro operativo diretto... Avevo dieci ore per capire il prossimo pezzo di questo puzzle del webinar. Dopo la mia prima tazza di caffè, decisi che in realtà non volevo lavorare, ma volevo comunque sentirmi produttivo. Così andai al forum del mio gruppo di pubblicità per avere qualche consiglio.

"Appena finito il mio webinar. $32k in un'ora! Ho avuto un ritorno sull'investimento dell'intera quota nel mio primo mese! I webinar sono fantastici!"

Non ce la farò mai. Si è iscritto lo stesso mese in cui mi sono iscritto. Lavorava nello stesso settore in cui lavoravo. Ha scoperto come guadagnare con il suo webinar prima di me. Mi stava rubando tutti i clienti prima ancora che avessi una possibilità. *Tutti guadagnavano tranne me.*

Disperato, chiamai altre persone nel gruppo. "Farò qualsiasi cosa per la tua azienda: costruire un team di vendita... scrivere i tuoi script di vendita... sistemare il tuo processo di vendita... qualsiasi cosa... *aiutami solo a finire questo webinar...*" Una persona ha accettò di aiutarmi. *Grazie a Dio.*

Dopo otto domeniche, il segnale verde accanto alla mia campagna pubblicitaria si era acceso. Finalmente! Stavo investendo ufficialmente $150 al giorno in annunci. Ora tutto ciò che dovevo fare era osservare il denaro che sarebbe arrivato. Mi stavo preparando a diventare ricco!

Tre giorni, $450 spesi, 80 lead e 0 vendite dopo...

Fermai tutto. *Faccio schifo.*

Nessuno ha nemmeno visto il mio webinar. Nel frattempo, quel ragazzo ha postato di nuovo sui suoi nuovi guadagni con i webinar. *Perché non mi riesce mai niente?*

Ho quasi esaurito tutte le mie risorse per entrare in questo gruppo e ho appena sprecato altri $450. Non avevo più spazio per un altro errore. Dovevo assolutamente far funzionare la prossima mossa. E se non fossi riuscito nemmeno a far vedere il webinar a qualcuno, cosa avrebbe significato tutto questo?

Il caso studio:

Stavo sfogliando il mio feed di notizie per vedere cosa stavano facendo gli altri. Un annuncio attirò la mia attenzione: "Caso studio gratuito su come ho speso $1 e guadagnato $123,000 in un weekend" o qualcosa del genere. Inserii la mia e-mail e fu trasportato ad un video che mostrava come creare una campagna pubblicitaria di successo. Niente fronzoli. Nessuna slide. Solo un ragazzo che spiegava il suo metodo.

Questo, posso farlo.

Avviai la registrazione dello schermo:

Ottimo. Ecco l'account pubblicitario di una palestra appena lanciata. Mostrai le pubblicità realizzate, la spesa effettuata e il link alla nostra offerta. *Potete vedere quanti lead abbiamo ottenuto lì. Abbiamo fissato appuntamenti con un numero preciso di persone e questi si sono presentati.* Poi mostrai quanti avevano effettivamente speso e quanto aveva guadagnato il proprietario della palestra. *Ecco tutto ciò che abbiamo fatto. Se avete bisogno di aiuto per configurare qualcosa di simile, lo facciamo gratuitamente e pagate solo in base alle vendite realizzate. Se vi sembra interessante, prenotate una chiamata.*

Il video durò circa 13 minuti. Sostituì il webinar con quel video e cambiò il titolo:

"CASO STUDIO GRATUITO: Come abbiamo aggiunto 213 membri e $112,000 di entrate a una piccola palestra di San Diego."

Nella pagina successiva c'era un calendario per prenotare un appuntamento con me.

Impostai una nuova campagna pubblicitaria e andai a letto.

La mattina successiva…

"Alex... cosa hai fatto?" chiese Leila.

"Cosa intendi?"

"Degli sconosciuti hanno prenotato il mio calendario per tutta la settimana prossima."

"Veramente?"

"Sì. Hai avviato una nuova campagna o qualcosa del genere?"

"Sì... ma non pensavo che sarebbe diventata attiva così velocemente. Aspetta. La gente ha prenotato chiamate!?"

"Sì. Un sacco."

Vedere il calendario di Leila pieno di appuntamenti mi ha riempito di gioia. *Sta funzionando!*

Ho imparato una lezione importante. *Non erano interessati al mio webinar, ma al mio caso studio.* Questa scoperta accidentale mi ha insegnato come ottenere lead effettivi... *devi offrire alle persone ciò che desiderano.* La cosa migliore è che è più semplice di quanto pensassi.

Nota dell'autore: I Webinar Funzionano Ancora.

Ovviamente, hanno funzionato per l'altro ragazzo nel mio gruppo. Ma al momento non avevo le competenze per farli funzionare. Ero così segnato dalla mia prima esperienza che non ho provato un altro webinar per anni. Dedica il tuo tempo a testare l'offerta invece di perfezionare un prodotto non testato. Questo è stato il mio punto di svolta. Dovevo solo offrire alle persone qualcosa di semplice che desideravano. Per i proprietari di palestre, era un caso studio che mostrava come riempivo le palestre in 30 giorni.

Lead Magnet: Acquisisci Leads da ingaggiare

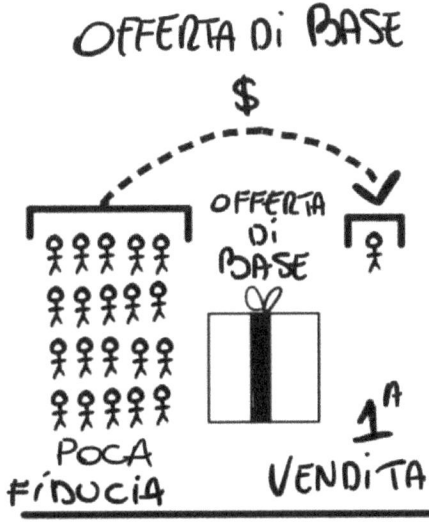

Le offerte sono ciò che prometti di dare in cambio di qualcosa di valore. Spesso, un'azienda promette di fornire il suo prodotto o servizio in cambio di denaro. Questa è *un'offerta principale.* Se pubblicizzi la tua offerta principale, allora vai direttamente alla vendita: il percorso diretto verso il denaro. Pubblicizzare la tua offerta principale potrebbe essere tutto ciò di cui hai bisogno per far interagire i lead. Prova prima in questo modo.

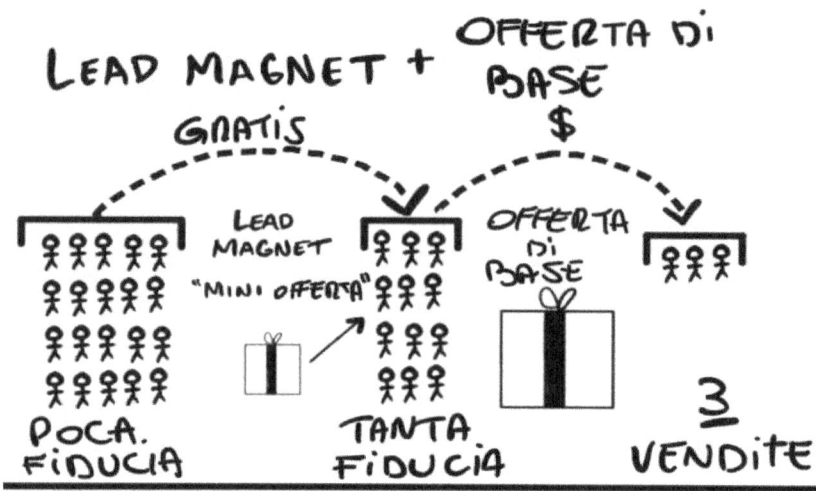

A volte, però, le persone vogliono saperne di più sulla tua offerta prima di acquistare. Questo è comune per le aziende che vendono cose più costose. Se sei in questa categoria, spesso otterrai un maggiore coinvolgimento dei lead pubblicizzando prima con un lead magnet. **Un lead magnet è una** soluzione completa a un problema specifico. Di solito è un'offerta a basso costo o gratuita per vedere chi è interessato alla tua merce. E, una volta risolta, rivela un altro problema *risolto dalla tua offerta principale*. Questo è importante perché i lead interessati a offerte a basso costo o gratuite ora sono più propensi ad acquistare un'offerta correlata e più costosa in *seguito*.

Pensa ai pretzel salati in un bar. Quando qualcuno li mangia, inevitabilmente avrà sete e ordinerà una bevanda. I pretzel soddisfano la fame immediata, ma stimolano anche il desiderio di una bevanda, che viene venduta a pagamento. I pretzel hanno un costo, ma se gestiti adeguatamente, il ricavato dalla vendita delle bevande copre il costo dei pretzel e genera un profitto.

Quindi il tuo lead magnet dovrebbe avere un valore tale da poterlo far pagare. E, dopo averlo ottenuto, dovrebbero voler avere di più di ciò che offri. Questo li avvicina un passo di più all'acquisto dei tuoi prodotti. *Una persona che paga con il suo tempo è più propensa a pagare con i suoi soldi in seguito.*

I lead magnet di successo attirano più potenziali clienti e clienti effettivi rispetto a una sola offerta principale, e lo fanno risparmiando denaro. Quindi, perché non creiamo un lead magnet?

Sette Passi per Creare un Lead Magnet Efficace

Passo 1: Identifica il problema che vuoi risolvere e per chi

Passo 2: Trova una soluzione al problema

Passo 3: Stabilisci come consegnarlo

Passo 4: Testa come nominarlo

Passo 5: Rendilo di facile assimilazione

Passo 6: Assicurati che sia di ottima qualità

Passo 7: Facilita il loro volerne di più.

Prima di iniziare, ricorda che le Offerte Grand Slam sono efficaci sia per le offerte gratuite che per quelle a pagamento. Quindi, crea un lead magnet così irresistibile che chiunque *si senta stupido a non approfittarne*. Sì, potrebbe voler dire offrire qualcosa di molto prezioso (anche se è gratuito). *Ma è quello che conta.* Chi offre più valore vince. Punto. Cominciamo!

Passo 1: Identifica il problema che vuoi risolvere e per chi

Ecco un esempio semplice con cui possiamo procedere insieme... *questo libro è un lead magnet.* Tu sei un potenziale cliente. Voglio risolvere un problema relativo ai lead ingaggiati. E voglio risolverlo per le aziende che realizzano *meno di* $1.000.000 di profitto annuo. Con un numero sufficiente di lead ingaggiati, possono realizzare *più di* $1.000.000+ di profitto annuo.

Quindi, sono idonei per la mia offerta principale: investire nella loro azienda per aiutarli a crescere.

Il primo passo è scegliere il problema da risolvere. Ecco un modello semplice per capirlo. Lo chiamo il ciclo Problema-Soluzione. Puoi vederlo di seguito.

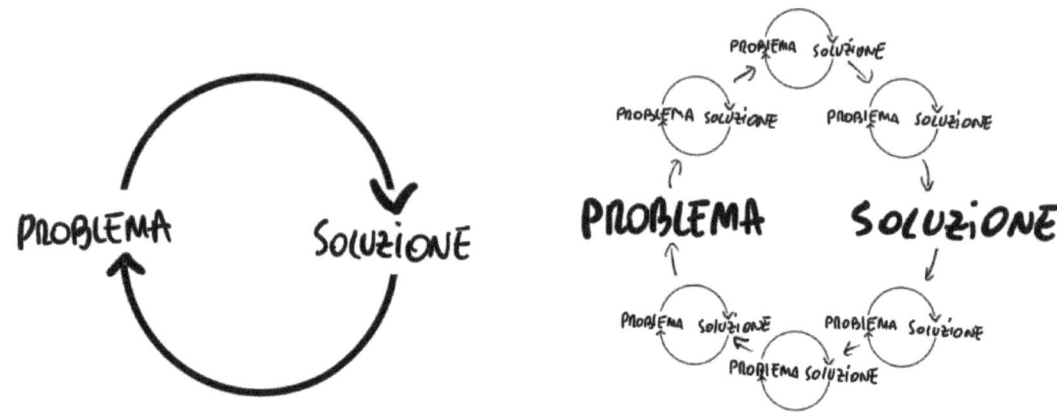

Ogni problema ha una soluzione. E ogni soluzione porta con sé nuovi problemi. È il ciclo infinito degli affari (e della vita). E dentro a questo ciclo, ci sono tanti piccoli cicli di problema-soluzione. Quindi, come facciamo a decidere quale problema risolvere?

Cominciamo identificando un problema specifico e significativo. Lo risolviamo. E come abbiamo appena visto, risolvere un problema genera un nuovo problema. Quello che conta è questo: se riusciamo a risolvere quel nuovo problema con il nostro prodotto principale, abbiamo fatto centro. *Perché risolviamo quel nuovo problema in cambio di denaro.* Punto. Non rendiamolo più complicato di così.

Esempio: Immagina di aiutare i proprietari di casa a vendere le loro proprietà. Prima di tutto, vogliono sapere quanto vale la loro casa e come poter aumentarne il valore. Hanno bisogno di foto di alta qualità, di pulire e sistemare il giardino e di risolvere piccoli problemi. Potrebbero anche aver bisogno di un servizio di trasloco. Questi sono problemi specifici, perfetti per lead magnet. Scegliamo uno di questi problemi e lo risolviamo gratuitamente. Anche se questo risolve il problema immediato, mette in luce l'altro problema principale: la necessità di vendere la casa. Ma ora che abbiamo guadagnato la loro fiducia, possiamo proporre un pagamento per risolvere i problemi rimanenti con la nostra offerta principale e aiutarli a raggiungere il loro obiettivo finale.

Ora tocca a te: Scegli il problema che vuoi risolvere e definiscilo. Poi, assicurati che la tua offerta principale possa risolvere il prossimo problema che si presenta.

Passo 2: Trova una soluzione

Ci sono tre tipi di lead magnet e ognuno offre un tipo diverso di soluzione.

Prima di tutto, se il tuo pubblico non è a conoscenza di un problema, il tuo lead magnet lo mette in evidenza. Poi, puoi risolvere un problema ricorrente per un breve periodo con un campione o una prova della tua offerta principale. Infine, puoi offrire loro un passo in un processo multifase che affronta un problema più grande. Tutti e tre risolvono un problema e ne rivelano altri. Quindi, hai questi tre tipi: 1) rivelazione di problemi, 2) campioni e prove, e 3) un passaggio in un processo multifase.

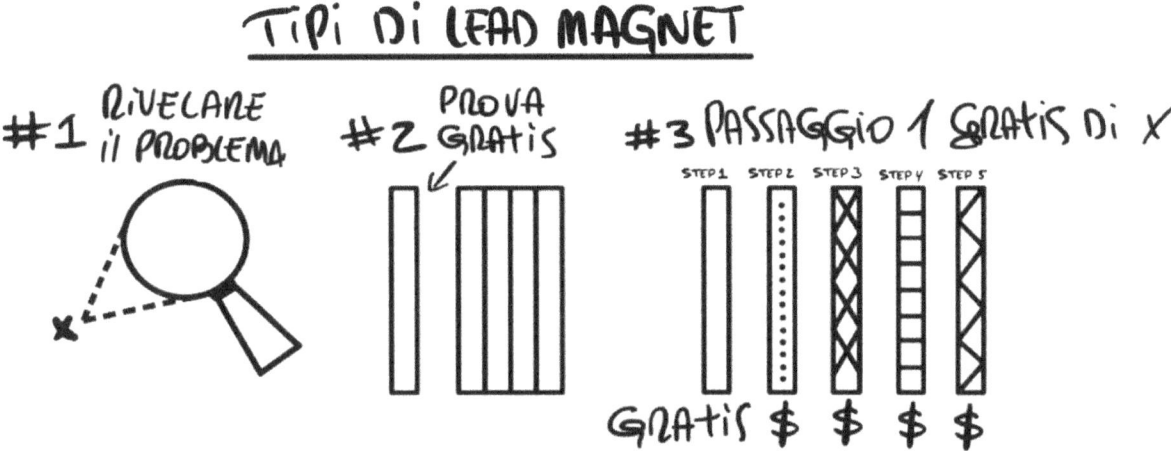

1) **Rivelare il Loro Problema.** Pensa a una sorta di *'diagnosi'*. Questi lead magnet funzionano alla grande quando mostrano problemi che <u>influenzano vari aspetti</u>

   ○ Esempio: Conduci un test di velocità che mostra che il loro sito web si carica al 30% più lentamente del normale. Fai vedere chiaramente quanto denaro stanno perdendo per non essere agli standard.

   ○ Esempio: Effettua un'analisi della postura e mostra loro come dovrebbe essere corretta. Fai vedere chiaramente come la loro vita migliorerebbe se correggessero la postura, e come tu puoi aiutarli.

   ○ Esempio: Fai un'ispezione per termiti che rivela cosa succede quando questi insetti mangiano la loro casa. Se troviamo termiti, possiamo eliminarle a un costo inferiore rispetto a quello di una nuova casa. Se non ci sono termiti, possono investire con noi per prevenire il problema fin dall'inizio! Entrambi i casi sono vantaggiosi per loro.

2) **Campioni e Prove.** Offri un accesso completo ma breve alla tua offerta principale. Puoi limitare il numero di utilizzi, il tempo di accesso o entrambi. Questo è perfetto quando la tua offerta principale risolve un problema ricorrente.

- ○ Esempio: Connettendoli al tuo server più veloce, mostrerai loro come il loro sito si carica istantaneamente. Attrarrai più clienti per loro con tempi di caricamento ridotti. Per mantenere questa velocità, dovranno continuare a pagarti.

- ○ Esempio: Offri un trattamento gratuito per correggere la loro postura errata e sentiranno immediato sollievo. Per risultati a lungo termine, avranno bisogno di acquistare ulteriori trattamenti.

- ○ Esempio: Cibo, cosmetici, medicine o altri prodotti consumabili. Questi prodotti risolvono problemi ricorrenti con l'uso ripetuto. Quindi campioni monodose, formati ridotti, ecc., sono ottimi lead magnet. È così che Costco vende più cibo rispetto ad altri negozi: distribuiscono campioni!

Suggerimento Professionale: Diventa uno spacciatore

Molte persone vendono sostanze psicotrope (legalmente e illegalmente). Un campione di droga gratuito è un lead magnet. Possono permettersi di regalare un 'assaggio' perché una volta che le persone lo provano, ne restano dipendenti. È così buono che tornano a chiederne ancora. Questo è il motivo per cui non dobbiamo 'diluire' il valore dei nostri lead magnet o regalare cose di poco valore. Bisogna invece dare la miglior qualità subito. Questo rende dipendenti e il prossimo dovranno pagarlo. Diventa uno spacciatore (legale) e guadagnerai come tale.

PS - Qualunque cosa tu faccia, assicurati che sia legale.

---

3) **Un Passo di un Processo Multifase.** Quando la tua offerta principale ha diversi step, puoi offrire uno step gratuitamente e il resto quando acquistano. Questo funziona alla grande quando la tua offerta principale risolve un problema più complesso.

- ○ Esempio: Questo libro. Ti aiuto a raggiungere più di $1,000,000 di profitto all'anno. Poi avrai nuovi problemi che possiamo aiutarti a risolvere, e scalare da lì.

- Esempio: Offri un sigillante per legno gratuito per la porta del garage. Tuttavia, per proteggere completamente contro tutte le condizioni atmosferiche, si deve applicare tre strati. Il primo lo offri gratis, ma copre solo parzialmente. Può mostrare al contempo come ottenere gli altri due strati con un pacchetto completo.

- Esempio: Offri corsi di finanza gratuiti, guide, calcolatrici, modelli, eccetera. Sono così preziosi che le persone possono davvero gestirsi da sole. Tuttavia, rivelano anche il tempo, lo sforzo e il sacrificio necessari per farlo. Perciò, offri in contemporanea servizi finanziari per risolvere questi compiti per loro.

<u>Ora tocca a te</u>: Scegli come vuoi risolvere il tuo problema specifico.

Nota dell'Autore: Cosa Possiamo Imparare dai Camerini "Prova Prima di Comprare"

Anni fa, non era permesso provare le cose prima di acquistarle. Poi, un imprenditore lungimirante ha creato un camerino. Presumibilmente, le loro vendite sono schizzate alle stelle. Tanto che ora è una pratica standard in *tutti* i negozi di abbigliamento. Ecco perché il camerino è così potente - è tutti e tre i tipi di in *uno*. Hai la possibilità di provare qualcosa - *come un test*. *Rivela anche un problema* perché una volta che provi una cosa, potresti scoprire di aver bisogno di qualcosa di diverso da ciò che pensavi. E una volta che trovi una camicia che ti piace... un bravo venditore direbbe "vuoi dei pantaloni da abbinare?" Diventa il primo passo di un processo multi-step per creare *un outfit*. Quindi, se puoi, cerca di ottenere un lead magnet che faccia tutte e tre le cose: rivelare un problema, dare loro un assaggio della soluzione, e mostrare che è una piccola parte di un pacchetto completo.

33

Passo 3: Capire come consegnarlo

Ci sono infiniti modi per risolvere i problemi. Ma i miei lead magnet preferiti li risolvono con: software, informazioni, servizi e prodotti fisici. E ognuno di questi si combina alla grande con i tre tipi di magneti per lead del passo due. Ti mostrerò cosa ho fatto per attirare proprietari di palestre utilizzando ogni tipo di .

1) <u>Software</u>: Metti a disposizione uno strumento. Che sia un foglio di calcolo, una calcolatrice o un software semplice, la tua tecnologia si occupa dell'operazione per loro.

    Es: Regalo un foglio di calcolo o un cruscotto che fornisce ad un proprietario di palestra tutte le statistiche aziendali rilevanti, le confronta con le medie del settore e poi gli dà un punteggio.

2) <u>Informazioni</u>: *Insegnagli qualcosa.* Corsi, lezioni, interviste con esperti, presentazioni principali, eventi dal vivo, errori comuni e come evitarli, trucchi/consigli, ecc. Qualsiasi cosa da cui possano imparare

    Es: Regali un mini-corso per palestre su come scrivere un annuncio.

3) <u>Servizi</u>: *Lavori gratis per loro.* Correggi la loro postura. Effettui un audit del sito web. Applichi il primo strato di sigillante per garage. Trasformi il loro video in ebook. E così via.

    Es: Gestisci gli annunci pubblicitari di un proprietario di palestra gratuitamente per trenta giorni.

4) <u>Prodotti Fisici</u>: *Fornisci loro qualcosa che possano tenere tra le mani.* Che sia una tabella di valutazione della postura, un integratore, una piccola bottiglia di sigillante per porte da garage, guantoni da boxe per attrarre lead dalle palestre di boxe, eccetera.

    Es: Vendo un libro per proprietari di palestre chiamato *"Gym Launch Secrets"*

Con tre diversi tipi di lead magnet e quattro modalità di consegna, posso creare fino a dodici lead magnet, ognuno mirato a un problema specifico. Genero diverse versioni di lead magnet e le alterno. Questo garantisce pubblicità sempre fresca con minimo sforzo. Inoltre, posso valutare quali magnet funzionano meglio. Come illustrato nel mio caso di studio all'inizio del capitolo, i risultati spesso sorprendono. Non saprai quale funziona meglio finché non lo provi.

Ora tocca a te: Pensa a un lead magnet e poi considera i diversi modi per consegnarlo. E infine, decidi come vuoi distribuire il tuo lead magnet.

Passo 4: Testa Come Chiamarlo

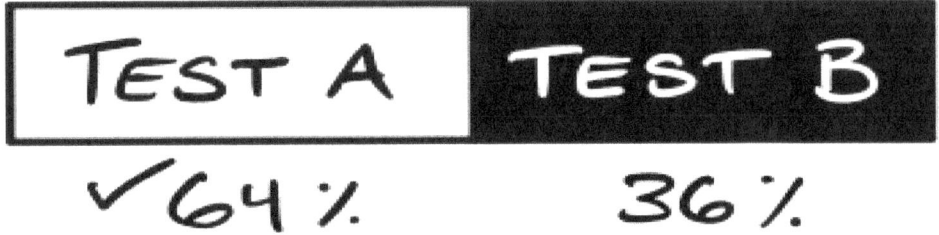

David Ogilvy disse: "Quando scrivi il titolo, hai speso l'80% del tuo budget pubblicitario". Questo significa che il titolo viene letto cinque volte di più rispetto al resto della tua pubblicità. Le persone decidono subito se continuare a leggere o meno. Come suggerisce Ogilvy, è cruciale che il tuo lead magnet attiri l'attenzione sin dall'inizio. È importante come presenti il titolo, il nome e l'aspetto del tuo lead magnet, perché può far aumentare l'interesse di due, tre o anche dieci volte. *È veramente essenziale.* E se nessuno si interessa al tuo lead magnet, nessuno capirà mai quanto sia valido. *Non lasciare nulla al caso.* Quindi, ascolta. Ecco cosa devi fare dopo: prova e testa.

Le tre cose da testare sono il titolo, le immagini (o le immagini) e il sottotitolo, in questo preciso ordine. Il titolo è fondamentale. Quindi, se devi provare solo una cosa, fallo con il titolo. Per esempio, quando dovevo decidere il titolo di questo libro, ho condotto un test per scoprire quale fosse il più efficace. I risultati potrebbero sorprenderti tanto quanto hanno sorpreso me.

35

Round I: Pubblicità ✓ vs. Promozione

Round II: Pubblicità vs. Leads ✓

Round III: Marketing vs. Leads ✓

36

Immagini Test

✓ Realistico vs. Fumetto

Sottotitolo

Round I

"Come convincere più persone a voler comprare le tue cose"

✓ "Come convincere gli estranei a voler comprare le tue cose"

Round II

"Come convincere più estranei a voler comprare le tue cose"

✓ "Come convincere gli sconosciuti a voler comprare ciò che vendi"

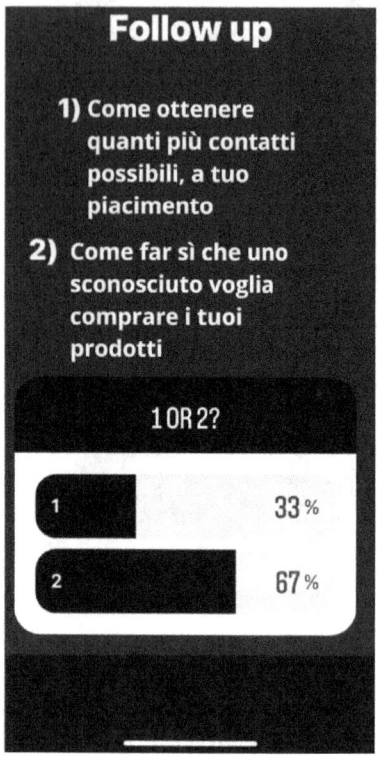

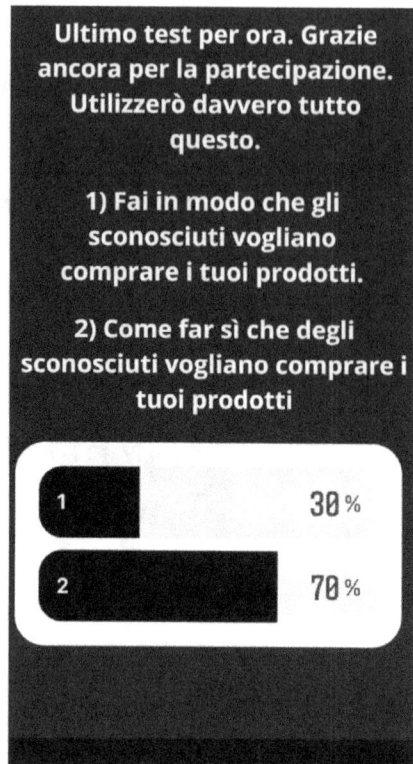

"Come ottenere più leads possibili! "

✓ "Come convincere gli sconosciuti a voler comprare ciò che vendi"

"Convinci gli sconosciuti a voler comprare le tue cose"

✓ "Come convincere gli sconosciuti a voler Comprare le tue cose"

Nota due cose con il test dei sottotitoli:

1) Piccoli cambiamenti possono fare grandi differenze.

Visto che molte persone me l'hanno chiesto, rispondo qui. Non ho sottotitolato il libro "Come convincere degli sconosciuti a comprare le tue cose" perché si tratta di vendite, non di acquisizione di leads. Lo scopo di questo libro è far sì che gli sconosciuti mostrino interesse, non comprare (per il momento). Questo libro non parla di vendita ma il prossimo sì *'Vendite di $100M'* o *'Persuasione'* (non ho ancora deciso). Un problema alla volta

Ora tocca a te: Osserva quanti partecipano. Se vedi molta partecipazione, hai trovato la strada giusta. Anche con pochi seguaci, puoi condurre sondaggi come questo. Non è necessario avere un numero enorme di voti per capire la direzione da prendere. Se non riesci a farlo, prova a pubblicare su tutte le piattaforme e chiedi di rispondere con '1' o '2', poi conta. Se questa opzione non è possibile, invia un messaggio a tutti e chiedi direttamente. Troverai sempre un modo, ed è una delle attività più efficaci che puoi svolgere: assicurarti che la tua proposta sia coinvolgente e ti dia un vantaggio significativo.

Punti bonus: E se le persone rispondono al sondaggio chiedendo quando potranno riceverlo, Jackbot!

Passo 5: Rendi più facile il loro consumo

Le persone tendono a scegliere ciò che richiede meno sforzo. Quindi, se vogliamo che più persone adottino il nostro lead magnet e lo utilizzino, è essenziale renderlo facile da consumare. Con un approccio più user-friendly, potresti vedere un incremento del 2x, 3x, o addirittura 4x+ nelle percentuali di adozione e utilizzo.

1) <u>Software</u>: Devi renderlo accessibile su telefono, computer e in diversi formati. In questo modo, sceglieranno quello più facile per loro.

2) <u>Informazione</u>: Le persone preferiscono consumare informazioni in modi diversi. Alcune persone preferiscono guardare, altre leggere, altre ascoltare, ecc. Presenta la tua soluzione in diversi formati: immagini, video, testo, audio, e così via. Assicurati di offrirli tutti. Ecco perché questo libro è disponibile in ogni formato utilizzato dalle persone.

3) <u>Servizi</u>: Sii disponibile in vari momenti e in vari modi. Offri più orari durante il giorno e più giorni alla settimana. Sia tramite videochiamata, telefono, di persona, e

così via. Più è facile contattarti, più è probabile che le persone diventino potenziali clienti interessati a ricevere il valore gratuito.

4) <u>Prodotti fisici</u>: Semplifica l'acquisto e velocizza la consegna. Fai in modo che la spedizione sia rapida e l'imballaggio facile da aprire. Fornisci istruzioni semplici su come utilizzare il prodotto. <u>Ad esempio</u>, guarda Apple: i loro prodotti sono così intuitivi che non devi nemmeno leggere le istruzioni. E le scatole sono così belle che la maggior parte delle persone le tiene.

<u>Ora tocca a te</u>: Confeziona il tuo lead magnet in ogni modo possibile. Questo incrementa notevolmente il numero di lead interessati che si avvicinano a te. E più lead interagiscono con il tuo lead magnet, più valore essi ne traggono. È un aspetto cruciale.

Una storia divertente: Il mio libro *$100M Offers* ha una distribuzione quasi perfetta tra e-book, libri fisici, audiolibri e video (disponibili gratuitamente su Acquisition.com), ognuno rappresentante un quarto delle vendite. Offrire il libro in più formati è il modo più semplice che conosco per ottenere da 2 a 4 volte più lead con lo stesso impegno. Se avessi scelto un solo formato, avrei perso il 75% delle persone che hanno letto questo libro. Che peccato e che spreco sarebbe stato.

Passo 6: Rendilo dannatamente buono:

Regala i segreti, vendi l'implementazione.

Il mercato giudica tutto ciò che hai da offrire, sia che sia gratuito o a pagamento. E non puoi mai fornire troppo valore. Ma, puoi fornire troppo poco. Il tuo lead magnet deve offrire così tanto valore che le persone si sentano obbligate a pagarti. L'obiettivo è fornire più valore del <u>costo della tua offerta principale</u> prima *che la comprino*.

Pensa a questo: se hai timore di condividere i tuoi segreti, immagina cosa accadrebbe se fornissi solo contenuti vuoti. Le persone che potrebbero diventare clienti penserebbero: 'Questo individuo non offre nulla di utile!' E sarebbero spinte ad acquistare altrove. Questo non solo sarebbe un peccato, ma porterebbe anche ad avvertire gli altri di evitare i tuoi servizi. È un ciclo negativo da evitare a tutti i costi.

Ricorda sempre che le persone acquistano in base al valore che credono di ottenere dopo l'acquisto. Il modo più semplice per far percepire loro un alto valore è... rullo di tamburi... fornire valore già prima dell'acquisto.

Immagina un'azienda che aumenta il proprio valore da $1M a $10M solo consumando il mio contenuto gratuito. La probabilità che poi collaborino con Acquisition.com è elevata, perché *ho dimostrato il mio valore ancor prima di iniziare*.

<u>Ora tocca a te</u>: Il 99% delle persone non comprerà, ma contribuirà positivamente (o negativamente) la tua reputazione basandosi sul valore del tuo materiale gratuito. Quindi, assicurati che i tuoi lead magnet siano altrettanto validi che i tuoi prodotti a pagamento. La tua reputazione ne dipende. Offri valore. Prepara il terreno. Raccogli i frutti.

Passo 7: Facilita il loro volerne di più

Dopo che i potenziali clienti hanno utilizzato il tuo lead magnet, alcuni di loro saranno pronti per acquistare o per saperne di più sulla tua offerta. Questo è il momento di proporre un **"Call To Action" (CTA)**. *Un CTA indica al pubblico cosa fare dopo.* Ma c'è qualcosa in più da considerare se vuoi che la tua pubblicità funzioni. Buoni CTA possiedono due caratteristiche: 1) cosa fare e 2) ragioni per farlo *subito*.

<u>Cosa fare</u>: I CTA dicono al pubblico di chiamare il numero, cliccare sul pulsante, fornire informazioni, prenotare una chiamata, ecc. Ce ne sono di molti tipi. Sappi solo che i CTA dicono al pubblico come *diventare* lead ingaggiati. I buoni CTA hanno un linguaggio chiaro, semplice e diretto. Non *"non tardare"* ma piuttosto *"chiama ora"*. Leggi il paragrafo successivo per saperne di più. (ecco un esempio haha)

<u>Ragioni per farlo subito</u> - Dare alle persone una ragione per agire aumenta il numero di coloro che agiscono. È importante ricordare che le buone ragioni sono più efficaci delle cattive. Tuttavia, qualsiasi ragione (anche se non perfetta) funziona meglio di non averne affatto. Ecco le mie ragioni preferite per agire ora:

a) Scarsità - La scarsità si verifica quando c'è una quantità limitata di qualcosa, soprattutto se l'offerta è inferiore alla domanda. Quando un elemento è in scarsità, come il tuo lead magnet principale o un'offerta, le persone tendono a desiderarlo di più e sono più inclini ad agire rapidamente. *Meno disponibilità c'è, più valorizzato sembra l'oggetto.* Tuttavia, c'è un lato negativo: *meno disponibilità hai, meno potenziali clienti interessati puoi attrarre prima di esaurire l'offerta.*

La migliore strategia che conosco per gestire la scarsità è essere trasparenti. Permettimi di spiegare. Se domani dovessi vendere a 1000 clienti, potresti gestirli? Se no, hai un limite su quante vendite puoi effettivamente gestire. Potresti essere limitato dal supporto clienti, dall'inventario, dagli orari di disponibilità settimanali, e così via. Non nascondere questi limiti: rendili pubblici. Questo crea una forma etica di scarsità. Se non sei in grado di gestire più di cinque nuovi clienti a settimana, comunicalo apertamente. Sfrutta la scarsità naturale nel tuo business. Le tue limitazioni possono trasformarsi in un punto di forza per stimolare la domanda.

Esempio: *"I posti per gli orari di lezione più comodi vanno via rapidamente. Chiama subito per assicurarti quello che desideri."*

"Posso gestire solo cinque persone a settimana, quindi se vuoi iniziare, fai XYZ..."

"Abbiamo prodotto una serie limitata di magliette e non riproporremo mai più questo design. Non perdere l'occasione di averne una, non te ne pentirai!"

b) Urgenza - Immagina di avere un'offerta di unità illimitate da vendere, ma decidi di interromperne le vendite deliberatamente entro un'ora. Scommetto che un numero maggiore del solito comprerà il tuo prodotto in quell'ora. Questo è ciò che accade con l'urgenza. L'urgenza si verifica quando le persone agiscono più rapidamente perché hanno poco tempo a disposizione.

E più breve è il tempo a disposizione delle persone, più velocemente (con maggiore urgenza) tendono ad agire. Quindi, se riduci il tempo in cui possono rispondere al tuo Call to Action (CTA), puoi incentivare più persone ad agire più rapidamente. Puoi anche utilizzare lo stesso principio di urgenza con sconti o bonus che scadono dopo X minuti o ore. Una volta scaduto il tempo, quell'offerta non sarà più disponibile.

Esempio: *"La nostra promozione del 4 luglio termina lunedì a mezzanotte, quindi se la vuoi, agisci ora."*

"La nostra promozione del Black Friday termina a mezzanotte. Mancano solo quattro ore. Approfittane mentre c'è ancora tempo."

"Fino a venerdì, regalerò anche un cappello gratuito a chiunque acquisti più di tre libri. Quindi, compra ora."

c) Organizzatore di feste Universitarie (la mia specialità dell'epoca) - Inventati una Ragione. Le confraternite non hanno bisogno di una ragione per fare festa - ma sicuramente inventano delle scuse davvero strane. "John si è tolto i denti del giudizio... birrata!" "Lunedì Margherita!" "Martedì in Toga!" "Giovedì Assetato!" ecc. La tua scusa non deve avere senso per attirare più persone. Uno studio Harvard ha dimostrato che le persone sono più propense a lasciar passare qualcuno in fila *se ha una ragione*. Più la ragione era logica, come la scarsità e l'urgenza, più aumentava il numero di persone disposte a concedere il posto in fila. Tuttavia, qualsiasi ragione funziona meglio di nessuna. Per questo motivo, cerco sempre di avere una motivazione. Rifletti su tutte le 'cose che dici' dopo la parola 'perché'.

Esempi:

- *Perché...* le mamme sanno cos'è meglio.

- *Perché...* il tuo paese ha bisogno di te.

- *Perché...* è il mio compleanno e voglio festeggiare con te.

Ora tocca a te: Fornisci un CTA (Call to Action) chiaro, semplice e orientato all'azione. Poi, dai loro una "ragione" usando la scarsità, l'urgenza e qualsiasi altra ragione tu possa pensare. E fallo spesso. Non essere ingegnoso, sii chiaro.

Sebbene il tuo lead magnet richieda un investimento per essere distribuito, dovrebbe comunque ridurre il tuo costo per acquisire nuovi clienti. Questo perché lead più impegnati significano più opportunità di convertire in clienti. E i clienti aggiuntivi ammortizzano facilmente le tue spese. Questo è il punto.

Supponiamo di realizzare un profitto di $10,000 sulla tua offerta principale. Se spendi $1,000 in pubblicità per portare qualcuno a considerarla, e chiudi una vendita su tre persone, il costo per acquisire un cliente è di $3,000 in pubblicità. Con un profitto di

$10,000 a disposizione, è un buon ritorno. Ma possiamo essere più astuti e migliorare ulteriormente.

Immagina di promuovere un lead magnet gratuito invece della tua offerta principale. Il tuo lead magnet ti costa $25 per essere distribuito e, essendo gratuito per i tuoi potenziali clienti, attirerà più persone. Maggiore è l'interesse generato, meno costerà in pubblicità per portare qualcuno a interagire con esso, supponiamo $75. In totale, siamo a $100 per lead. *Offrendo valore prima dell'acquisto, ottieni dieci volte più lead qualificati allo stesso costo.* Questo è ancora più vero quando hai un *ottimo* lead magnet.

Ora, supponiamo che uno su dieci dei destinatari del lead magnet acquisti la tua offerta principale. Ciò significa che il tuo nuovo costo per acquisire un cliente è di $1,000 ($100 x 10 persone). Abbiamo appena ridotto il nostro costo di acquisizione cliente di tre volte. Quindi, anziché spendere $3,000 per ottenere un nuovo cliente, utilizzando un lead magnet spendiamo solo $1,000. Con un guadagno di $10,000, otteniamo un ritorno di 10:1. *Mantenendo lo stesso budget pubblicitario e utilizzando un lead magnet, possiamo triplicare il nostro business.* Ricorda: l'obiettivo è fare soldi, non solo ottenere la nostra "parte dei profitti".

Qui è dove si crea il divario tra gli imprenditori esperti e i principianti. Con un budget di $25 per distribuire il tuo lead magnet, puoi fornire molto più valore rispetto a chi non ha alcun budget. È incredibile, lo so. Attrai più clienti perché il tuo lead magnet è decisamente più prezioso degli altri. Spesso, molto di più. Questo si traduce in più persone sconosciute che diventano lead qualificati e porta anche a più vendite perché hai già fornito valore in anticipo.

Ora tocca a te:

Passo 0: Se hai difficoltà ad ottenere lead, crea un lead magnet eccezionale.

Passo 1: Identifica il problema che vuoi risolvere per il cliente giusto.

Passo 2: Decidi come vuoi risolverlo.

Passo 3: Stabilisci come consegnarlo.

Passo 4: Rendi il nome interessante e chiaro.

Passo 5: Rendilo facile da consumare.

Passo 6: Assicurati che sia davvero buono.

Passo 7: Assicurati di dire loro cosa fare, ripetilo in modo chiaro e più volte.

Sezione II Conclusioni

Il mio obiettivo con questo libro è demistificare il processo di acquisizione dei lead. Nel primo capitolo, abbiamo trattato il motivo per cui i soli lead non sono sufficienti: hai bisogno di lead ingaggiati. Nel secondo capitolo, abbiamo analizzato come ingaggiare i lead - *un lead magnet o un'offerta di valore*. E un buon lead magnet fa quattro cose:

1) Ingaggia i clienti ideali quando lo vedono.

2) Fa sì che più persone siano ingaggiate rispetto alla sola offerta principale.

3) Ha un valore tale che le persone lo consumano.

4) Rende più probabile che le persone giuste comprino.

Quindi, più persone si interessano a ciò che offriamo, più guadagniamo in termini di soldi e fiducia da parte loro, offrendo un valore superiore a qualsiasi cosa abbiano mai visto.

Prossimamente:

Abbiamo un lead magnet potente adesso, quindi vediamo quattro strategie per metterlo in mostra. Abbiamo l'arma, ora tocca a noi usarla per raggiungere nuovi lead.

REGALO GRATUITO: Tutorial Bonus su Come Creare il Lead Magnet definitivo

Se desideri una visione più approfondita su come creiamo magneti per i lead incredibilmente efficaci, vai su **Acquisition.com/training/leads**. È gratuito e accessibile pubblicamente. Come promesso, il mio obiettivo è guadagnare la tua fiducia. E la fiducia si costruisce mattoncino su mattoncino. Permetti a questo training di essere il primo di tanti mattoncini. Buon divertimento. Puoi anche scansionare il codice QR qui sotto se detesti digitare.

Sezione III: Genera Leads

I Quattro Metodi Fondamentali della Pubblicità

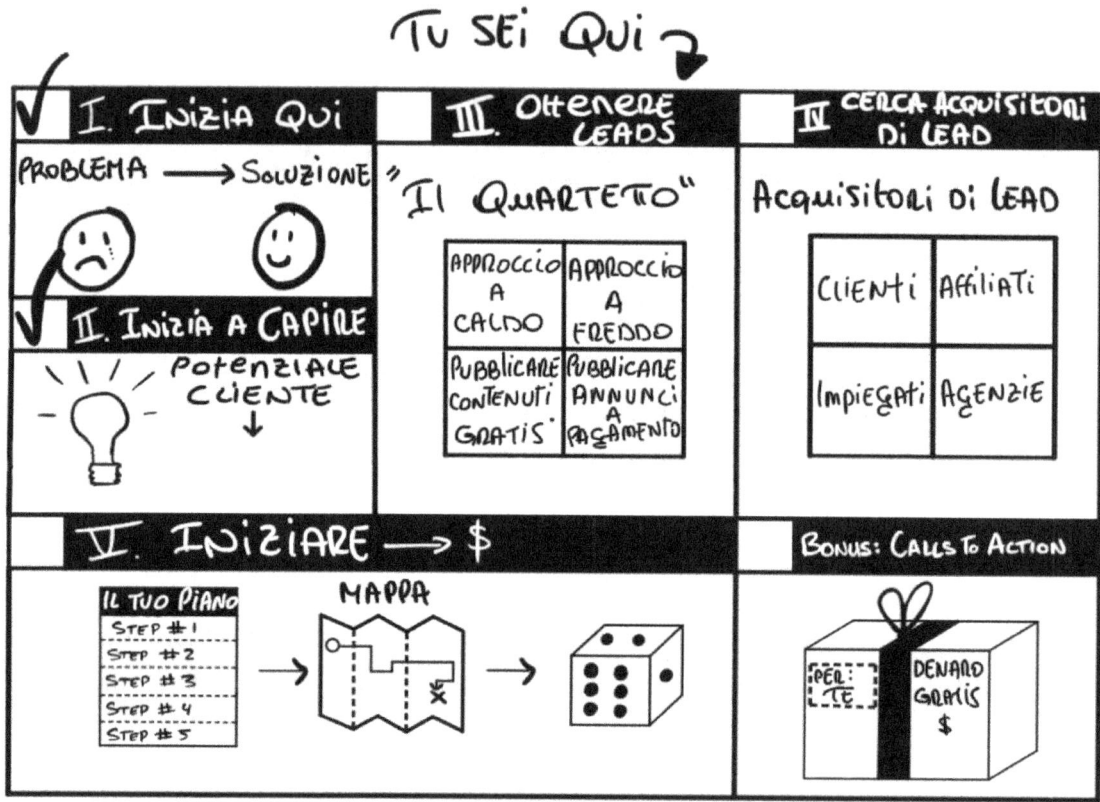

Otteniamo lead qualificati informando le persone sui nostri prodotti o servizi. Esistono due categorie di persone a cui rivolgiamo queste informazioni: coloro che già ci conoscono e coloro che non ci conoscono ancora. Utilizziamo due approcci per comunicare loro: uno individuale e uno collettivo. Questi si combinano in quattro modalità di base attraverso cui una persona può far conoscere qualcosa ad altre persone. Esploriamo come possiamo utilizzare questi quattro metodi per acquisire lead.

Il Pubblico Caldo comprende *le persone che hanno dato il loro esplicito consenso per essere contattate*. Sono coloro che già ti conoscono: amici, familiari, seguaci, clienti attuali, clienti passati e leads acquisiti in precedenza.

Il Pubblico Freddo sono *persone che non hanno dato il loro consenso per essere contattate*. Vedili un po' come sconosciuti: il pubblico di altre persone, elenchi di leads acquistati o creati, o l'accesso tramite piattaforme a pagamento.

Questa distinzione è cruciale perché influenza il modo in cui gestiamo le nostre attività pubblicitarie nei loro confronti.

Due Modi di Comunicare: Uno a Uno (Privato), Uno a Molti (Pubblico)

Possiamo contattare le persone in modi diversi: individualmente (1-a-1) o in modo massivo (1-a-molti). Un altro modo di concepirlo è pensare alla comunicazione come privata o pubblica. La comunicazione privata avviene quando un messaggio è destinato a una persona alla volta, come una chiamata telefonica o una e-mail. La comunicazione pubblica, invece, raggiunge molte persone contemporaneamente attraverso canali come i social media, i cartelloni pubblicitari o i podcast.

L'automazione può sembrare complicare queste distinzioni, ma non dovrebbe. Automazione significa semplicemente che parte del lavoro viene gestito dalle macchine, mantenendo comunque l'essenza della comunicazione. Ad esempio, inviare un'e-mail a una lista di 10.000 persone "una volta" è simile a un approccio uno-a-uno accelerato da un processo automatizzato. L'automazione, di cui esploreremo i dettagli più avanti, è uno dei molti strumenti che utilizziamo per generare lead qualificati.

La distinzione tra comunicazione pubblica e privata è cruciale in pubblicità perché influenza il modo in cui raggiungiamo il nostro pubblico.

Sezione III Schema: Ottenere Leads

Unendo il pubblico caldo e freddo con 1-a-1 e 1-a-molti arriviamo ai soli quattro modi con cui possiamo far sapere a chiunque di qualsiasi cosa: i quattro pilastri fondamentali.

- 1-a-1 ad un Pubblico Caldo = Approccio a Caldo

- 1-a-molti ad un Pubblico Caldo = Pubblicazione di Contenuti

- 1-a-1 ad un Pubblico Freddo = Approccio a Freddo

- 1-a-molti ad un Pubblico Freddo = Annunci a Pagamento

Ci sono solo quattro modi per far sapere agli altri cosa vendi. Ogni metodo ci avvicina un po' di più al pianeta dei lead abbondanti. Nel resto del libro, mi concentrerò su questi quattro pilastri fondamentali, quindi familiarizzati con essi. Fai in modo che diventino parte di te.

Una volta fatto questo, sarai in grado di avere successo in qualsiasi circostanza e mercato. Almeno, così è stato per me.

Quindi, se non stai ottenendo il numero di lead che desideri, non stai mettendo in atto i quattro pilastri fondamentali con abbastanza abilità o volume. Analizziamo tutto questo in molti dettagli. Come funzionano. Come farli. Quando farli. E mostriamo come misurare i tuoi progressi lungo il percorso. Questo semplifica il mondo eccessivamente confuso della pubblicità in quattro *azioni* principali. O le metti in atto e ottieni quanti lead vuoi, o vieni schiacciato da coloro che lo fanno.

REGALO GRATUITO: Formazione Bonus - Il Framework dei Quattro Elementi Principali

Ho tenuto una formazione in diretta in cui ho spiegato le oltre 50 iterazioni che hanno creato questa semplice scatola 2 x 2. Spiego come utilizzare il framework dei quattro elementi principali per ottenere il massimo numero di potenziali clienti e creare obiettivi all'interno della tua azienda. Se lo desideri, puoi ottenerlo gratuitamente qui: **Acquisition.com/training/leads.** Puoi anche scannerizzare il codice QR qui sotto se preferisci evitare di digitare.

#1 Approccio a Caldo

Come Approcciare le Persone che Conosci

"Il mondo appartiene a coloro che possono continuare ad agire senza vedere il risultato delle loro azioni."

Maggio 2013. L'inizio.

Per la terza volta quel giorno, presi il mio telefono e controllai il mio conto bancario: *$51,128.13*. Un piccolo sospiro di sollievo mi sfuggì. *È incredibile come anni di lavoro e risparmio si possano concentrare in un piccolo schermo.* Sentendomi sollevato per il momento, passai ai social media per ottenere un po' di dopamina. Gli amici dell'università stavano postando le loro domande per le scuole di business, con le lettere di ammissione che riempivano il mio feed. *Anch'io avevo avviato il processo di domanda per una scuola di business.*

Avevo di fronte una scelta: abbandonare il mio lavoro per frequentare una scuola di business oppure per avviare una nuova attività.

La domanda mi tormentava - *Come potrebbe un MBA di Harvard aiutarti nei tuoi obiettivi a breve e lungo termine?*

Quella domanda cambiò il corso della mia vita. Passai tre giorni interi cercando una risposta. Alla fine del terzo giorno, arrivai alla conclusione che *forse non avrebbe aiutato.*

Prendere $150,000 di prestiti e sacrificare due anni senza reddito non sembrava la soluzione ideale per avviare un'attività. *Era meglio avviare l'attività e impiegare quei due anni per capire come farla crescere.* Forse avrei potuto guadagnare lo stesso importo di un MBA al momento della laurea, evitando il peso del debito. *Almeno così mi dicevo.*

Così lasciai il mio lavoro e mi imbarcai nel processo di avviare la mia attività. Fondai Impetus Group LLC. Check. Aprii un conto bancario aziendale. Check. Installai un conto commerciante per processare i pagamenti. Check. Il denaro non entrava ancora, ma almeno mi sentivo autentico.

Impetus Group LLC. (dillo ad alta voce...)

La prima persona a cui parlai della mia nuova attività disse, "Impotenza?" Oh Dio, un vero disastro. *Non sorprende che il nome fosse disponibile.* Cambiai immediatamente in 'The Free Training Project'. Un nome decente? Check. *Ero finalmente in affari.*

Ma avevo un problema - non sapevo nulla di pubblicità o vendite. Ma sapevo che avevo bisogno di clienti. Quindi, chiesi in giro dove riuscivo. Chiamai, inviai messaggi e messaggi su Facebook a molte persone che conoscevo.

"Hey, conosci qualcuno che vuole rimettersi in forma? Sto offrendo sessioni di allenamento gratuite per dodici settimane, insieme a un piano nutrizionale personalizzato e una lista della spesa. Tutto quello che devono fare è fare una donazione a una causa benefica a loro scelta e permettermi di utilizzare la loro testimonianza."

Solo sei persone accettarono. Sei. Due amici delle superiori. Un amico dell'università. E tre persone che loro mi presentarono.

Inviai a tutti piani di allenamento e ci mettemmo al lavoro. Ci scambiavamo messaggi durante la settimana per monitorare i progressi. Fortunatamente erano tutti miei amici quindi davano il massimo. Mi incoraggiavano più di chiunque altro all'inizio. Un decennio dopo ho ancora le loro foto prima e dopo.

51

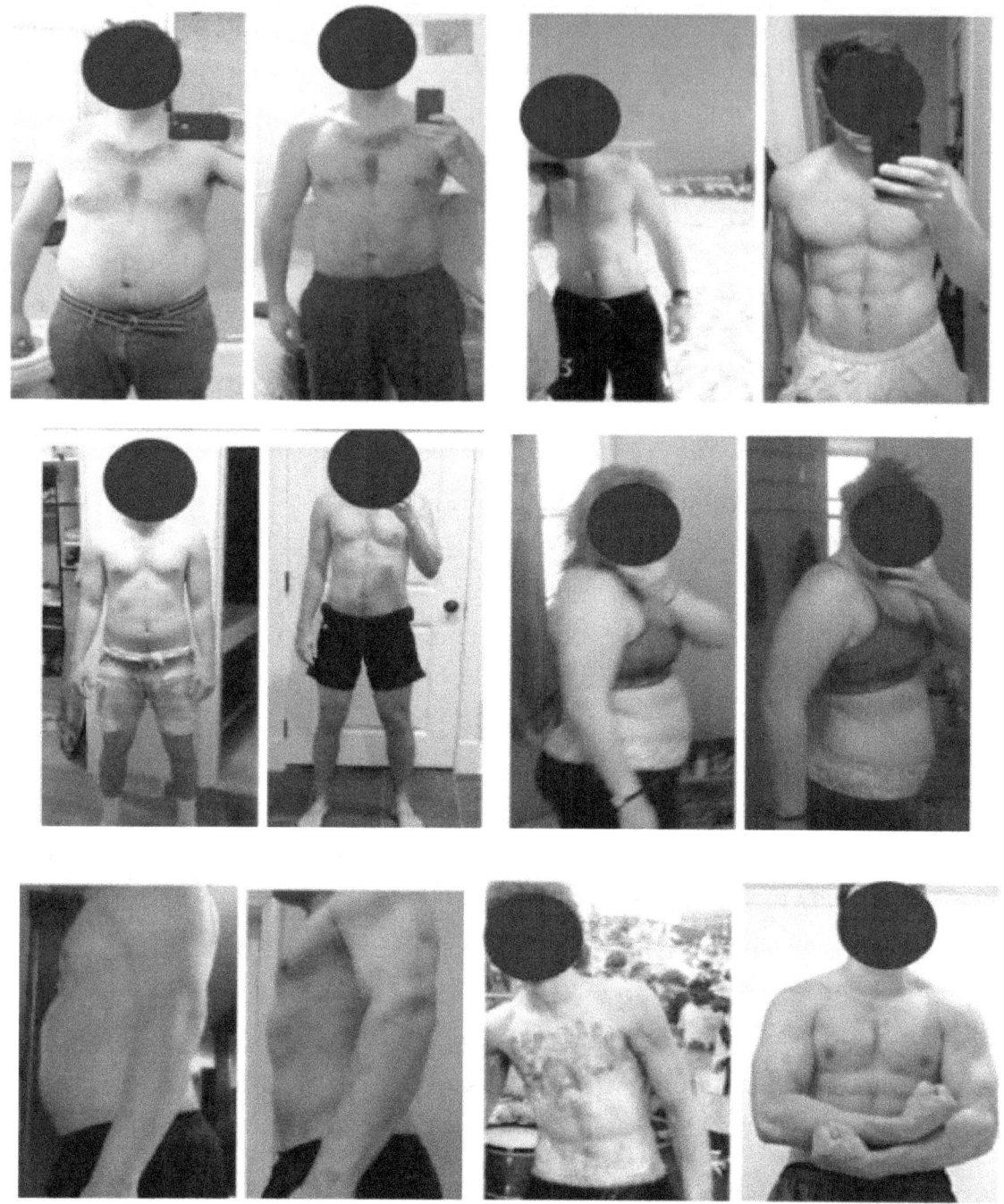

Ed è qui che la decisione di saltare la scuola di business ha iniziato a ritorcersi contro di me... Alcuni mesi dopo, la mia "montagna" di soldi non sembrava così grande senza nuovi introiti ogni mese. E questo problema ha iniziato a farsi sentire. Così, dopo le dodici settimane del periodo "dona ad un'associazione benefica", ho chiesto loro di iniziare a pagare me invece. Ora ero io a beneficiare. Ahah. Avevo paura che potessero arrabbiarsi perché dovevano pagare me, ma sembrava che non importasse loro.

Una volta ottenuti i risultati, ho chiesto loro di indirizzare i loro amici da me. Sorprendentemente, ho ottenuto altri cinque o sei clienti grazie al passaparola. Ho chiesto ai nuovi clienti di pagare direttamente me. Anche in questo caso, nessuno ha fatto obiezioni. Questa piccola attività mi fruttava circa $4000 al mese, sostituendo il reddito del mio primo lavoro. Mi ha dato abbastanza soldi per vivere bene e iniziare a risparmiare di nuovo. Sospiro di sollievo.

Se questa attività sembra semplice, è perché lo era. Inviavo ai clienti i loro piani tramite e-mail e loro mi facevano domande lungo il percorso. Questo era tutto.

Quindi, se stai iniziando, non hai bisogno di molto. Tutto ciò di cui hai bisogno è un codice fiscale, un conto bancario, un modo per accettare pagamenti e un modo per comunicare con le persone.

Ma questa ultima parte - un modo per comunicare con le persone - *è la più importante*. È come generi leads. Anche se non sapevo cosa fossero gli "approcci diretti caldi", è uno dei quattro pilastri principali, ed è così che ho ottenuto i miei primi leads. E continuo tutt'ora ad usufruire di questo metodo. E ti mostrerò come puoi farlo anche tu.

Gli approcci a caldo avvengono quando stabilisci un contatto uno-a-uno con il tuo pubblico caldo- cioè - le persone che ti conoscono. È il modo più economico e semplice per trovare persone interessate a ciò che vendi. È super efficace - e la maggior parte delle aziende non lo fa. *Evita di fare come le altre aziende comuni.* Inoltre, *hai* un pubblico caldo, anche se non lo sai. Tutti conoscono qualcuno. Quindi i tuoi leads personali sono il punto di partenza più semplice.

Gli approcci caldi di solito avvengono sotto forma di chiamate, SMS, e-mail, DM, messaggi vocali, ecc. E come abbiamo appreso nella Sezione II, pubblicizzi una delle due cose. Fai sapere loro del tuo lead magnet (qualcosa di gratuito e prezioso) o li informi della tua offerta principale (il tuo prodotto o servizio principale).

Quando adotti un approccio diretto, potresti non ricevere molte risposte positive per il tuo impegno. Tuttavia, gestisci tutto personalmente, rendendo ogni messaggio autentico. È questa la sua forza. *È una certezza su cui puoi sempre contare.*

Nota: Quando comunichi con il tuo pubblico caldo, funziona sia che tu abbia 100 leads o un milione. Con la crescita dell'attività, utilizzerai automazione e personale per migliorare l'efficienza. I sistemi partono con te in prima linea, ma crescono rapidamente. Nel Capitolo IV, mostro come ampliare questi sistemi per raggiungere un pubblico più vasto.

Come Fare Approcci a Caldo in 10 Passaggi

Gli approcci a caldo sono un modo fantastico per ottenere i tuoi "Primi Cinque Clienti" per *qualsiasi nuovo prodotto o servizio*. Ecco come funziona:

Step 1: Genera la tua lista di leads

Step 2: Scegli una piattaforma

Step 3: Personalizza il tuo messaggio

Step 4: Approccia

Step 5: Riscaldali

Step 6: Invita i loro amici

Step 7: Fai loro l'offerta più semplice del mondo

Step 8: Inizia dall'alto

Step 9: Inizia a far pagare

Step 10: Mantieni la tua lista ingaggiata

(Step 1) "Ma non ho nessun lead..." → Tutti Hanno Una Lista.

Conosci altri esseri umani. Lascia che te lo dimostri.

- Prendi il tuo telefono. All'interno hai dei leads. *Ogni lead si è iscritto per ricevere comunicazioni da te.* Ti hanno dato i mezzi e il permesso di contattarli.

- Apri tutti gli account e-mail che hai utilizzato negli anni. Estrai i tuoi contatti e l'elenco degli indirizzi da ciascuno. Ecco fatto! Guarda quanti potenziali clienti.

- Ora, vai su tutti i tuoi profili sui social media. Vedi i tuoi follower, abbonati, amici, connessioni o qualsiasi altro nome gli diano oggi...eureka – hai trovato altri leads!

Metti insieme tutti i tuoi leads da ogni piattaforma. *Davvero, cerca di farlo.* Tra telefono, e-mail, social media e altre piattaforme, avrai sicuramente abbastanza leads per iniziare. Per molti di voi, questi saranno i vostri primi 1000 leads. Ehi, guarda un po'! "Non ho nessun lead." Ma sì che ce li hai.

E se sei preoccupato di dover interagire con la gente, rilassati. Quello che ti mostrerò dopo ti piacerà.

(Step 2) "Ma non so da dove cominciare..." → Scegli Una Piattaforma

Scegli la piattaforma su cui hai il maggior numero di leads. Telefono, e-mail, social media, posta, piccione viaggiatore, ecc. Non importa. Scegli semplicemente quella con più leads. In ogni caso li contatterai tutti prima o poi.

(Step 3) "Ma cosa dico?" → Personalizza il tuo messaggio

Usa qualcosa che sai sul lead come vera ragione per approcciare. Se non hai molte informazioni personali, puoi prima controllare i loro profili sui social media ecc. per saperne di più.

Non fare stranezze. Rispetta le regole sociali. Ricorda, non stai chiedendo nulla. Stai solo chiedendo come va e offrendo qualcosa di valore. Quindi... rilassati.

Esempio: Ho visto che hai appena avuto un bambino! Congratulazioni! Come sta il bambino? E tu come stai?

(Step 4) "E ora?" → Contatta. Cento. Persone. Ogni. Giorno.

"Per ottenere ciò che vuoi, devi meritare ciò che vuoi." - Charlie Munger

Ora, contatta 100 di loro al giorno con i tuoi messaggi personalizzati. Chiamerai, manderai SMS, e-mail, messaggi, cartoline, ecc.

E li contatterai fino a tre volte. Una volta al giorno per tre giorni* o fino a quando rispondono, a prescindere di quale evento avvenga prima.

*Una volta a settimana con la posta cartacea.

> **Suggerimento Professionale: Strappare Via il Cerotto.**
>
> Il primo tentativo è sempre il più difficile e richiede più tempo. Il secondo tentativo richiederà minuti. Il terzo, secondi. Accetta il fatto di non essere bravo. Fin da subito. Stai cominciando. È così che si impara, quando inizi qualcosa di nuovo, ricordati sempre questo proverbio cinese: *"Tutto deve essere difficile prima di diventare facile"*.

(Step 5): "Cosa dico quando rispondono?" → Comportati come un umano.

Ora possiamo rompere il ghiaccio senza essere sgradevoli.

Rispondi utilizzando la struttura **A-C-A**:

- <u>Ascolta</u> ciò che hanno detto. Riformulalo con le tue parole. Questo dimostra che ti importa di loro.

    o *Ex: Due bambini. E tu sei un contabile*

- Fai loro un <u>complimento</u> su ciò che ti raccontano. Collegalo a un tratto positivo del carattere se puoi.

    o *Ex: Wow! Super mamma! Gestire una carriera a tempo*

    pieno e due bambini.

- <u>Fai</u> un'altra domanda. Guida la conversazione nella direzione che preferisci. In questo caso, verso un argomento più vicino alla tua offerta. Esempi:

    o Terapia/Coaching di vita: *...Hai tempo per te stessa?*

    o Fitness/Dimagrimento: *...Hai tempo per allenarti?*

    o Servizi di pulizia: *...Hai qualcuno che ti aiuta a tenere in ordine la casa?*

Il framework **ACA** è ottimo perché ti aiuta a parlare con chiunque. Si tratta solo di un caso che sia anche utile per far conoscere le tue cose. Ciò significa che puoi conoscere la persona *e* guidare la conversazione verso la tua offerta.

Alle persone piace parlare di sé stesse. Quindi lascia che lo facciano. Amano anche essere elogiate, quindi fai anche quello. E se le persone si sentono bene parlando con te, avranno più fiducia e simpatia verso di te. Inoltre, è utile saper trovare il lato positivo in ogni situazione. Parlando di pratica, ci vorrà pratica. Ed è OK.

Suggerimento Professionale: Nelle E-mail, Sii Più Diretto

Nelle e-mail devi sempre cominciare con un'introduzione personalizzata per mostrare che hai effettivamente dedicato del tempo a cercare informazioni su di loro in qualche modo, 2-3 frasi bastano. Poi, passerai direttamente alla tua offerta o al tuo incentivo principale, di cui parleremo successivamente.

(Step 6) "Come faccio a sapere se sono interessati?" → Fagli un'offerta.

Avvicinati con una conversazione normale, pensando a 3-4 scambi se sei al telefono o via messaggio, e circa 3-4 minuti se ti trovi di persona. Dopodiché, presentagli un'offerta per vedere se sono interessati.

Quando parlo di partire da zero con un'offerta, mi riferisco all'equazione del valore. Se ti stai chiedendo cos'è l'equazione del valore, era il concetto centrale nel mio primo libro *$100M Offers*. Il valore, come lo definisco, ha quattro elementi:

1) <u>Risultato Sognato:</u> ciò che la persona vuole che accada, nel modo in cui desidera che accada.

   - Descrivi i massimi risultati che il tuo prodotto può raggiungere, sarebbe fantastico se questi risultati fossero storie di successo da persone come quelle a cui stai parlando.

2) <u>Percezione della Probabilità di Riuscita:</u> quanto pensano sia probabile raggiungere il loro obiettivo.

   - Includi risultati, recensioni, premi, endorsement, certificazioni e altre forme di *validazione di terze parti*. Inoltre, le garanzie sono fondamentali.

3) <u>Ritardo Temporale:</u> quanto tempo pensano che ci vorrà per ottenere risultati dopo l'acquisto.

   - Descrivi quanto velocemente le persone *iniziano* a ottenere risultati, con quale frequenza ottengono risultati quando iniziano e quanto tempo ci vuole per ottenere i migliori risultati possibili.

4) <u>Impegno e Sacrificio:</u> le cose negative che dovranno sopportare e le cose positive a cui dovranno rinunciare nella loro lotta per ottenere il risultato.

   - Focalizza su ciò che possono continuare a fare bene o iniziare a fare per ottenere risultati positivi. Allo stesso tempo, evidenzia le cose negative da eliminare o evitare per ottenere comunque risultati positivi.

L'obiettivo è massimizzare i primi due e minimizzare gli ultimi due. Quindi, tutto ciò che devi fare ora è mostrare a qualcuno che:

- Hai esattamente ciò che desiderano.
- Sono sicuri di ottenerlo.
- Velocemente.
- Senza alzare un dito o rinunciare a qualcosa che amano.

Non è niente di speciale, giusto? Ovviamente, è l'obiettivo. Dobbiamo avvicinarci il più possibile a questo senza mentire o esagerare.

Quindi, facciamolo con una vera offerta:

...A proposito, <u>*conosci qualcuno*</u> *che è (descrivi le loro difficoltà) e cerca di (risultato sognato) in (ritardo temporale)? Sto prendendo cinque casi studio gratuitamente, perché è tutto ciò che posso gestire. Voglio solo ottenere delle testimonianze per il mio servizio/prodotto. Aiuto loro a* (risultato sognato) *senza* (impegno e sacrificio). *Funziona. Garantisco persino che le persone ottengano* (risultato sognato) *o lavoro con loro finché non lo fanno. Ho appena avuto una ragazza di nome XXX che ha lavorato con me e ha ottenuto* (risultato sognato) *anche se aveva* (descrizione della stessa difficoltà del tuo lead). *Ho anche avuto un altro ragazzo che ha ottenuto* (risultato sognato) *ed era la sua prima volta. Vorrei solo più testimonianze per mostrare che funziona in scenari diversi. Hai qualcuno in mente che ti piace?*

(Pausa se al telefono) ...e se dicono di no...*Haha, beh...hai qualcuno in mente che odi?* (ha) Questo aiuta a rompere qualsiasi imbarazzo.

Suggerimento Professionale: Percezione Implicita della Probabilità di Successo

Noterai che, *oltre alla garanzia*, non c'è spazio per la "percezione implicita della probabilità di successo". Tuttavia, la spiegazione delle testimonianze soddisfa questa esigenza. Dopotutto, non diresti "Ehi! Posso ovviamente aiutarti perché ho aiutato qualcuno *esattamente* come te". Ma lo *suggeriamo* selezionando una testimonianza che sia il più possibile vicina alla loro situazione. E più hai esperienza, più testimonianze su misura avrai. Quindi sarà più facile raccontare testimonianze che corrispondono *perfettamente* alla persona con cui stai parlando. Poi, una volta che puoi mostrare una testimonianza perfetta, l'unica cosa migliore è *averne a bizzeffe*.

C'è una caratteristica importante qui. <u>*Non stiamo chiedendo loro di comprare nulla. Stiamo chiedendo se conoscono qualcuno.*</u> E tra le persone che dicono di sì, la maggior parte dicono di essere interessate. Tutto ciò è progettato per aumentare la *loro* percezione della probabilità di successo. Ecco perché mostriamo le difficoltà e i risultati di persone come loro che hanno difficoltà simili alle loro. Ma lasciamo che siano loro a collegare i punti. Poiché non hai chiesto loro di comprare nulla, non sembri insistente. Alcune persone mostreranno interesse per le tue cose. Alcune ti indirizzeranno verso chi potrebbe essere interessato. Alcune faranno entrambe le cose. In tutti e tre gli esiti, tu vinci. E vinci *senza forzare nulla su nessuno*.

Se hai ancora meno tempo o spazio per presentarlo, usa semplicemente gli elementi di valore uno dietro l'altro:

Aiuto (cliente ideale) *a ottenere* (risultato sognato) *in* (periodo di tempo) *senza* (impegno e sacrificio) *e* (aumento della percezione della probabilità di successo - guarda il suggerimento professionale qui sotto).

60

Nota: Questi funzionano bene per e-mail, messaggi di testo, messaggi diretti, chiamate e incontri di persona. Basta riempire gli spazi vuoti.

Suggerimento Professionale: 11 Modi per Aumentare la Percezione di Probabilità di Successo

Ecco come aumentare la loro percezione di probabilità di successo affinché più persone accettino la tua offerta. Include uno o più dei seguenti elementi:

1. Mostrare la prova di aver fatto ciò che vogliono (la nostra storia)

2. Mostrare le prove di persone *come loro* che hanno ottenuto ciò che desiderano (pensa alle testimonianze)

3. Mostrando l'enorme quantità di recensioni positive che abbiamo ricevuto (pensa a molte valutazioni a 5 stelle)

   a. Se non hai ancora recensioni, anche il numero di persone che hai aiutato funziona.

4. Certificazioni/Diplomi/Accreditamento di terze parti che attestano la nostra affidabilità

5. Numeri, statistiche, ricerche che supportano l'esito che vuoi far credere loro

6. Esperti che si fidano di noi

7. Qualche caratteristica nuova/unica con cui non hanno fallito prima (quindi potrebbe funzionare questa volta)

8. Celebrità che ci hanno appoggiato ("si sono fidate di loro, quindi dovrei farlo anche io")

9. Garantire che raggiungeranno l'obiettivo (quindi anche noi mettiamo in gioco qualcosa)

10. Quanto bene descrivi loro o l'attuale disagio che stanno vivendo. Più è specifico, meglio è. (pensa 'lui/lei mi capisce davvero, devono sapere come aiutarmi')

11. Se possibile, dimostra il risultato dal vivo. Oppure, mostra una registrazione di ciò che sta accadendo.

    a. Es: l'agenzia pubblicitaria riproduce una registrazione di una chiamata che il proprietario di una palestra deve fare a un potenziale cliente sulla chiamata di vendita. "Riusciresti a fare una telefonata del genere a un potenziale cliente se te lo procurassimo?" Dimostra il risultato dei servizi pubblicitari: le persone non vogliono "potenziali clienti" vogliono clienti veri e propri. Semplicemente non conoscono un modo migliore per chiederli.

(Step 7) "Come faccio a fargli dire sì?" → Rendi loro facile dire di sì. Rendilo gratuito.

Dopo aver suscitato interesse nelle persone, rendi la tua offerta facile da accettare. Un buon punto di partenza è l'offerta più semplice del mondo: GRATIS.

E non cercare di fare l'esperto se non lo sei. <u>Le persone non sono stupide.</u> Sii onesto e mantieni le cose semplici:

Ehi, sto accettando solo cinque persone, quindi posso dedicarti tutta l'attenzione necessaria per ottenere risultati di cui essere fiero. E tutto questo sarà gratuito a patto che tu ti impegni a: 1) Utilizzarlo, 2) Fornirmi feedback, e 3) Lasciare una recensione eccezionale se pensi che sia meritatissimo. Ti sembra un accordo equo?

Questo metodo stabilisce aspettative realistiche fin dall'inizio. E voilà! Ora stai semplicemente aiutando le persone gratuitamente. Un successo!

Suggerimento Professionale: Accumula "Sì" per costruire un primo slancio.

All'inizio, mi sentivo terrorizzato nel chiedere soldi. Quindi, se ti ricordi dal racconto qua sopra, dicevo alle persone che avrei lavorato con loro gratuitamente a patto che facessero una donazione a una beneficenza a loro scelta. Riuscivo comunque a farli investire, ma chiedere loro una donazione per una causa benefica sembrava un modo molto più sicuro per farlo. A proposito, questa è stata la prima cosa che ho mai venduto. Ora che ci penso, volevo avere assolutamente sbloccarmi con dei "Sì" facili. E quei primi "Sì" hanno costruito la mia prima attività. E possono costruire anche la tua.

63

Ecco la mia raccomandazione: ogni volta che lanci un nuovo prodotto o servizio, <u>offri i primi cinque gratuitamente</u>. Il numero preciso è meno importante rispetto a comprendere perché questo ti beneficia. Ecco il motivo:

1. Fai pratica e acquisisci sicurezza nel fare offerte alle persone. Ti sentirai più rilassato sapendo che stai solo aiutando... gratuitamente... per ora (faccina con l'occhiolino).

2. Probabilmente non sei ancora esperto (per ora). Le persone sono molto più indulgenti quando non hai ancora chiesto nulla in cambio.

3. Poiché probabilmente non sei bravo, devi imparare come migliorare. <u>Migliori con l'esperienza</u>. È meglio avere alcune cavie per eliminare le imperfezioni. Imparerai moltissimo dalle persone che aiuti gratuitamente, te lo prometto. Anche se potrebbe non sembrare così adesso, il tuo lato dell'accordo è più vantaggioso.

4. Se le persone traggono valore, soprattutto gratuitamente, è molto più probabile che:

> a. Lascino recensioni e testimonianze positive.
> b. Ti diano riscontri.
> c. Mandino i loro amici e familiari.

E se questo non fosse già fantastico, i clienti gratuiti possono aiutarti a guadagnare in altri tre modi:

1) Si trasformano in clienti paganti.

2) Ti mandano clienti paganti tramite referenze.

3) Le loro testimonianze attirano clienti paganti.

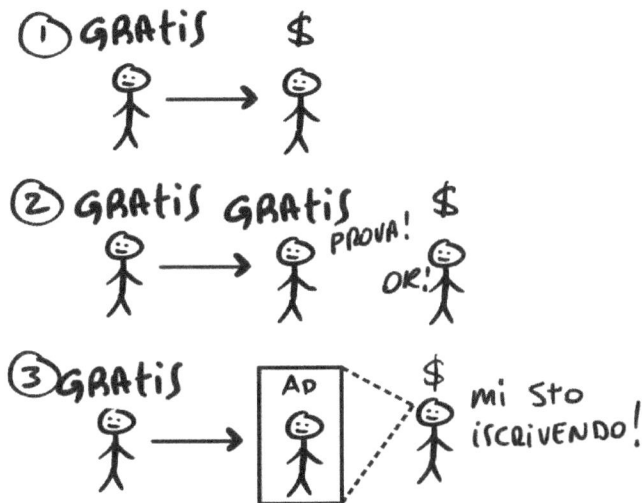

Quindi, in ogni caso, tu vinci.

Suggerimento Professionale: Applica il "Metodo della Cerniera"alle referenze

Se chiedi una referenza, punta ad avere tre pre-introduzioni. Il mio modo preferito per farlo di persona è prendere il telefono del cliente, scattare una foto di noi due, inviare quella foto alla referenza . Se sono in una situazione virtuale, faccio uno screenshot in videochiamata e mando come prima. Se non puoi farlo, almeno inizia una conversazione a tre con *loro* su un gruppo virtuale per esempio.

E se dicono di no?

Spesso, la parte più costosa di ciò che vendi non è il prezzo, ma i costi nascosti. **I costi nascosti** sono il tempo, lo sforzo e il sacrificio necessari per ottenere risultati da ciò che vendi. In altre parole, <u>la parte inferiore dell'equazione del valore.</u> Se fai fatica a dare via gratuitamente le tue cose, significa che o le persone non lo vogliono (risultato desiderato), non ti credono (probabilità percepita di realizzazione) o i costi nascosti (tempo, sforzo e sacrificio) sono troppo alti. In breve, le tue cose "gratuite" *costano troppo.* Quindi, cerca di individuare i costi nascosti. Una volta fatto, sbloccherai ancora più valore, che potrai alla fine monetizzare.

Per approfondire la tua comprensione dei costi nascosti... chiedi. Quindi, quando qualcuno dice "no", chiedi "perché?".

"Cosa dovrei fare per rendere conveniente per te accettare?"

Le loro risposte ti offrono l'opportunità di risolvere il loro problema. Se riesci a risolverlo, è probabile che acquisteranno da te e anche se non acquistano, avrai comunque le informazioni per convincere la prossima persona.

E ricorda, il fallimento è un passaggio obbligato per il successo. Fa parte del processo. Quindi, raccogli fallimenti il più rapidamente possibile. Superali per iniziare a pagare il tuo "dazio del no". Se ricevi migliaia di no, arriveranno i tuoi sì, te lo garantisco. Come dico sempre: i sì mi offrono opportunità, i no mi forniscono riscontri. In entrambi i casi, sto guadagnando.

Nota dell'Autore: Warren Buffet e Benjamin Graham

Prima che Warren Buffet diventasse il più grande investitore del nostro tempo, si offrì di lavorare gratuitamente per il suo eroe, Ben Graham. Vuoi sapere qual'è stata la risposta di Graham? "Sei troppo caro." Graham sapeva cosa stava succedendo. La cosa più costosa nell'assumere Buffet non era lo stipendio, ma il tempo per addestrarlo. Graham avrebbe in realtà lavorato per Buffet! E allo stesso modo, i tuoi primi clienti stanno lavorando per te. Ti stanno addestrando - gratuitamente! E tu vuoi minimizzare questo costo per loro. *Conosci i tuoi costi nascosti.*

PS - Buffet è comunque riuscito a convincere Graham ad accettare la sua offerta gratuita. Il resto è storia.

Suggerimento Professionale: Imparare o Guadagnare

Se qualcuno ti dice di non "sottovalutarti" offrendo gratuitamente i tuoi servizi all'inizio, ignoralo. Ciò che vendi non è ancora prezioso. Non ha *ancora* valore. Hai appena iniziato. L'obiettivo adesso è *imparare*, non *guadagnare*. Ci arriviamo al guadagnare ma prima dobbiamo imparare. Non confondere gli obiettivi. Il guadagno arriverà, *te lo prometto.*

(Step 8) "Cosa faccio una volta che ho contattato tutti?" → Inizia da capo.

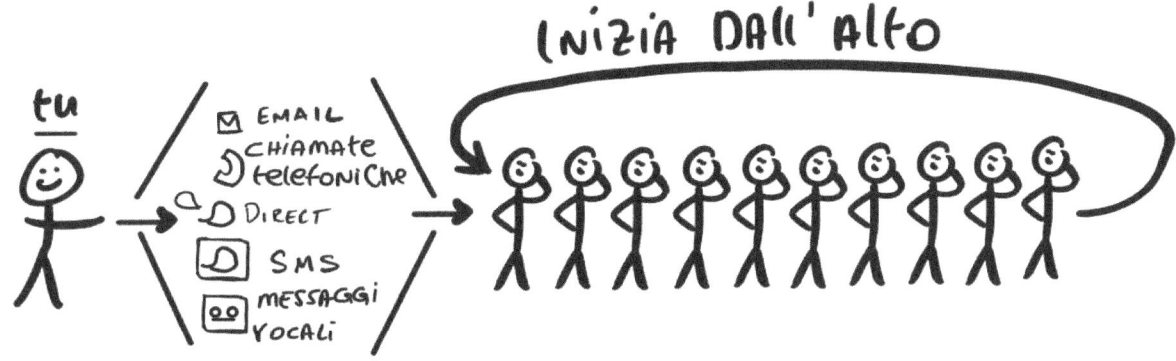

Dopo aver contattato tutti i lead su una piattaforma, passa alla piattaforma dove hai il secondo numero più alto di lead. Dopo aver contattato questi lead, vai alla piattaforma dove hai il terzo numero più alto di lead e così via.

Supponiamo che segui questo metodo alla lettera perché essere poveri è peggio che aiutare le persone gratuitamente. Se, sommando tutte le piattaforme, hai 1000 lead, avrai dieci solidi giorni di lavoro. Un mese di lavoro includendo i follow-up. A questo punto, ti prometto, *cinque o più persone avranno accettato la tua offerta gratuita.* E alcuni si saranno convertiti in clienti paganti. Se hai fatto un buon lavoro, manderanno amici e anche loro diventeranno clienti paganti.

Quindi, facciamo il nostro primo soldo?

(Step 9) "Ma non posso lavorare gratuitamente per sempre..." → Inizia a fare pagare

Questo è importante. Questo è il tuo test decisivo per sapere quando sei "abbastanza bravo" da poter iniziare a fare pagare. *Una volta che le persone iniziano a darti referenze, inizia a*

fare pagare. Quando succede, sostituisci '... *gratis*...' nella proposta precedente con 'sconto dell'*80%* per i prossimi cinque'. Poi 'sconto del *60%* per i successivi cinque'. E poi 'sconto del *40%* per i prossimi cinque', e così via. La regola di aumentare i prezzi ogni cinque clienti aggiunge anche una vera ragione all'urgenza perché i prezzi non smettono di aumentare. E se vuoi, puoi continuare ad aumentare il prezzo del *20%* ogni cinque, fino a trovare il punto ottimale. È la tua attività, puoi fare come preferisci. Aumentare i prezzi man mano che acquisisci più esperienza è una bella ricompensa.

Suggerimento Professionale: Ottenere più denaro anticipato e più "Sì" → Pagamento anticipato + Garanzia

Offrire una garanzia fa sì che più persone acquistino perché inverte il rischio. Ecco una bella variazione su una garanzia che ti farà ottenere più "Sì" e più denaro.

Puoi offrire una garanzia solo alle persone che pagano anticipatamente. Il motivo è che le *persone che investono anticipatamente sono più impegnate. E di conseguenza, siamo in grado di garantire loro risultati. Quindi, se desideri la nostra garanzia, puoi pagare anticipatamente il nostro servizio.*

Un'altra versione presa dal mio caro amico il Dr. Kashey: Dopo che la persona accetta di pagare, chiedigli "preferisci pagare meno oggi o che ti garantisca il rimborso?" Pagare meno oggi = piano di pagamento, quindi meno denaro iniziale. Garantire il rimborso = pagamento anticipato e garanzia di ottenere il risultato desiderato.

Esempio: "Paga Meno" = $2000 al mese per 3 mesi = $6000 (senza garanzia)

Oppure

Soddisfatto o rimborsato = $6000 (senza garanzia)

Presentato in questo modo, la maggior parte delle persone opta per l'opzione di pagamento anticipato con garanzia. Quindi, se avevi intenzione di offrirne una in ogni caso, potresti anche sfruttarla per incentivare più persone a pagare anticipatamente.

(Step 10)"Ma cosa devo fare poi?" → Mantieni calda la tua lista.

Fornisci regolarmente valore alla tua lista tramite email, social media, ecc. per mantenerla calda. Una lista calda rimane pronta per i tuoi leads futuri. Spieghiamo esattamente come fornire questo valore nel prossimo capitolo. Una volta che hai fornito valore per un po' di tempo, o hai individuato chi desidera valore, testa la tua lista con il classico "modello di email a 9 parole" di Dean Jackson:

Stai ancora cercando [desiderio in 4 parole]?

Nessuna immagine. Nessun fronzolo. Nessun link. Solo una domanda. Nient'altro. Questo messaggio è oro per ottenere l'interazione dei potenziali clienti. Ed è una delle prime cose che faccio quando investo in un nuovo business. Ecco alcuni esempi:

Stai ancora cercando di

...comprare la casa dei tuoi sogni?

...generare clienti più qualificati?

...rafforzare le tue braccia?

...aprire un negozio online?

...avviare un canale YouTube?

Capisci il concetto? Continua a seguire e metti in pratica. Continua ad evidenziare così potenziali clienti interessati. Queste risposte dovrebbero essere la tua priorità principale per gli approcci futuri.

Concludo qui il passo 10 perché affronterò questo processo di "dare e ricevere" nel prossimo capitolo. L'aspetto fondamentale è che una lista di leads interessati va coltivata, poiché rappresenta una fonte costante e in crescita di potenziali clienti ingaggiati. Se trattati adeguatamente, il tuo pubblico ti supporterà continuamente.

Sommario della Checklist per la Pubblicità
Ora riepiloghiamo il tutto in dieci righe dato che sono state necessarie dieci pagine per arrivare fin qui

Lista di controllo giornaliera per contatti calorosi:	
Chi:	Te stesso:
Cosa:	I primi 5 gratis
Dove:	Telefono/Email/Posta Ordinaria/SMS/Ecc
A chi:	I tuoi Contatti
Quando:	Le prime quattro ore della giornata
Perché:	Vuoi clienti o intro
Come:	Messaggio personalizzato utilizzando aca
Quanto:	100 Tentativi al giorno
Quante:	Seguire altre due volte dopo la prima
Quanto tempo:	Fino ad ottenere clienti

Parametri di riferimento: Sto andando bene?

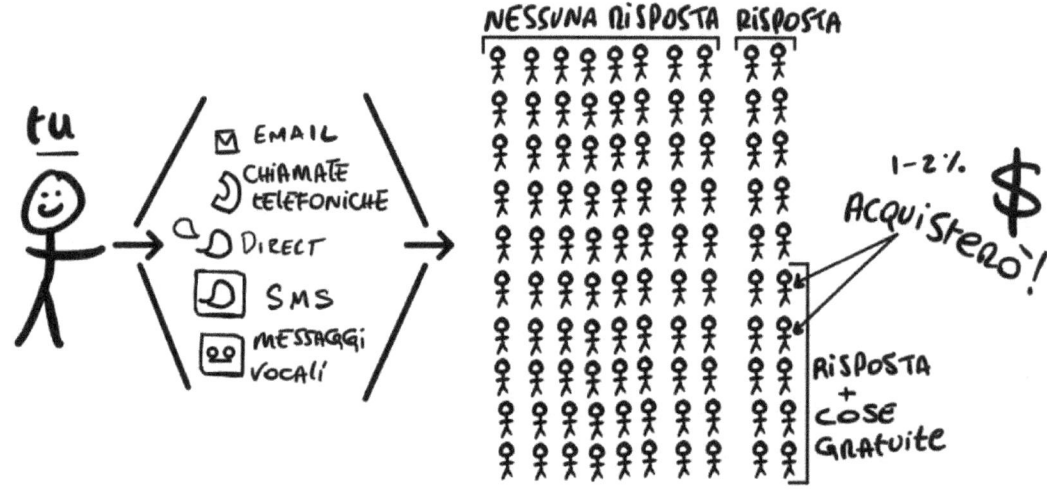

Gli approcci a caldo solitamente portano ad un coinvolgimento di circa uno su cinque. Quindi, se contatti cento persone interessate, probabilmente riceverai circa venti risposte. Tra le venti risposte, circa una su cinque potrebbe accettare la tua offerta gratuita. Quindi, avrai circa quattro persone che accettano l'offerta gratuita. Di queste quattro, dovresti riuscire a convertire almeno una in un cliente pagante più avanti. Ecco, il denaro comincia ad arrivare.

Questo schema ti consente di prevedere quanti clienti potresti ottenere ogni 100 approcci a caldo. Nell'esempio, otterresti un cliente ogni 100 leads. Naturalmente, questi numeri possono variare in base al valore della tua offerta e al grado di fiducia che il pubblico ha in te. Ma, con un numero sufficiente di leads, riuscirai a ottenere clienti. E più continui, migliori diventeranno le tue performance. Richiede solo impegno. Inoltre, imparerai molto sul comportamento del tuo pubblico, su ciò che apprezzano e su come presentare loro le offerte. Questa conoscenza può portarti a guadagni significativi. Hai l'opportunità di imparare mentre guadagni - davvero un ottimo risultato.

Questo processo da *solo* può portarti a guadagnare oltre $100,000 all'anno senza nulla di più. Incredibile, lo so. Ecco il calcolo dei soldi:

Questo ipotizza che l'1% della tua lista acquisti un'offerta da $400, utilizzando *solo* leads caldi.

500 messaggi settimanali = 5 clienti a settimana

Prodotto da $400 → 5 clienti a settimana x $400 ciascuno = $2000/settimana

$2000/settimana x 52 settimane = $104,000... bingo.

Il che, al momento, è ancora il doppio del reddito medio familiare negli Stati Uniti. Niente male.

Alex Hormozi ✔
@AlexHormozi

Puoi diventare "abbastanza buono" in quasi tutto in 20 ore di sforzo concentrandoti.

Il problema è che la maggior parte delle persone passa anni a ritardare la prima ora.

Nei tuoi primi 100 tentativi di approccio imparerai più di tutto ciò che hai letto o visto fino ad oggi sul tuo mercato. Focalizzati su questo processo di apprendimento il più velocemente possibile. Ricorda, miriamo a migliorarci, non solo a cavarcela.

Quale sarà il prossimo passo?

Gli approcci a caldo presentano due limitazioni.

Il primo è il tempo. Quando stai iniziando, ottenere nuovi clienti dovrebbe occupare la maggior parte del tuo tempo. Quattro ore al giorno, come minimo. Dovrebbe essere la prima cosa che fai appena ti alzi. E non dovresti interromperti finché non hai raggiunto il tuo obiettivo. Accetta il lavoro; farà parte della storia che un giorno racconterai. È stato così anche per me.

Il secondo limite è il numero di persone che conoscono te o il tuo lavoro. Un giorno, questo "serbatoio" si esaurirà. Ma non preoccuparti, possiamo riempirlo. Ora passiamo alla seconda delle quattro attività pubblicitarie fondamentali: pubblicare contenuti gratuiti.

REGALO GRATUITO: Formazione Bonus - Approcci Caldi Diretti

Se ti piace questo materiale, approfondisco ulteriormente in un'analisi senza limiti delle diverse strategie che puoi utilizzare negli approcci caldi per ottenere il tuo primo o millesimo cliente. Se ti sembra interessante, vai su **Acquisition.com/training/leads**. E, se hai bisogno di un'altra ragione, è gratuito. Spero che lo utilizzerai per ottenere tutti i lead di cui hai bisogno. Puoi anche scansionare il codice QR qui sotto se non ti piace digitare.

#2 Pubblicare Contenuti Gratuiti Parte I

Come Costruire un Pubblico per Ottenere Leads Ingaggiati

Nessuno si è mai lamentato di ricevere troppo valore.

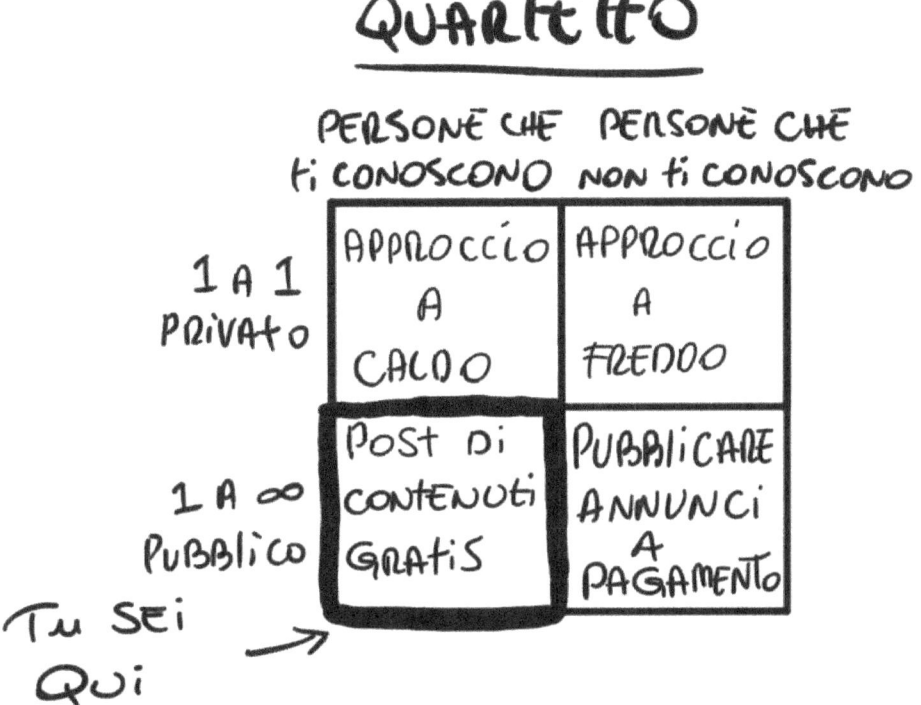

Gennaio 2020

"Hai sentito parlare di Kylie Jenner?" chiese Leila.

"No, perché?" risposi.

"Al momento, è la più giovane miliardaria selfmade "

"Davvero?"

"Sì, ha vent'anni. Forbes l'ha appena messa in copertina."

Avevo dieci anni più di lei e *non ero* ancora un miliardario. *Perché sono così incompetente?* Come ha fatto lei a guadagnare così tanto più di me? Mi consideravo piuttosto abile negli affari: l'anno precedente avevamo guadagnato $13 milioni di reddito personale. Tuttavia, chiaramente mi sfuggiva qualcosa. E mi sentivo terribilmente a riguardo.

Il mio ego mi proteggeva... *Beh, Kris Jenner è sua madre e dev'essere stata lei a organizzare tutto questo.* Pensai "ma avrà i genitori ricchi..."

Alcuni mesi dopo…

Leila alzò gli occhi dal suo computer.

"Alex, Huda ha appena venduto una parte della sua azienda per *$600 milioni*"

"Huda, la ragazza del trucco?" risposi.

"Sì."

"Mamma mia." *Di nuovo? Cosa sto facendo di sbagliato? Come faceva qualcuno di così giovane a guadagnare così tanto più di me?*

...Sarà il settore della cosmetica, può farlo, io no.

Alcuni mesi dopo…

Un titolo ha attirò la mia attenzione:

"Il whiskey Proper 12 di Conor McGregor raggiunge una valutazione di $600 milioni in soli 12 mesi dal lancio."

Come!? - *Un'altra* persona che guadagna somme da capogiro in pochi mesi.

Alcuni mesi dopo...

Un altro titolo attirò il mio sguardo.

"Teremana' di Dwayne Johnson supera 'Proper 12' di Conor McGregor"

Dwayne "The Rock" Johnson era diventato un miliardario. Senza mai parlare di affari! *Cosa sto facendo di sbagliato?*

Alex Hormozi ✅
@AlexHormozi

Se qualcuno fa più soldi di te, è più bravo nel gioco degli affari in qualche modo.

Calma l'ego, cerca la lezione.

Alcuni mesi dopo... a casa di un amico famoso…

Fino a quel momento, sono rimasto principalmente dietro le quinte. Non volevo essere famoso. Volevo essere ricco. E ci sono riuscito. Ma vedere piano paino questi successi sfilare, scalfiva le mie convinzioni. Potevo davvero costruire il mio proprio brand personale? Risposta semplice - sì. Ma, volevo la mia privacy...

Eravamo seduti attorno al tavolo della sua cucina, gli chiesi: " Ricevi tutti questi messaggi strani da persone sconosciute. Alcuni minacciano la tua famiglia. Sei ancora contento di essere diventato famoso? " Lui rispose con qualcosa che cambiò la mia vita per sempre:

"Se dover ricevere messaggi strani e odio da persone sconosciute è il costo da pagare per ottenere l'impatto che desidero, sono disposto a pagarlo ogni giorno della settimana."

ù

Mi sentii vulnerabile. Fifone. Avevo dichiarato di voler grandi obiettivi, ma non ero pronto a sopportare il costo per realizzarli. Dopo quella conversazione sia io che Leila ci gettammo a capofitto nella costruzione dei nostri brand personali.

***

Ho un credo fondamentale che vorrei trasferirti. <u>Se qualcuno sta guadagnando più soldi di te, è in qualche modo più abile nel gioco degli affari.</u> Prendilo come una buona notizia. Significa che puoi imparare da loro. Non pensare che abbiano avuto vita facile. Non pensare che abbiano preso una scorciatoia. Non convincerti che abbiano infranto qualche codice morale. Anche se fosse vero, nessuna di queste convinzioni ti giovano. Nessuna di queste convinzioni *ti rende migliore*.

Anni fa ero molto critico riguardo al creare contenuti. Non ne capivo il senso. Perché avrei dovuto sprecare il mio tempo per creare qualcosa che sarebbe sparito nel giro di pochi giorni? Pensavo fosse una perdita di tempo e lo facevo notare a tutti. Avevo torto. In realtà, non si trattava affatto del contenuto - ma del pubblico. Quello che non capivo era che il valore del contenuto che crei non risiede nel contenuto - *ma nel il pubblico*. Quindi, anche se il contenuto può scomparire col tempo, il tuo pubblico continua a crescere. Questa è stata una lezione che il mio ego mi ha impedito di imparare per troppo tempo. Mi ci è voluto un anno intero di esperienze concrete per cambiare il mio approccio. *Costruire un pubblico è la cosa più preziosa che abbia mai fatto.*

Kylie Jenner, Huda Kattan, Connor McGregor e The Rock diventati miliardari "da un giorno all'altro". Il mio amico che mi diceva che avere un vasto pubblico era cruciale per il suo successo. Non potevo più permettermi di negare i fatti. Ora comprendo il potere di avere un pubblico, ma non sapevo da dove cominciare. Quindi feci quello che faccio di solito: investii nella conoscenza. Acquistare l'esperienza di qualcun altro mi ha permesso di risparmiare tempo che avrei altrimenti impiegato nel capire tutto da solo. Leila acquistò per me quattro sessioni di consulenza con un influencer di alto livello che aveva il tipo di pubblico che desideravo costruire. 120.000 dollari.

Nella mia prima chiamata, mi disse di pubblicare regolarmente su ogni piattaforma. Così feci. Dodici mesi dopo, il mio pubblico crebbe di oltre 200.000 persone. Nella nostra seconda chiamata, notò i progressi, ma io volevo di più. "Hai un piano dettagliato per il tuo personal branding? Come fai a produrre tutto quel contenuto?"

Mi disse: "Alex, chiunque ti dica che c'è un segreto sta cercando di venderti qualcosa. Noi semplicemente pubblichiamo il più possibile. Apri il tuo Instagram e apri il mio... Guarda. Hai fatto un post oggi. Io ne ho fatti tre. Apri il tuo LinkedIn... Guarda. Hai fatto un post questa settimana. Io ne ho fatti cinque *oggi*." Continuò piattaforma per piattaforma, e il mio imbarazzo cresceva sempre di più.

"Devi semplicemente fare di più."

Semplice, ma non facile. Nei sei mesi successivi produssi dieci volte più contenuti e aggiunsi 1,2 milioni di persone al mio pubblico. Aumentando il volume dei contenuti, il mio pubblico cresceva esponenzialmente. Il volume faceva la differenza, i contenuti funzionavano alla grande. In questo capitolo, spiegherò come lo feci, così potrai farlo anche tu.

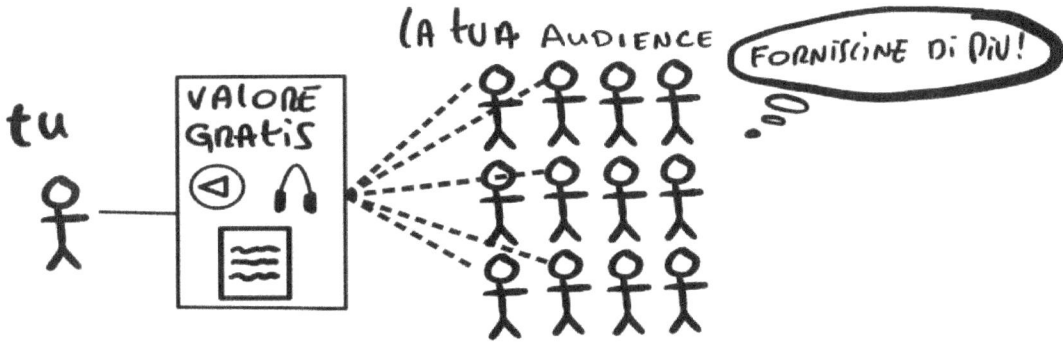

Gli approcci diretti non portano molti lead qualificati in rapporto al tempo investito. Se vogliamo contattare dieci persone, dobbiamo mandare 10 messaggi, il che richiede molto impegno. Pubblicando contenuti, possiamo comunicare una volta sola e raggiungere tutti e dieci contemporaneamente. Quindi, investire nella pubblicazione di contenuti può generare molti più clienti potenziali rispetto al tempo impiegato nell'approccio caldo.

Le persone che ritengono che sia prezioso diventano parte del tuo pubblico caldo. Se pensano che altre persone lo troveranno utile, lo condividono. E se le persone con cui lo condividono lo apprezzano, diventano anch'esse parte del tuo pubblico caldo. La condivisione può continuare all'infinito. Più condividono le tue cose, più il tuo pubblico caldo cresce. E ogni tanto, farai loro un'offerta. Se la tua offerta ha abbastanza valore, la accetteranno. Quando lo fanno, guadagni soldi. E più grande è il pubblico, più soldi guadagni. Guardala da questo punto di vista:

- Pubblicare contenuti fa crescere il tuo pubblico caldo.

- Quindi pubblicare costantemente contenuti significa avere un pubblico in costante crescita, composto di persone sempre più propense a comprare le tue cose.

- I contenuti gratuiti rendono la tua pubblicità più efficace. Se dopo aver visto la tua pubblicità, non riescono a trovare contenuti correlati ai tuoi servizi, è meno probabile che acquistino. D'altra parte, se trovano molti contenuti preziosi, è più probabile che acquistino.

Ecco cosa il mio ego mi impedì di imparare.

Ma, pubblicare contenuti non è tutto rose e fiori. Ha dei compromessi. Primo, è più difficile personalizzare il tuo messaggio. Quindi meno persone rispondono. Secondo, competi con tutti gli altri che pubblicano contenuti.

Questo rende più difficile distinguersi. Terzo, se ti distingui, le persone ti copieranno. Ciò significa che devi innovare costantemente.

Detto ciò, un pubblico più ampio significa più lead ingaggiati. Più lead ingaggiati significano più soldi. Più soldi significa che tu sarai più felice. Scherzo - non farà questo. Ma ti darà le risorse per eliminare ciò che detesti. Comunque…

Questo capitolo copre solo due argomenti. Iniziamo con il demistificare il contenuto per far crescere il pubblico, evidenziando che si compone semplicemente di tre elementi fondamentali: introduzione, sviluppo e conclusione.

Successivamente, esploreremo come collegare queste unità di base per creare contenuti che possano efficacemente aumentare il pubblico su qualsiasi piattaforma o tipo di media.

Nel prossimo capitolo, "Pubblicare Contenuti Gratuiti - Parte II", ti mostrerò come sfruttare questi contenuti per guadagnare denaro. Ma per ora, è essenziale capire che non è possibile monetizzare il contenuto se non si conosce prima come crearlo.

Ogni contenuto che mira a crescere il pubblico ha un obiettivo principale: premiare chi lo guarda o legge. Una persona può essere premiata dal contenuto solo se:

a) Ha una ragione per consumarlo

b) Rimane abbastanza coinvolta per la durata del contenuto

c) Ottiene ciò per cui ha continuato a guardare il contenuto

Fortunatamente, possiamo invertire questi tre risultati nei tre passaggi che *dobbiamo* compiere per creare contenuti che fanno crescere esponenzialmente il tuo pubblico.

Questo significa che dobbiamo:

a) **Catturare** l'attenzione: far si che notino il tuo contenuto

b) **Mantenere** l'attenzione: far si che lo consumino

c) **Ricompensare** l'attenzione: soddisfare la ragione per cui lo hanno consumato inizialmente

La quantità minima di materiale necessaria per catturare, mantenere e ricompensare l'attenzione è **un'unità di contenuto**. Può essere anche una semplice immagine, un meme, o una frase. Significa che puoi catturare, mantenere e ricompensare *contemporaneamente*. Ecco come brevi tweet, immagini meme o persino un jingle possono diventare virali. Fanno tutte e tre le cose. Approfondiamo ciascuna delle cose che facciamo per creare un'unità di contenuto. In questo modo potrai creare contenuti efficaci che faranno crescere il tuo pubblico.

1) Catturare l'attenzione: Non possono essere ricompensati a meno che prima non attiriamo la loro attenzione.

Il nostro obiettivo è fornire loro una motivazione per spostare la loro attenzione da ciò che stanno facendo a noi. Se riusciamo in questo, li abbiamo catturati. La qualità del tuo "titolo" (cattura) si misura dalla *percentuale di persone che inizia a consumare il tuo contenuto*. Quindi, se riesci a catturare bene l'attenzione, *molte* persone avranno una ragione per consumare il tuo contenuto. Al contrario, se fai un lavoro mediocre, *poche* persone avranno una ragione per farlo. Ricordati, tutti stanno competendo per l'attenzione del pubblico. Dobbiamo battere tutte le altre opzioni a disposizione del pubblico per conquistarne l'attenzione e diventare la scelta migliore disponibile.

Per aumentare la percentuale di persone che scelgono il nostro contenuto, scegliamo argomenti che trovano interessanti, titoli che offrono loro una motivazione e adattiamo il formato ad altre cose che loro apprezzano. Esploreremo ognuno di questi aspetti più nel dettaglio.

Argomenti. Gli argomenti sono le cose di cui tratti nel tuo contenuto. Preferisco utilizzare esperienze personali. Ecco perché: sei tu l'esperto della tua esperienza.
Il modo più semplice per differenziarsi è dire qualcosa che nessun altro può dire. E nessun altro ha vissuto la tua vita se non tu. Divido gli argomenti in cinque categorie: Passato Lontano, Passato Recente, Presente, Tendenze e Prodotti.

a) <u>Passato Lontano</u>: Le lezioni importanti apprese nel tuo <u>passato.</u> Collega quella saggezza al tuo prodotto o servizio per fornire un enorme valore al tuo pubblico. Condividi loro la lezione cosicché possano evitarne la cicatrice. *È per questo che scrivo questi libri.*

   i) Esempio: Una lezione personale in cui ho superato la mia convinzione 'Non ho abbastanza tempo':

1) Cattura: Mi sono lamentato con un amico dicendo di non avere abbastanza tempo per *fare qualcosa mentre ero incollato al telefono.*

2) Mantenimento: Mi hanno strappato il telefono dalle mani e hanno controllato l'uso: mostrava che trascorrevo tre ore al giorno sui social media.

3) Ricompensa: "Ehi, sembra proprio che ne hai di tempo!"

È una storia semplice con cui altre persone possono identificarsi. Questo la rende un argomento interessante per più persone. E collega ciò che faccio, far crescere le imprese, a una lotta che molte persone affrontano - non avere abbastanza tempo. Ciò che condivido rende questa lezione preziosa per il mio pubblico - persone che iniziano e sviluppano le loro *imprese.*

b) <u>Passato Recente:</u> Parla di ciò che hai fatto (o di ciò che è accaduto). Ogni volta che parli con qualcuno, c'è la possibilità che il tuo pubblico possa trarne valore. Guarda il tuo calendario dell'ultima settimana. Guarda tutti i tuoi incontri. Guarda tutte le tue interazioni sociali. Guarda tutte le tue conversazioni con i leads approcciati a caldo. *Ci sono pepite d'oro in queste conversazioni.* Racconta storie tratte da esse che possano essere utili al tuo pubblico. Per esempio:

Come regola generale di marketing:

Se tutti gli altri lo stanno facendo, non farlo

i) Questo tweet proviene da un incontro che ho avuto con un CEO di un portfolio che stava semplicemente copiando la stessa offerta che tutti gli altri nel suo mercato facevano e stava ottenendo risultati scadenti.

ii) Ciò significa prendere appunti, registrazioni e altri documenti per rendere facile l'accesso a quelle informazioni. Ma significa anche avere a disposizione gratuitamente una risorsa di contenuti preziosi e già pronta.

iii) Testimonianze e casi studio rientrano in questa categoria. Se riesci a raccontare una storia interessante di un cliente *in modo che apporti valore al tuo pubblico*, promuoverai i tuoi servizi e fornirai valore allo stesso tempo. Vantaggio reciproco.

c) <u>Presente</u>: Annota le idee esattamente *nel momento in cui ti vengono in mente*. Assicurati sempre di avere un modo per registrare le tue idee a portata di mano. Addirittura, interrompo le riunioni per prendere nota delle idee, inviare messaggi o email con le idee a me stesso. Alle persone non importa quando chiedi di prendere appunti, quindi non è strano. Poi, quando crei contenuti, hai un secchio di storie fresche con cui lavorare.

i) *Annoto le mie idee pubblicamente*: Un tempo tenevo le idee per me stesso. Ora, le pubblico su Twitter mentre mi vengono in mente. Se un post ottiene risultati migliori del solito, so che è qualcosa che le persone trovano interessante. A quel punto, creo ulteriori contenuti su quel tema.

d) <u>Tendenze</u>: Vai dove c'è l'attenzione. Guarda cosa c'è in tendenza in questo momento e crea contenuti in merito. Applica le tue esperienze personali ad esso. Se hai commenti pertinenti o se tocca in qualche modo la tua competenza, parlane. Parlare di argomenti di tendenza è molto efficace per attirare l'attenzione di un pubblico più ampio.

e) <u>Prodotto</u>: Trasforma le tue idee in realtà. Scegli un argomento che le persone trovino interessante. Istruisciti, organizza le tue idee e registrati. Questo richiede più tempo e sforzo, poiché devi creare l'esperienza anziché parlare di una che hai già vissuto. Tuttavia, può avere i risultati più consistenti.

i) Esempio di esperienza creata: *Ho vissuto con $100 per un mese. Ecco come.* Ora non vivo più in quel modo, ma potevo creare quell'esperienza e poi creare contenuti al riguardo.

Ora tocca a te: La vita è piena di esperienze - guadagna condividendo le tue.

Titoli. Un titolo è una breve frase utilizzata per catturare l'attenzione del pubblico. Comunica il motivo per cui dovrebbero consumare il contenuto. Lo utilizzano per valutare la probabilità di ottenere una ricompensa per aver consumato il tuo contenuto rispetto a un altro.

Piuttosto che fornirti una serie di modelli, preferisco offrirti i principi intramontabili che rendono efficaci i titoli. E non c'è niente di meglio dei notiziari quando si tratta di creare titoli efficaci. Quindi, esaminiamo insieme questi principi...

Un'analisi approfondita delle notizie ha rivelato alcuni componenti chiave dei titoli che attirano maggiormente l'interesse nel pubblico. Ecco due di essi da includere nel tuo titolo:

    a. Attualità - Deve essere il più recente possibile, praticamente notizie fresche.

        i. Esempio: Le persone prestano più attenzione a ciò che è accaduto un'ora fa rispetto a ciò che è accaduto un anno fa.

    b. Rilevanza - Deve avere un significato personale.

        i. Esempio: Gli infermieri prestano più attenzione alle questioni che riguardano gli infermieri rispetto a quelle che riguardano i contabili.

    c. Celebrità - Includere figure di spicco (celebrità, autorità, ecc.)

i. Esempio: Di solito non ci interessa cosa mangia un altro essere umano a colazione ogni giorno. Ma se si tratta di Jeff Bezos, sì. Poiché è una celebrità, molte persone si interessano.

d. <u>Prossimità</u> - Vicino a casa, geograficamente parlando.

i. Esempio: Un incendio in una casa dall'altra parte del paese non attira la tua attenzione. Se è nella casa del tuo vicino, sicuramente sì. Rendi l'argomento il più vicino possibile a casa.

e. <u>Conflitto</u> - Opposizione di idee, persone, situazioni, ecc.

i. Esempio: Ananas sulla pizza o no?
ii. Esempio: Bene contro Male. Eroe vs Cattivo. Sinistra contro Destra
iii. Esempio: Libertà contro Sicurezza. Giustizia contro Pietà.

f. <u>Insolito</u> - strano, unico, raro, bizzarro

i. Esempio: Pensa a un uomo con sei dita al circo di un tempo. Se è al di fuori della norma, le persone prestano maggiore attenzione.

g. <u>In corso</u> - Storie ancora in corso sono dinamiche, in evoluzione e presentano colpi di scena.

i. Esempio: Se qualcuno sta per partorire, le persone vogliono aggiornamenti ogni dieci minuti perché *potrebbe accadere qualsiasi cosa.*

Ora tocca a te: Includi uno o più di questi elementi per ottenere titoli più robusti e capaci di attirare l'attenzione

Formato. Una volta individuato un buon argomento e comunicato attraverso un titolo che utilizza uno o più di questi componenti, è necessario adattare il formato al miglior contenuto sulla piattaforma. Le persone consumano contenuti perché sono simili a ciò che hanno apprezzato in passato. E adattarsi al formato più popolare della piattaforma consente a un numero maggiore di persone di interagire con esso. Pertanto, vogliamo rendere il nostro contenuto simile a ciò che hanno apprezzato in precedenza.

Esempio di formato:

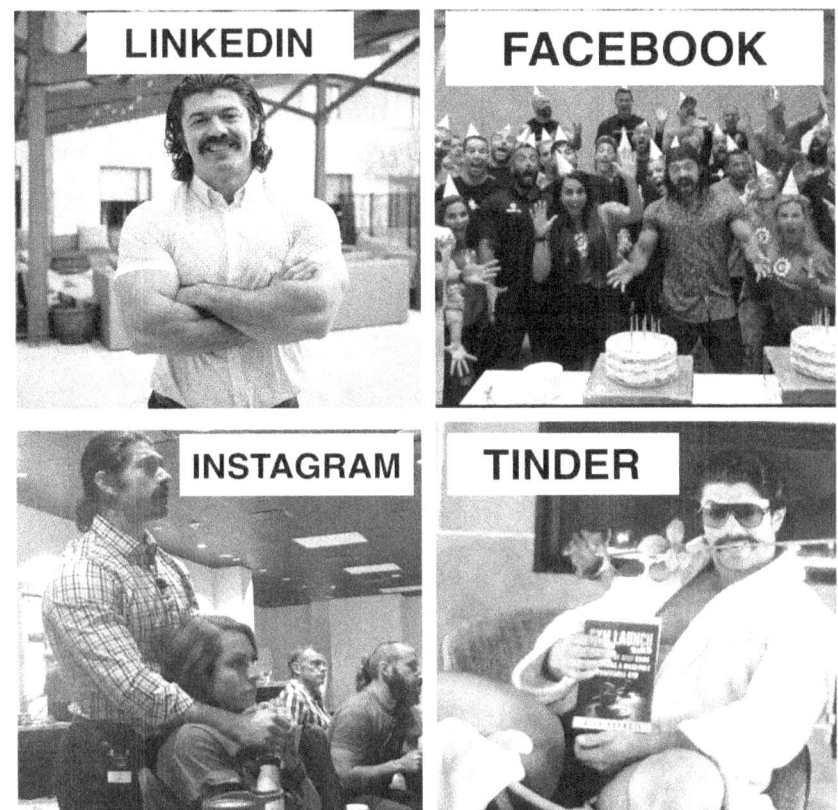

Questo meme comunica il concetto meglio di quanto io possa fare con le parole. Tutte e quattro le immagini sopra sono... beh... immagini. Ma hanno un aspetto e un'atmosfera diversi. Questo perché la formattazione dipende dal pubblico che vuoi coinvolgere *e* dalla piattaforma su cui si trova il tuo pubblico.

<u>Punto Chiave:</u> Devi assicurarti che il tuo contenuto corrisponda a ciò che il pubblico si aspetta di ottenere come ricompensa. Altrimenti, non importa quanto sia valido, un contenuto più attraente potrebbe catturare l'attenzione prima che il tuo abbia anche una possibilità di essere visionato.

Ora tocca a te: Prima formatta il tuo contenuto per adattarlo alla piattaforma. Poi, personalizzalo in modo da catturare il tuo pubblico ideale. Utilizza il miglior contenuto che si rivolge al tuo mercato come riferimento per la piattaforma.

Questo conclude la fase di "cattura dell'attenzione" della nostra unità sui contenuti. Seguire sempre questi principi ti porrà già tra l'1% dei migliori. *Te lo dico per esperienza.*

2) Mantenere

Il mio metodo preferito per mantenere l'attenzione è la *curiosità*. È il mio preferito perché, se fatto correttamente, le persone aspetteranno anche anni. Le persone vogliono sapere cosa succede... *dopo*. Ad esempio, ricevo messaggi quotidiani da anni su quando pubblicherò un libro sulle vendite.

Il mio modo preferito per suscitare la curiosità del pubblico è inserire domande nella loro mente. Le domande irrisolte possono essere esplicite o implicite. Puoi chiedere direttamente la domanda. Oppure, la domanda può essere sottintesa. I miei tre modi preferiti per inserire domande sono: liste, step e storie.

a) <u>Liste</u>: Le buone liste nei contenuti gratuiti seguono anche un tema. Ad esempio, "I 10 errori più comuni" o "Le 5 fonti di guadagno più redditizie" e così via. Indicando il numero degli elementi nel titolo o all'inizio del contenuto, fai capire subito alle persone cosa aspettarsi. Nella mia esperienza, questo aiuta a trattenere l'attenzione del pubblico più a lungo.

i) Esempio: "7 Modi in cui ho investito $1000 a 20 anni che mi hanno portato grandi risultati"

ii) Esempio: "28 Modi Per Rimanere Poveri"

iii) Esempio: "Un'unità di contenuto ha tre parti..."

b) <u>Step</u>: Gli Step sono azioni che avvengono in sequenza e portano a un obiettivo quando completati. Se i primi step sono stati chiari e utili, la persona vorrà sapere come eseguirli tutti per raggiungere l'obiettivo finale.

i) Esempio: "3 Step per Creare un Ottimo Titolo"

ii) Esempio: "Come Creo un Titolo in 7 Steps"

iii) Esempio: "La Routine Mattutina che Potenzia la Mia Produttività"

Nota: Ecco la differenza tra steps e liste. Gli steps sono *azioni* che devono essere eseguite in un *ordine specifico* per raggiungere un risultato. Quindi gli steps sono meno flessibili ma hanno una ricompensa più esplicita. Le liste possono contenere praticamente qualsiasi cosa in qualsiasi ordine si desideri. Le liste sono quindi più flessibili ma hanno una ricompensa meno esplicita.

c) <u>Storie</u>: Le storie descrivono eventi, reali o immaginari. E le storie che meritano di essere raccontate spesso contengono qualche lezione o insegnamento per l'ascoltatore. Puoi raccontare storie su cose che *sono accadute, potrebbero accadere o non accadranno mai.* Tutti e tre suscitano curiosità perché le persone vogliono sapere cosa succederà dopo.

i) Esempio: Quasi ogni capitolo in questo libro ha una storia.

ii) Esempio: "Il mio editore mi ha costretto a fare 19 bozze di questo libro - ecco cosa gli ho fatto io."

iii) Esempio: "La mia storia dal dormire al piano terra di una palestra al soggiornare nella suite all'ultimo piano di un hotel a 5 stelle."

Puoi utilizzare liste, steps e storie da sole o intrecciarle. Ad esempio, puoi avere liste all'interno degli steps e una storia su ciascun elemento della lista. Puoi avere storie per rafforzare il valore di uno step. Puoi avere una lista di storie o molte linee narrative in corso. Ecc. Qui l'unico limite è la tua creatività. Ecco perché le persone che creano molti contenuti si definiscono *content creators* Questo capitolo, ad esempio, ha elenchi all'interno degli steps e storie che li intrecciano.

87

Ora tocca a te: Utilizza liste, steps e storie per mantenere il tuo pubblico curioso. Inserisci domande nella loro mente per far sì che vogliano sapere cosa succederà dopo.

3) Ricompensa

Chiunque può pensare a titoli interessanti e organizzare il proprio contenuto utilizzando liste, steps o storie. Ma la vera domanda è: è buono? Soddisfa la ragione per cui hanno iniziato a guardare? Fa sì che le persone vogliano condividerlo? <u>La qualità del tuo contenuto dipende da quanto spesso ricompensa il tuo pubblico nel tempo che impiega a consumarlo.</u> Pensa al *valore* per secondo. Ad esempio, la stessa persona che si annoia dopo tre secondi di un video di dieci secondi potrebbe anche leggere un libro di 900 pagine tutto d'un fiato. E quella stessa persona potrebbe fare una maratona di una serie televisiva per otto ore di seguito. Quindi non esiste qualcosa di troppo lungo, solo qualcosa di *troppo noioso*.

Ora, non possiamo garantire una ricompensa specifica. Tuttavia, possiamo aumentare la probabilità che si verifichi:

- Catturando il pubblico *giusto* con argomenti adeguati, titoli e formattazione appropriati

- Trattenendo il pubblico con liste, steps e storie per suscitare la loro curiosità e farli desiderare di saperne di più

- Soddisfacendo chiaramente il motivo per cui il contenuto li ha attratti fin dall'inizio.

Esempio: Se il tuo titolo promette "4 Strategie di Marketing che i Dentisti Possono Usare" e loro non possono utilizzarle, non lo condivideranno né guarderanno il tuo contenuto in futuro. Hai fallito nel *ricompensare*.

<u>In sintesi</u>: Ho avuto un sacco di contenuti che pensavo avrebbero fatto grandi numeri, ma il pubblico ha invece premuto il pulsante "successivo". Quindi non importa quanto

pensi che il tuo contenuto sia buono, è il pubblico che decide. Ricompensare il tuo pubblico significa corrispondere o *superare le loro aspettative quando decidono di consumare il tuo contenuto*. Ecco come sai se hai avuto successo: *il tuo pubblico cresce*. Se non sta crescendo, i tuoi contenuti non sono così buoni. Pratica e migliorerai.

Ora tocca a te: Offri più valore di chiunque altro. Mantieni le tue promesse. Soddisfa chiaramente il gancio che hai usato per attirare la loro attenzione. In altre parole, rispondi completamente alle domande irrisolte che hai inserito nelle loro menti.

Quindi qual è la differenza tra contenuti corti e contenuti lunghi? Risposta: c'è poca differenza.

Se ti ricordi da prima, la quantità minima di materiale necessaria per catturare, mantenere e ricompensare l'attenzione è **un'unità di contenuto.** Quindi, per creare un pezzo di contenuto più lungo, ci limitiamo semplicemente a collegare insieme le unità di contenuto.

Ad esempio, un singolo step in un elenco di cinque steps può essere considerato un'unità di contenuto. Collegandoli tutti e cinque, otteniamo un contenuto più lungo. Ecco un'immagine per spiegarlo meglio.

I contenuti più corti agganciano, trattengono e ricompensano l'attenzione meno volte. I contenuti più lunghi lo fanno più volte. E farlo più volte richiede più abilità perché devi concatenare più unità di contenuto "buono" di fila. Ad esempio, un nuovo comico di solito ha solo pochi minuti sul palco per esibirsi nel suo "numero". Solo un comico esperto ottiene un'ora di spettacolo. Ci vuole pratica per ricompensare l'attenzione abbastanza frequentemente da mantenerla così a lungo. Quindi, inizia con contenuti corti e poi sviluppa il resto. Anche se inizi con contenuti più lunghi, il che va bene, ti consiglio di iniziare con versioni più brevi. Avrai un percorso più agevole. Molti autori di successo con romanzi di lunghezza epica hanno iniziato scrivendo... hai indovinato... racconti brevi.

Suggerimento Professionale: Crea tutti i tuoi contenuti per gli sconosciuti:

Questo è molto importante. Se vuoi far *crescere* il tuo pubblico caldo, devi creare contenuti presumendo che le persone che li consumano non abbiano mai sentito parlare di te prima. Se lo fai per gli sconosciuti, allora gli sconosciuti lo apprezzeranno perché... *l'hai fatto per loro*. E lo condivideranno. E il tuo pubblico crescerà molto più rapidamente. Ecco cosa non fare: riempi il tuo contenuto di "battute interne" che nessuno capisce tranne il tuo pubblico. Fantastico per voi, ma nessun altro si sentirà incluso. E la crescita del tuo pubblico rallenterà. Questo è uno degli errori più comuni che vedo fare ai creatori di contenuti - quindi non farlo. Crea ogni pezzo di contenuto presumendo che la persona non abbia mai sentito parlare di te prima. E tutti quelli che già ti conoscono non si offenderanno. Apprezzeranno i promemoria.

Una volta capito come creare un'unità di contenuto, devi semplicemente farne di *più*. Poi, il tuo pubblico crescerà. E una volta che il tuo pubblico sarà abbastanza grande, potresti voler monetizzarlo. Avevo troppo da dire per inserirlo in un solo capitolo; quindi, parleremo di come monetizzare il pubblico nel prossimo capitolo.

Ci vediamo lì.

#2 Pubblicare Contenuti Gratuiti Parte II

Monetizza il Tuo Pubblico

"Dai-dai-dai, dai-dai-dai, fino a quando non chiedono"

L'obiettivo di questo capitolo è insegnarti a monetizzare il tuo pubblico caldo. Iniziamo parlando di come fare offerte senza diventare uno spammer - padroneggiando il rapporto tra dare e chiedere. Poi discuteremo delle due strategie di offerta per monetizzare il pubblico. Successivamente, parlerò di come scalare la tua produzione per far crescere un pubblico più grande più rapidamente e guadagnare ancora di più. Condividerò poi diverse lezioni che ho imparato costruendo il mio pubblico, che avrei voluto conoscere prima. Infine, concluderò spiegando come puoi agire su tutto *oggi stesso*.

Padroneggiare il rateo Dare : Chiedere

Gary Vaynerchuk ha reso popolare il concetto di "jab, jab, jab, right hook" (sinistro sinistro, sinistro, destro). Semplifica l'idea di dare valore al tuo pubblico molte volte prima di fare una richiesta. Conferisci buona volontà attraverso contenuti gratificanti, poi fai leva su questo facendo offerte. Quando conferisci buona volontà, il tuo pubblico presta maggiore attenzione. Quando conferisci buona volontà, il tuo pubblico è più incline a fare ciò che chiedi. Quindi cerco di chiedere "il meno possibile" al mio pubblico e di costruire quanta più buona volontà possibile.

Fortunatamente, il rapporto tra Dare: Chiedere è stato oggetto di studi approfonditi. In televisione, la pubblicità occupa mediamente 13 minuti su 60 minuti di tempo in onda. Ciò significa che 47 minuti sono dedicati al "dare" e 13 minuti sono dedicati al "chiedere". Questo equivale a un rapporto di circa 3,5:1 tra dare e chiedere. Su Facebook, ci sono circa 4 pubblicazioni di contenuti per ogni annuncio nel feed delle notizie. Questo ci dà un'idea del rapporto minimo tra dare e chiedere che possiamo sostenere. Dopotutto, la televisione e Facebook sono piattaforme mature. Si preoccupano meno di far crescere il loro pubblico e si concentrano più sul trarre profitto da esso. Quindi danno meno e chiedono di più. Ciò significa che il rapporto "dare, dare, dare, chiedere" è quello che ci avvicina al *massimo alla monetizzazione* di un pubblico senza ridurlo. Ma la maggior parte di noi vuole crescere, quindi non dovremmo prenderli d'esempio. Dovremmo prendere d'esempio le piattaforme in crescita.

Quindi, cosa fanno le piattaforme in crescita? Mostrano molti contenuti senza molte pubblicità. In breve, danno danno danno… danno danno danno… danno danno danno… forse chiedono. Danno in modo esagerato e chiedono in modo ridotto. Perché? Perché più ricompensi il tuo pubblico, più cresce. Quindi, se vuoi far crescere un pubblico, offri molto, molto di più di quanto chiedi.

Ed ora che ho un po' di esperienza in merito, ho agigunto una piccola modifica alla tradizionale strategia del dare: *Dai finché non chiedono.*

Le persone sono sempre in attesa che tu chieda soldi. E quando non lo fai, si fidano di più di te. Condividono di più i tuoi contenuti. Cresci più velocemente, ecc. Ma non sono un santo altruista. Sono qui per fare soldi. Dopotutto, non sarei un buon imprenditore se non guadagnassi.

Quindi, è semplice. Se dai abbastanza, *le persone iniziano a chiederti*. Le persone si sentono a disagio a ricevere continuamente senza dare nulla in cambio. Fa parte della nostra cultura e del nostro DNA. Andranno sul tuo sito web, ti invieranno messaggi, e-mail, ecc., per chiedere di più. Inoltre, usando questa strategia, ottieni *i migliori clienti*. Sono quelli che sono i più grandi "donatori." Anche come clienti paganti, sono quelli che sentono di ottenere il miglior vantaggio nell'affare. E la cosa migliore di tutte è che, se fai pubblicità in questo modo, *la tua crescita non si ferma mai.* Quando usi questa strategia, *dai in pubblico, chiedi in privato*. Lasci che il pubblico si autoselezioni quando sono pronti a darti soldi. Ecco perché, secondo me, *dare finché non chiedono* è la migliore strategia. Ma se senti il bisogno di chiedere, lo capisco. Quindi, parliamo di come chiedere. Se devi farlo, tanto vale farlo bene.

In sintesi: Il momento in cui inizi a chiedere soldi è il momento in cui decidi di rallentare la tua crescita. Quindi, più paziente sei, e più richieste otterrai.

Ora tocca a te: Dai, dai, dai, dai, dai, dai *finché non chiedono*

Suggerimento Professionale: Dona in pubblico, chiedi in privato.

Se continui a dare in pubblico, le persone ti chiederanno privatamente di vendergli qualcosa. Il meglio di entrambi i mondi è non smettere mai di dare in pubblico e ottenere un numero crescente di persone che ti chiedono privatamente di acquistare ciò che offri. Dai, dai, dai, e riceverai - senza perdere buona volontà o rallentare la crescita del tuo pubblico.

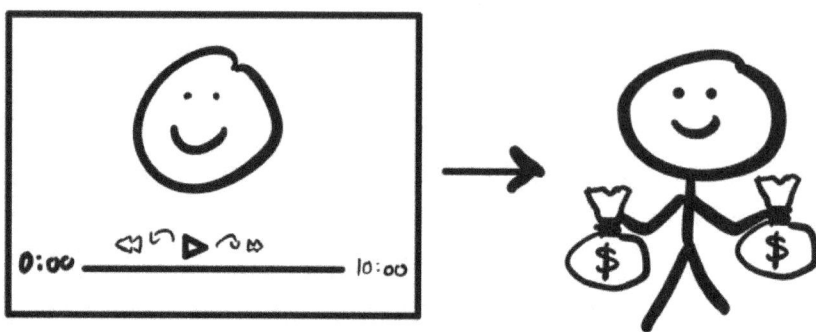

Per essere chiaro, penso che dovresti usare la strategia del *dare fino a quando non chiedono*. Ma se devi pagare l'affitto, sfamare la tua famiglia, ecc... A volte devi chiedere. Quindi parliamo di come farlo nei migliori dei modi.

Pensa alle "richieste" come spot pubblicitari. *Interrompi* questo programma con un *messaggio molto importante*. Poiché sei tu a fornire il valore, interrompi i tuoi stessi contenuti con spot pubblicitari sui tuoi prodotti. Tuttavia, poiché si tratta del tuo pubblico, tu paghi il costo del potenziale calo di fiducia, della crescita rallentata e, ovviamente, del tempo che hai impiegato per radunare il pubblico in primo luogo. Ma dal punto di vista economico, è gratuito. Attualmente, utilizzo due strategie per integrare le promozioni nel contenuto: offerte integrate e offerte intermittenti. Vediamo entrambe.

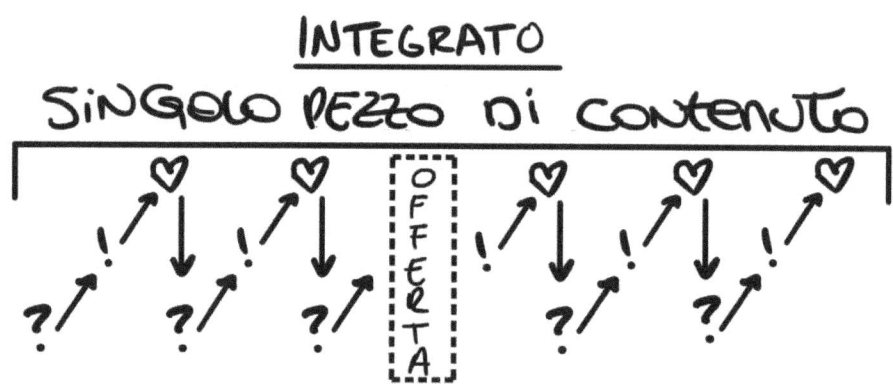

<u>Integrato</u>: Puoi pubblicizzare in ogni pezzo di contenuto purché mantenga alto il tuo rapporto tra dare e chiedere. Continuerai a far crescere il tuo pubblico interessato *e* ottenere leads ingaggiati. Vantaggioso per entrambi.

Ad esempio, se registro un podcast di un'ora, avere 3 annunci da 30 secondi significherebbe avere 58,5 minuti di contenuti informativi e 1,5 minuti di richieste. Molto al di sopra del rapporto 3:1.

Ecco cosa non fare: una mia vecchia conoscenza nel mondo del podcast inizia ad avere tante visualizzazioni. Buono no? Desideroso di monetizzare il nuovo pubblico, inizia a fare offerte (chiedere) troppo frequentemente all'interno dei contenuti. Il suo podcast non ha smesso solo di crescere, ma si è addirittura ridotto! Non uccidere la tua gallina dalle uova d'oro. È un equilibrio delicato. Devi fornire più valore di quanto ne chieda per proteggere il bene più prezioso di cui disponi: la buona volontà del tuo pubblico ossia la tua reputazione.

Ora tocca a te: Comunemente, integro le "richieste" - chiamate anche CTAs (Call to Action) - dopo un momento di valore o alla fine del contenuto. Considera di provare uno di questi punti, prima di tutto, assicurandoti che la crescita del tuo pubblico non rallenti. Poi aggiungi il secondo e così via.

Suggerimento Professionale: Richieste nella dichiarazione "PS"

La dichiarazione "PS" (post scriptum) è una delle parti più lette di qualsiasi contenuto. Spesso, perché riassume la cosa principale che l'autore desidera che il pubblico faccia. Quindi, cerco di includerle in tutto ciò che scrivo. È anche uno dei miei posti preferiti per fare richieste.

PS - vedi, tutti leggono queste.

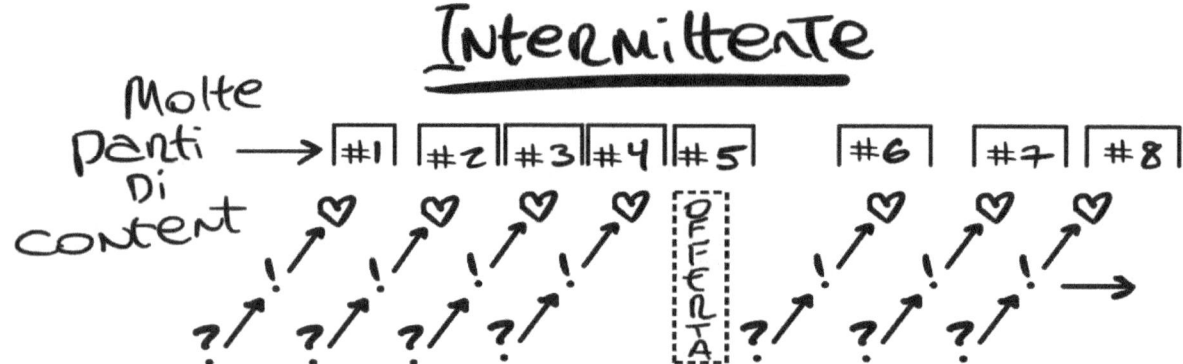

Intermittente: Il secondo modo attraverso cui puoi monetizzare è mediante richieste intermittenti. Ecco come funziona. Crei numerosi pezzi di contenuto basati esclusivamente sul "dare", per poi di tanto in tanto realizzare un pezzo dedicato a una "richiesta". Esempio: Crei 10 contenuti di "dare", e all'undicesima promuovi ciò che hai da offrire.

La differenza tra il primo modo e il secondo modo dipende dalla piattaforma. Sulle piattaforme short-form, il metodo intermittente prevarrà. Sulle piattaforme long form, le integrazioni spesso rappresentano la scelta migliore.

Quando fai la tua richiesta, puoi pubblicizzare la *tua offerta principale oppure il tuo lead magnet*. E basta così. Non complicare eccessivamente.

Esempio di Lead Magnet: Per adesso abbiamo parlato dei modi per ottenere più leads in post/video/podcast, eccoti un regalo: altri 11 consigli segreti che mi hanno aiutato a farlo. Vai sul mio sito per ottenere un bel riepilogo visivo."

E finché avrò un pubblico che vuole generare più leads, questo porterà alcuni di loro a interagire con il contenuto, andando avanti nelle tappe, dalla pagina di ringraziamento, la pagina di opt-in con la mia offerta a pagamento e un video che spiega come funziona.

Esempio di Offerta: Puoi anche "andare dritto al punto" con la tua offerta principale e passare direttamente alla vendita. Il percorso diretto per guadagnare. Noi modelliamo la nostra offerta nell'ultimo capitolo.

"Sto cercando 5 (avatar specifico) per aiutare a raggiungere (risultato desiderato) entro (tempo stabilito). La cosa migliore è che non devi (sforzo e sacrificio). E se non otterrai (risultato desiderato), farò due cose (aumenterò la percezione della probabilità di successo): 1) Ti restituirò i tuoi soldi 2) Lavorerò con te finché non lo raggiungerai (risultato desiderato). Faccio questo perché voglio che tutti abbiano

un'esperienza straordinaria con noi e perché sono sicuro di poter mantenere la mia promessa. Se ti sembra equo, mandami un messaggio diretto/prenota una chiamata/commenta qui sotto/rispondi a questa e-mail/ecc."

Dopo aver fatto la tua richiesta, torna a fornire valore.

Suggerimento Professionale: Offerte da 100 milioni di dollari

Il mio primo libro, "Offerte da 100 milioni di dollari", analizza il processo di creazione dell'offerta passo dopo passo. Se vuoi sapere come creare un'Offerta Grand Slam, un tipo speciale di offerta a cui la persona *giusta* si sentirebbe stupida a dire di no... dai un'occhiata al mio libro (la versione Kindle è venduta al prezzo più basso consentito dalla piattaforma, se sei a corto di soldi). Se non ti ho convinto ancora, più di 10.000 persone hanno lasciato recensioni a 5 stelle nei primi quindici mesi dalla sua pubblicazione. Ed è rimasto in cima alla lista dei bestseller n. 1 in marketing, pubblicità, vendite per oltre 100 settimane e continua a farlo. Se non sai cosa vendere, leggi quel libro per farlo bene fin da subito.

---

*^Questa casella è un esempio di integrazione.

Ora tocca a te: Decidi se vuoi integrarlo o fare una richiesta intermittente. Successivamente, scegli se promuoverai la tua offerta principale o il lead magnet. Se non

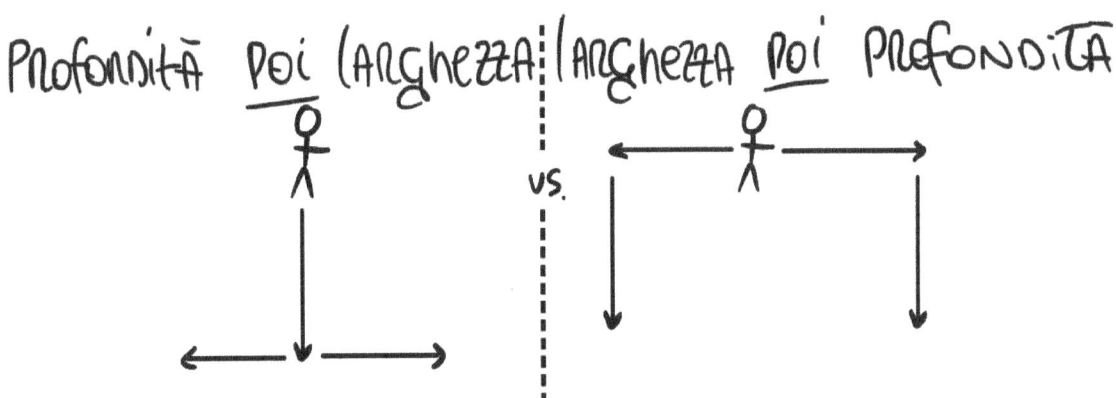

sei sicuro, opta per il lead magnet. Ha un rischio inferiore.

Come scalarlo

Dopo aver iniziato a fare richieste, inizierai a ottenere leads e a guadagnare denaro. Ma non vuoi fermarti qui, vero? Non credo. Bene, parliamo di espansione.

Ci sono due strategie opposte per espandere il tuo pubblico interessato. Entrambe seguono passi progressivi. Innanzitutto, c'è l'approccio profondità-poi-larghezza. Poi, c'è l'approccio larghezza-poi-profondità. Entrambi sono corretti. Ecco come funzionano:

<u>Profondità poi larghezza:</u> Massimizza una piattaforma, poi passa alla successiva.

<u>Passo n. 1:</u> Pubblica contenuti su una piattaforma rilevante.

<u>Passo n. 2:</u> Pubblica regolarmente contenuti su quella piattaforma.

<u>Passo n. 3:</u> Massimizza la qualità e la quantità dei contenuti su quella piattaforma. Per i contenuti corti, a volte puoi pubblicare fino a dieci volte al giorno per piattaforma. Per i contenuti lunghi, puoi arrivare fino a cinque giorni alla settimana (vedi le soap opera).

<u>Passo n. 4:</u> Aggiungi un'altra piattaforma mantenendo la qualità e la quantità sulla prima piattaforma.

<u>Passo n. 5:</u> Ripeti i passaggi 1-4 finché tutte le piattaforme rilevanti non sono state massimizzate.

Vantaggi: Una volta compreso il funzionamento di una piattaforma, massimizzi il ritorno sull'investimento di quell'impegno. Le audience crescono esponenzialmente con l'aumentare delle tue attività. Approfitti di questo effetto cumulativo. Servono serve meno risorse per far funzionare tutto.

Svantaggi: Hai meno opportunità immediate di nuove piattaforme e nuovo pubblico. Non riesci a raggiungere la sensazione di "onnipresenza". All'inizio, rischi che il tuo business dipenda da un solo canale. Questo è rischioso perché le piattaforme cambiano continuamente e a volte ti bloccano senza motivo. Se possiedi un solo modo per ottenere clienti, la tua attività potrebbe fallire se viene chiuso.

<u>Larghezza poi Profondità:</u> Sii su più piattaforme alla volta, poi massimizzale contemporaneamente.

<u>Passo n. 1:</u> Pubblica contenuti su una piattaforma rilevante.

<u>Passo n. 2:</u> Pubblica regolarmente contenuti su quella piattaforma.

<u>Passo n. 3</u>: *Qui è dove questa strategia si differenzia da quella precedente.* Invece di massimizzare la tua prima piattaforma, passa alla prossima piattaforma rilevante mantenendo la precedente.

<u>Passo n. 4</u>: Continua fino a quando sei presente su tutte le piattaforme rilevanti.

<u>Passo n. 5</u>: Ora, massimizza la creazione di contenuti su tutte le piattaforme contemporaneamente.

Vantaggi: Raggiungi un pubblico più ampio più rapidamente. Inoltre, puoi "riutilizzare" i tuoi contenuti. Quindi, con un po' di lavoro extra, puoi ottenere molta efficienza. Con poche modifiche al formato, puoi adattare gli stessi contenuti a diverse piattaforme. Ad esempio, richiede poco sforzo aggiuntivo formattare un breve video per distribuirlo su tutte le piattaforme che ospitano contenuti video brevi.

Svantaggi: Richiede più lavoro, attenzione e tempo per farlo bene. Spesso, le persone finiscono con molti contenuti di scarsa qualità ovunque. Contenuti inutili. No bueno.

Se hai già un'attività di una certa dimensione, scala più velocemente e raccogli i benefici di un asset che migliora con il tempo. L'ho detto prima e lo ripeterò. Il miglior giorno per iniziare a pubblicare contenuti è stato il giorno in cui sei nato. Il secondo miglior giorno è oggi. Non aspettare, come ho fatto io.

Suggerimento Professionale: La mia Strategia

Non sono un creatore di contenuti a tempo pieno. Gestisco molteplici aziende. Ma la creazione di contenuti fa parte delle mie responsabilità. Ecco il mio semplice processo di registrazione.

1. Trovo argomenti utilizzando i cinque modi dalla sezione "argomenti" nella Parte I di questo capitolo. Mi ci vuole circa un'ora.
2. Mi siedo due volte al mese e registro una trentina circa di brevi clip basate sul Passaggio I
3. Nello stesso giorno, registro da 2 a 4 video più lunghi in cui approfondisco tweet che contenevano storie o esempi rilevanti. Questo crea i miei contenuti di long-form .

Se ti sembra semplice, è perché lo è. Inizia e basta. Puoi aumentare il volume col tempo.

Ora tocca a te: Scegli un approccio. Inizia a pubblicare. Poi, nel corso del tempo, procedi con i passaggi di scalabilità.

Suggerimento Professionale: Solo un CTA alla Volta

"Una mente confusa non compra" è un detto comune nel mondo delle vendite e del marketing. Per aumentare il numero di persone che fanno ciò che vuoi, chiedi loro di fare solo una cosa per ogni CTA (richiesta). Ad esempio, non chiedere alle persone di "condividere, mettere mi piace, iscriversi e commentare" contemporaneamente. Perché invece di fare tutto, non faranno nulla. Invece, se vuoi che condividano, chiedi *solo* loro di condividere. E se vuoi che comprino, chiedi solo *loro* di comprare. Scegli tu per loro.

Perché Dovresti Creare Contenuti (anche se non è la tua strategia pubblicitaria principale)

Gennaio 2020.

Convocai tutti i principali dipartimenti ad una riunione per rispondere ad una domanda importante: *Perché la nostra pubblicità non sta funzionando come un tempo?*. "La creatività...il testo...l'offerta...le nostre pagine...il nostro processo di vendita...il prezzo..." Si scambiavano pareri, ognuno altrettanto interessato a risolvere il problema.

Leila ed io sedevamo in silenzio mentre il team discuteva. All'improvviso il trambusto si placò, Leila, con il suo solito discernimento, chiese: *Cosa abbiamo smesso di fare nei mesi precedenti al declino?*

Un nuovo dibattito si scatenò e una risposta unanime emerse: *Alex ha smesso di creare contenuti sul fitness e ha iniziato a parlare di affari in generale.* Ora, non sapevo quanto fosse importante, ma dovevo scoprirlo. Quindi, inviai un sondaggio ai proprietari delle palestre. Chiesi loro se avessero già consumato qualche mio contenuto *prima* di prenotare una chiamata. I risultati mi lasciarono di stucco.

Il 78% di tutti i clienti aveva consumato almeno DUE pezzi di contenuto di lunga durata prima di prenotare una chiamata.

Mi ero dimenticato cosa avesse costituito il mio successo e avevo dato tutto il merito alla pubblicità. Ma, i nostri contenuti gratuiti stavano coltivando la domanda. Non commettere lo stesso errore che feci io. I tuoi contenuti gratuiti danno agli estranei l'opportunità di trovarti, ottenere valore e condividere il tuo materiale. Inoltre, riscalda le persone indecise che provengono dai metodi di acquisizione a freddo che esploreremo successivamente. Quindi, anche se è difficile da misurare, i contenuti gratuiti ti danno migliori ritorni di qualsiasi metodo pubblicitario.

In breve: Inizia a creare contenuti pertinenti per il tuo pubblico. Ti farà guadagnare di più.

7 Lezioni che ho Imparato Creando Contenuti

1) **Passa dal "Come fare" al "Come ho fatto". Da "Questo è il modo migliore" a "Questi sono i miei modi preferiti" ecc.** (soprattutto all'inizio). Parla di ciò che hai fatto, non di ciò che gli altri dovrebbero fare. Di ciò che ti piace, non di ciò che *è* migliore. Quando parli di esperienze, nessuno può controbattere. Questo ti rende indistruttibile.

   a) Preparo la mia farina d'avena in questo modo vs. dovresti preparare la tua farina d'avena in questo modo

   b) Come Ho Costruito la Mia Agenzia da 7 Cifre vs. Come Costruire un'Agenzia da 7 Cifre

   c) Il mio modo preferito per generare leads per la mia attività vs. Questo è il miglior modo per generare leads per la tua attività.

   È sottile. Ma quando racconti la tua esperienza, stai condividendo valore. Quando dici a uno sconosciuto cosa fare, è difficile evitare di sembrare moralista o arrogante. Questo aiuta a evitarlo.

2) **Abbiamo più bisogno di essere ricordati di quanto abbiamo bisogno di essere educati:** Se credi che il 100% del tuo pubblico ascolti il 100% delle volte, sei veramente ingenuo. Ad esempio, pubblico stories sul mio libro ogni singolo giorno. Una volta ho fatto un sondaggio e ho chiesto loro se erano a conoscenza del mio libro. Una persona su cinque non sapeva.

3) **Pozzanghere, Laghetti, Laghi, Oceani**. Restringi il focus dei tuoi contenuti. Se sei a capo un piccolo business locale, probabilmente non dovresti creare contenuti aziendali generici. Almeno non all'inizio. Perché? Il pubblico ascolterà persone con un track record migliore del tuo. Ma puoi restringere i tuoi argomenti a ciò che fai e al luogo in cui lo fai. Esempio: idraulica in una specifica città. Se lo fai, puoi diventare il re di quella pozza. Col tempo, puoi espandere la tua pozza di idraulica allo stagno delle attività locali. Poi al lago delle catene di negozi fisici e così via. Infine, all'oceano delle attività generali.

101

4) **I Contenuti Creano Strumenti per i Venditori.** Alcuni contenuti avranno successo e attireranno l'interesse di più persone nell'acquistare ciò che offri. *Questi contenuti aiutano il tuo team di vendita.* Crea una lista principale dei tuoi "successi più grandi". Etichetta ciascun "successo" con il problema che risolve ed il beneficio che fornisce. In seguito, il tuo team di vendita può inviarlo prima o dopo le chiamate di vendita e aiutare le persone a decidere di acquistare. Funzionano particolarmente bene se il contenuto risolve le preoccupazioni specifiche che spesso i potenziali clienti affrontano.

5) **Contenuto Gratuito Mantiene i Clienti Paganti.** Come un cliente ottiene valore da te conta meno di dove lo ha ottenuto. Immagina una persona che compra e poi consuma il tuo contenuto. Se il tuo contenuto è di valore, ti apprezzeranno di più e rimarranno fedeli alla tua attività più a lungo. Al contrario, se consumano il tuo contenuto gratuito ed è scadente, gradiranno meno il tuo prodotto a pagamento. Ecco qualcosa che potresti non sapere. Chi acquista le tue cose *ha più probabilità* di consumare il tuo contenuto gratuito. Ecco perché è così importante rendere il tuo contenuto gratuito di qualità: i tuoi clienti lo includeranno nel calcolo del ritorno sull'investimento dal tuo prodotto a pagamento.

6) **Le persone non hanno una capacità di attenzione ridotta, hanno standard più alti.** *Non esiste nulla di troppo lungo, esiste qualcosa di troppo noioso.* Le piattaforme di streaming hanno dimostrato che le persone possono passare ore a guardare contenuti *se li apprezzano*. La nostra biologia non è cambiata, le nostre circostanze sì. Hanno cose più gratificanti tra cui scegliere. Quindi crea contenuti di qualità che piacciano alle persone anziché lamentarti dell'ipotetica "scarsa capacità di attenzione" delle persone.

7) **Evita di Pianificare in Anticipo i Post.** I post che pubblico manualmente ottengono migliori risultati rispetto a quelli che programmo in anticipo. Ecco la mia teoria. Quando pubblichi manualmente, sai che entro pochi secondi sarai ricompensato o punito per la qualità del contenuto. A causa di questo ciclo di feedback ravvicinato, ti sforzi *ancora di più* per renderlo migliore. Quando pianifico le cose, non sento quella stessa pressione. Quindi, ogni volta che pubblico, o il mio team lo fa, crediamo fortemente che qualcuno debba premere il pulsante "invia" perché fornisce quel piccolo stimolo finale per farlo bene. Provalo.

Punti di Riferimento - Come Sto Andando?

Se il nostro pubblico cresce, stiamo andando bene. Ma se il nostro pubblico cresce rapidamente, stiamo andando *meglio*. Quindi mi piace misurare la dimensione del mio pubblico e la velocità di crescita mensilmente.

Ecco cosa misuro:

1) Totale followers e impressioni - *Taglia*

    a) Esempio Followers: Se passo da 1000 follower su tutte le piattaforme a 1500, ho aumentato il mio pubblico di 500 persone.

    b) Esempio: Visualizzazioni: Se passo da 10.000 visualizzazioni a 15.000, ho aumentato le mie visualizzazioni di 5000.

2) Ritmo di acquisizione follower e ampliamento del pubblico - *Rapidità*

    Confronti la crescita mensile:

    d) Esempio: Se guadagno 500 follower in un mese, ne risulterebbe una crescita del 50%. (500 Nuovi / 1000 Partiti = Tasso di crescita del 50%).

    e) Esempio: Se raggiungi quelle 5000 persone in più al un mese, ciò farebbe una crescita del 50%. (5000 Nuovi / 10.000 Partiti = Tasso di crescita del 50%)

Ricorda, possiamo controllare solo gli input. Misurare gli output è utile solo se siamo coerenti con gli input. Quindi, scegli la frequenza di pubblicazione che desideri mantenere su una piattaforma specifica. Poi scegli la frequenza delle tue "richieste" su quella piattaforma (come indirizzerai le persone a diventare potenziali leads ingaggiati). Quindi, inizia e... Non. Fermarti.

È incredibile quello che puoi realizzare se non ti fermi una volta iniziato.

Per riferimento, ho pubblicato un nuovo podcast due volte a settimana per quattro anni prima di essere inserito nella lista dei Top 100. Poiché ho mantenuto la stessa routine per anni, sapevo di poter contare sul feedback. All'inizio la crescita è stata lenta. Ci è voluto del tempo per migliorare. E sapevo che avrei dovuto continuare a creare contenuti a lungo per ottenere risultati.

Quindi se i tuoi ascoltatori passano da dieci a quindici in un mese, è progresso, amico! Anche con numeri assoluti ridotti, si tratta di una crescita mensile del cinquanta percento! È per questo che mi piace misurare sia la crescita assoluta che quella relativa e scegliere quella che mi fa sentire meglio (ha!). Come dice il mio amico Dr. Kashey, "Più modi trovi per misurare, più possibilità hai di vincere." Sii costante. Misura frequentemente. Adattati ai feedback. Sii un vincente.

Per concludere, nel suo <u>quinto anno,</u> il mio podcast - *"The Game"* è diventato uno dei primi 10 podcast negli Stati Uniti per quanto riguarda il business e uno dei primi 500 al mondo. Questo è stato possibile solo dopo *5 anni di numerosi podcast ogni settimana.* Ricorda, tutti iniziano da zero. <u>Devi solo dare tempo al tempo.</u>

Il tuo Primo Post

Probabilmente hai fornito valore ad altri esseri umani consapevolmente o inconsapevolmente per un po' di tempo. Quindi, nel tuo primo post, *puoi fare una richiesta.* La mia speranza è che ti porti il tuo primo potenziale lead ingaggiato. Se non succede, devi dare per un po' di tempo, quindi fare una richiesta una volta che ti sei guadagnato il diritto. Per dimostrarti che non sto inventando niente, qui sotto puoi trovare il mio primo post aziendale di sempre. È ideale? No. Non avevo idea di cosa stessi facendo. Dovresti copiarlo? Probabilmente no. Punto principale: non temere il giudizio altrui. Se qualcuno non dirà nulla al tuo funerale, non vale la pena dare peso alla sua opinione mentre sei in vita. Onora coloro che credono in te mostrando coraggio.

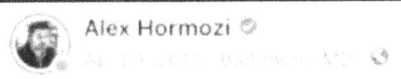

A tutti,

Per coloro tra voi che mi conoscono, sapete due cose:

1) Sono terribile con tutto ciò che riguarda la tecnologia. Ad esempio, ho scoperto Spotify solo qualche settimana fa, davvero.

2) Amo l'allenamento/la nutrizione e il "fitness" più di, beh, moltissimo.

Quindi, oggi è un giorno piuttosto speciale perché segna il momento in cui il mio amore per l'allenamento ha sconfitto la mia paura della tecnologia.

Cosa intendo?

Per la maggior parte dell'anno ho preso parte a un progetto di personal training gratuito con l'idea che avrei offerto allenamenti personalizzati gratis a chiunque fosse disposto a donare parte dei suoi 500-1000 dollari a una causa a sua scelta. In questo modo, non avrebbero dovuto essere motivati dalla stessa cosa che motiva me, ma dal desiderio di donare alla loro causa e trarne un beneficio personale. Quando ho introdotto l'idea per la prima volta, sono stato piacevolmente sorpreso dalla quantità di supporto positivo che ho ricevuto.

Quindi, quasi un anno dal mio primo cliente, ORA HO UN SITO WEB!! per mostrare formalmente alcune delle trasformazioni che sono avvenute grazie ai miei programmi e come mezzo formale per contattarmi riguardo l'iscrizione.
ATTUALMENTE HO QUALCHE POSTO DISPONIBILE NEL MIO ELENCO, QUINDI SCRIVETEMI RAPIDAMENTE SE SIETE INTERESSATI! GRAZIE MILLE!

Prendetevi un secondo per dare un'occhiata ad alcune delle trasformazioni incredibili registrate. DATECI UN'OCCHIATA!

Ogni volta che leggo questo, mi viene da dire "imbecille". Ma ehi, ci ho provato. E di questo, sono fiero.

Ricapitolando

Abbiamo affrontato otto cose:

1) L'Unità di Contenuto - fatto

2) Contenuto Breve vs Contenuto Lungo - fatto

3) Dominare il Rapporto Dare: Chiedere - fatto

4) Come Chiedere - fatto

5) Come Espanderlo - fatto

6) Lezioni dal Contenuto - fatto

7) Punti di Riferimento - fatto

8) Il Tuo Primo Post - fatto

Quindi, cosa faccio proprio adesso?

Pubblicare contenuti gratuiti è meno prevedibile rispetto agli approcci caldi, ma è complementare ad essi. *Quindi continua ad effettuare approcci caldi.* Inoltre, pubblicare contenuti gratuiti fa crescere il tuo pubblico caldo. E un pubblico caldo più grande significa più persone per gli approcci caldi. Quindi i contenuti gratuiti attirano lead interessati da soli e *continuano* ad attirare lead interessati attraverso approcci caldi. Invece di abbandonare uno per l'altro, ti consiglio di pubblicare contenuti gratuiti *oltre* agli approcci caldi.

Compiliamo il nostro piano d'azione quotidiano per la nostra prima piattaforma.

Checklist per la pubblicazione giornaliera di contenuti	
Chi:	Te stesso:
Cosa:	Valore: Dare dare dare fino a quando non chiedono
Dove:	Qualisiasi piattaforma social
A chi:	Persone che ti seguono già
Quando:	Ogni mattina, 7 giorni su 7
Perché:	Costruisci buona volontà. Coinvolgi i lead
Come:	Scritto,immagine,video,audio
Quanto:	100 min al giorno
Quante:	Tutte le volte che la piattaforma lo mostra
Quanto tempo:	Per tutto il tempo necessario

Ora tocca a te

Prima di tutto, iniziamo con gli approcci a caldo. Contattiamo ogni persona a cui abbiamo il permesso di scrivere. In secondo luogo, pubblichiamo in modo pubblico i successi e le lezioni che abbiamo appreso dai nostri primi clienti. Pubblichiamo testimonianze. Forniamo valore. Poi, occasionalmente, facciamo delle richieste. Ci impegniamo a svolgere entrambe queste attività ogni giorno.

Con solamente questi due metodi puoi eventualmente costruire un'attività da sei o sette cifre. Ma potresti voler procedere più velocemente. Quindi ci avventuriamo da un pubblico caldo che ci conosce, ad un pubblico freddo che non ci conosce. Cominciamo a *contattare persone sconosciute.* Questo segna l'inizio del terzo passo nel nostro percorso pubblicitario: l'approccio a freddo.

REGALO GRATUITO: Tutto Ciò Che Ho Imparato Dalla Pubblicazione di Contenuti

Ho dovuto tagliare molto materiale per rendere questo libro gestibile. Se vuoi sapere il modo veloce e facile per creare contenuti che instillano fiducia in un pubblico, vai su **Acquisition.com/training/leads.** E, se hai bisogno di un motivo oltre a "ti farà guadagnare soldi",.... non ti costerà nulla. È gratuito. Goditelo. E come sempre, puoi anche scannerizzare il codice QR qui sotto se non ti piace digitare.

Buona Volontà Gratuita

"Colui che ha detto che il denaro non può comprare la felicità non ne ha donati abbastanza." -
Sconosciuto

Le persone che donano senza aspettarsi nulla in cambio vivono vite più lunghe, più felici e guadagnano più soldi. Quindi, se avremo l'opportunità di farlo durante il nostro tempo insieme, cavolo, ci proverò.

Per fare questo, ho una domanda per te…

Aiuteresti una persona che non hai mai incontrato se non ti costasse nulla,

ma non riceveresti alcun riconoscimento?

Chi è questa persona? È come te. O almeno, come eri un tempo. Meno esperto, desideroso di fare la differenza e bisognoso di aiuto, ma non sicuro di dove andare a cercare.

La missione di Acquisition.com è *rendere il business accessibile a tutti.* Tutto ciò che facciamo deriva da questa missione. E, l'unico modo per noi di realizzare quella missione è raggiungere… beh… *tutti.*

Ecco dove entri in gioco tu. La maggior parte delle persone, infatti, giudica un libro dalla sua copertina (e dalle sue recensioni). Quindi ecco la mia richiesta a nome di un imprenditore in difficoltà che non hai mai incontrato:

Per favore, aiuta quell'imprenditore lasciando una recensione a questo libro.

Il tuo gesto non costa nulla in termini di denaro e richiede meno di 60 secondi per diventare reale, ma può cambiare per *sempre* la vita di un collega imprenditore. La tua recensione potrebbe aiutare…

....un altro piccolo business a supportare la propria comunità.

....un altro imprenditore a supportare la propria famiglia.

....un altro dipendente a ottenere un lavoro significativo.

....un altro cliente a trasformare la propria vita.

....un altro sogno a realizzarsi.

Per ottenere quella sensazione di benessere e aiutare veramente questa persona, tutto ciò che devi fare è... e ci vuole meno di 60 secondi... lasciare una recensione.

Se sei su Audible - premi i tre punti nell'angolo in alto a destra del tuo dispositivo, clicca su "Valuta e recensisci", quindi lascia qualche frase sul libro con una valutazione a stelle.

Se stai leggendo su Kindle o un lettore di e-book - scorri fino in fondo al libro, poi scorri verso l'alto per visualizzare la richiesta di recensione.

Se per qualche motivo queste opzioni sono cambiate - puoi andare su Amazon (o ovunque tu abbia acquistato il libro) e lasciare una recensione direttamente sulla pagina del libro.

Se ti piace l'idea di aiutare un imprenditore anonimo, sei la mia persona ideale. Benvenuto nella #mozination. Sei uno di noi.

Sono davvero entusiasta di aiutarti a ottenere più leads di quanto tu possa immaginare. Ti piaceranno le tattiche che sto per condividere nei prossimi capitoli. Grazie di cuore. Ora, torniamo al nostro programma regolare.

109

- Il tuo più grande fan, Alex

P.S. - Dato interessante: se fornisci qualcosa di valore a un'altra persona, ti rende più prezioso per loro. Se desideri della buona volontà direttamente da un altro imprenditore - e credi che questo libro possa aiutarli - invia loro questo libro.

#3 Approccio a Freddo

Come Contattare Persone Sconosciute per Ottenere Leads Ingaggiati

"La quantità ha una qualità tutta sua" - Napoleone Bonaparte

Luglio 2020

Il COVID-19 infuriava. In pochi mesi, il trenta percento dei miei clienti aveva chiuso. I manifestanti riempivano ogni piattaforma con odio e rabbia. I politici facevano promesse. Le piccole imprese soffrivano in silenzio. La disoccupazione salì alle stelle. L'elezione più tumultuosa della storia era alle porte. E noi eravamo ancora , cercando di generare lead per pagare le bollette. I dipendenti, e le loro famiglie, dipendevano da noi.

Tutte e tre le mie aziende dell'epoca (Gym Launch, Prestige Labs e ALAN) dipendevano dall'apertura delle attività fisiche. E queste erano chiuse. *Brillante strategia, Alex. Poi* Apple fece uscire un aggiornamento che danneggiò le nostre pubblicità. Il mercato era in declino. Le nostre pubblicità a pagamento erano scadenti. Tutti contavano su di me.

Immaginai i peggiori scenari.. *Quanto denaro ci vorrebbe per mantenerci a galla? Per quanto tempo devo continuare a pagare le persone quando non si intravede una fine? Dovrei intaccare i conti personali? Rinunciare a un terzo dei risparmi di una vita? La metà? Tutto quanto? Cosa direbbe ciò di me?* Non avevo idea di cosa fare.

La mattina presto di quel sabato…

Cercai di dormire abbastanza a lungo affinché la mia sveglia mi svegliasse, ma fu inutile. Andai nel mio ufficio e controllai Instagram. Nuovo messaggio:

"Ehi Alex - Cale mi ha detto che non avete più bisogno di venditori. Ho lasciato il mio lavoro per accettarla. Mi sento molto onorato che tu mi abbia preso in considerazione. Spero che mi considererai nuovamente la prossima volta che avete delle posizioni aperte."

Cercando di capire, feci scorrere verso l'alto. Leggere i nostri messaggi precedenti mi fece sentire in colpa. *Sono stato io a dirgli di candidarsi. Ha accettato il rifiuto con testa alta. Segno di un buon venditore.* Mi sentii obbligato a rispondere.

"Sei online?" ho scritto.

"Sì," ha risposto.

"Hai 5 minuti?"

"Sì,"

Lo chiamai. Sembrava un po' nervoso, ma riuscivo a capire che sapeva il fatto suo. *È un peccato che non abbiamo abbastanza risorse per questo ragazzo…*

"Da un po' di tempo desidero lavorare per te. Ho letto il tuo libro e ho usato gli script per diventare il miglior venditore nella mia azienda," ha detto.

"È fantastico. Sono davvero contento di saperlo. Che tipo di azienda?" ho chiesto.

"Un'azienda di software per palestre."

Non ne avevo mai sentito parlare. "Oh, interessante. Come ottenete potenziali clienti?"

"Facciamo solo approcci a freddo al 100%."

"Chiamate e email inviate a freddo alle palestre, poi vendete loro il software?"

"Sì, più o meno."

"Quanto è grande il team?"

"Abbiamo circa trenta ragazzi"

Una squadra di 30 persone!? "Qual è il vostro fatturato, se puoi condividerlo con me?"

"Al momento facciamo circa 10.000.000 di dollari al mese."

Incredibile. "Solo grazie agli approcci a freddo?"

"Sì, facciamo anche qualche pubblicità, ma non l'abbiamo ancora padroneggiata."

"E lo fai con un'offerta di ritorni garantiti? Non state nemmeno facendo guadagnare di più alle palestre, no?"

"Sì, sicuramente non è facile da vendere come le cose che fai per le palestre."

"Pensi che potresti utilizzare lo stesso sistema di approcci a freddo qui?"

"Non ho gestito una squadra, ma scommetto che potrei capire come farlo."

"Va bene. Quale era l'offerta che Cale ha ritirato?"

"Stavo per diventare un closer, ma mi ha detto che non ne avete più bisogno"

"Beh, dato il nostro attuale volume di potenziali clienti, probabilmente ha ragione. Ma *se riesci a procurarti i tuoi leads*, ti darò l'opportunità di avviare l'approccio diretto a freddo qui da noi. Cosa ne pensi?"

"Ci vuole un po' di tempo per avviare il tutto. Dovrò elaborare gli script per la tua offerta."

"Sì, è vero. Quanto tempo pensi che ci vorrà?"

"Sono sicuro che potrei renderlo redditizio entro dodici settimane."

"Va bene, affare fatto. Informerò Cale del piano. Per essere chiari, dovrai capire tutto da solo. Il software. Le liste. Tutto. Ti concederò il tempo, ma non possiamo offrirti molto supporto oltre a questo.

"Capito."

Ecco cosa è successo nei mesi successivi:

Settembre: 0 vendite. Niente.

Ottobre: 2 vendite (32.000 dollari di ricavo) Il team mi chiede di interrompere l'approccio diretto a freddo.

Dicembre: 4 vendite (64.000 dollari di ricavo) Il team mi chiede di interrompere l'approccio diretto a freddo, di nuovo.

Gennaio: 6 vendite (96.000 dollari di ricavo)

Febbraio: 10 vendite (160.000 dollari di ricavo

Marzo: 14 vendite (224.000 dollari di ricavo)

Aprile: 20 vendite (320.000 dollari di ricavo)

Maggio: 30 vendite (480.000 dollari di ricavo)

Oggi: L'approccio diretto a freddo genera milioni al mese per le nostre aziende. Rendere tutto questo funzionante ha richiesto l'utilizzo di ogni metodo di approccio diretto a freddo (legale) che conoscevamo. Chiamate a freddo... E-mail a freddo... Messaggi diretti a freddo... Messaggi vocali. Tutto. Ma, pezzo per pezzo, abbiamo costruito una macchina affidabile per ottenere clienti. *Volevo qualcosa che perdurasse nel tempo.*

Ed è proprio questo che ti insegnerò a costruire.

Ho imparato cinque importanti lezioni da questa esperienza:

1) C'era un'altra azienda nel mio settore che faceva molti di più della mia. Questo ha cambiato la mia percezione di quanto fosse realmente grande il mercato.

2) Loro guadagnavano tutto il loro denaro attraverso la pubblicità privata. Non avevo modo di sapere che esistessero a meno che non mi contattassero per primi. Quindi, in un certo senso, operavano in segreto.

3) Hanno costruito una macchina di approccio diretto a freddo molto redditizia nel mio settore. Se loro potevano farlo, potevo farlo anche io.

4) È importante avere aspettative realistiche. I veterani dell'approccio diretto a freddo mi hanno detto che ci vorrebbe un anno per scalare. Pensavo che potessimo farlo in dodici settimane. Avevo torto. Ci è voluto quasi un anno. L'approccio diretto a freddo richiede molto tempo. Almeno, è stato così per me.

5) Abbiamo provato l'approccio diretto a freddo due volte in passato e abbiamo fallito. Lavorare con una persona che aveva già fatto tutto ciò in precedenza è stato di grande aiuto nell'avviare tutto questo. Ora spero di essere quella persona per te.

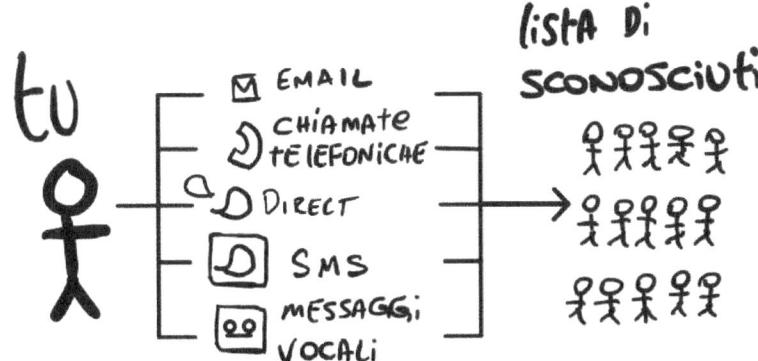

Ad un certo punto, vorrai una delle due cose. O vorrai crescere più velocemente di quanto stai facendo attualmente. Oppure vorrai aumentare la prevedibilità del flusso di potenziali clienti…

Ecco come possiamo farlo. Pubblicizziamo verso persone che non ci conoscono. Pubblico freddo. E come prima, possiamo contattarli pubblicamente o privatamente. In questo capitolo, ci concentreremo sulla comunicazione privata uno a uno tramite l'approccio diretto a freddo. Per maggiore contesto, l'approccio a freddo si basa sull'approccio a caldo. Quindi considera questo come la versione più avanzata dell'approccio a caldo, non più limitato al tuo pubblico caldo.

Se riesci a trovare un modo per contattare qualcuno uno a uno, puoi usarlo per l'approccio diretto a freddo. Bussi a 100 porte. Fai 100 chiamate telefoniche. Invii 100 messaggi diretti. Mandi 100 messaggi vocali. Tutti questi sono esempi di approccio diretto a freddo che hanno fatto guadagnare alle aziende miliardi. Ha funzionato 100 anni fa. Funziona ancora oggi. E quando le piattaforme cambieranno, funzionerà anche domani.

L'approccio diretto a freddo ha una differenza chiave rispetto all'approccio diretto a caldo: la fiducia. Gli sconosciuti non si fidano di te.

E rispetto alle persone che ci conoscono, gli sconosciuti presentano <u>tre</u> nuovi problemi.

1) Primo, non hai un modo per contattarli. Ovviamente.

2) Secondo, anche se riesci a contattarli, ti ignorano.

3) Terzo, anche se ti prestano attenzione, non sono interessati.

Lascia che ti descriva come questi problemi si manifestano nel mondo reale.

<u>Se stai bussando alle porte</u>, non hai gli indirizzi. Poi, anche se li hai, non aprono la porta quando bussi. Se aprono, ti dicono comunque di andare a farti friggere

<u>Se stai effettuando chiamate a freddo</u>, non hai i loro numeri di telefono. Anche se li hai, non rispondono. Se rispondono, ti riattaccano il telefono in faccia.

<u>Se stai inviando e-mail a freddo,</u> non hai i loro indirizzi email. Anche se li hai, non aprono l'e-mail. Anche se la aprono, non rispondono.

<u>Se stai inviando messaggi diretti</u>, non hai un posto dove inviarli. Anche se ce l'hai, non li leggono. Anche se li leggono, non rispondono.

<u>Se stai inviando memo vocali messaggi di testo</u>, non hai i loro numeri. Anche se li hai, non leggono o ascoltano il messaggio. Anche se lo leggono o ascoltano, non rispondono.

Ora che abbiamo chiarito questo, l'ordine in cui risolviamo questi problemi è:

1) Trovare un modo per contattarli

2) Capire cosa dire

3) Contattarli finché sono pronti e in grado di ascoltare

Il risultato. Troviamo molteplici modalità per approcciare gli sconosciuti più qualificati. Li contattiamo in molti modi e molte volte. Poi, li sommergiamo con valore fin dall'inizio per suscitare abbastanza interesse da farli procedere.

Nota dell'Autore: Saranno Necessari Alcuni Passaggi in Più Rispetto Alla norma

Come regola personale, vendo prodotti cari, e ne vendo di più quando lo faccio in più fasi (piuttosto che al primo contatto). Quindi, la mia prima priorità è far sì che il potenziale cliente mostri interesse per i prodotti che vendo. Quando mostrano interesse, programmo un momento per venderglielo. Se il mio lead magnet richiede uno scambio aggiuntivo per consegnarlo, lo faccio in quel momento. Se il mio lead magnet fornisce valore da solo, la chiamata successiva è per discutere del valore che hanno ricevuto. Entrambi i metodi funzionano.

L'approccio diretto a freddo è una questione di numeri. Più persone contatti, più potenziali clienti ingaggiati ottieni. Una volta capito quanti approcci occorrono per coinvolgere un potenziale cliente, allora abbiamo solo una cosa da fare... *farne di più*. Andiamo a caccia!

Poiché gli sconosciuti presentano tre nuovi problemi, ho diviso questo capitolo in tre fasi. Una fase per problema. Prima, otteniamo un elenco mirato di potenziali clienti. Successivamente, dobbiamo sapere cosa dire loro per ottenere una risposta. Terzo, otteniamo un tasso di risposta più basso aumentando il volume e le variazioni dei nostri tentativi di contatto.

Problema n. 1: "Ma come posso contattarli?" → Costruisci un Elenco

Fino a questo momento, grazie all'approccio diretto a caldo e alla pubblicazione di contenuti gratuiti, hai dovuto accettare i potenziali clienti che provenivano dal tuo pubblico caldo. Non più così. Con l'approccio diretto a freddo, a differenza di qualsiasi altro metodo pubblicitario, possiamo fare quello che vogliamo. Vuoi parlare solo con i gestori di fondi speculativi che gestiscono oltre 1 miliardo di dollari? Puoi farlo. Vuoi parlare solo con i proprietari di negozi di abbigliamento da golf con oltre 3 milioni di dollari di vendite? Fatto. Vuoi parlare solo con influencer che ricevono oltre 50.000 visualizzazioni al mese? Fatto. Con questo metodo possiamo scegliere *noi* i nostri obiettivi invece che loro scegliere noi.

Probabilmente al momento non hai un modo per metterti in contatto con 1000 sconosciuti perfetti per il tuo obiettivo. E se vogliamo farli comprare da noi, dobbiamo prima trovare un modo per contattarli, *ovviamente*. Quindi risolviamo prima questo problema.

Ci sono tre modi diversi con cui ottengo i miei elenchi mirati di potenziali clienti. In primo luogo, uso un software per estrarre un elenco di nomi. In secondo luogo, pago intermediari per assemblarmi un elenco di potenziali clienti mirati. E se nessuno di questi funziona, estraggo manualmente un elenco di nomi io stesso. Ecco il processo.

- ○ <u>Passo n. 1 - Software</u>: Mi iscrivo a quanti più software possibile che estraniano potenziali clienti da diverse fonti. Li cerco tutti in base ai miei criteri. Il software quindi genera nominativi, titoli di lavoro, informazioni di contatto, ecc. Provo un campione rappresentativo, ad esempio qualche centinaio da ciascun software che utilizzo. Poi, se le informazioni di contatto sono aggiornate, i potenziali clienti rispondono e sono il tipo di persona che il software afferma che siano, bingo! Poi ottengo quanti più potenziali clienti possibile che il software mi fornirà. Ma se sembra che non riesca a trovare il pubblico giusto, passo alla fase due.

- ○ <u>Passo n. 2 - Intermediari</u>: Mi rivolgo a diversi intermediari di elenchi e chiedo loro di farmi un elenco in base ai criteri del mio pubblico. Poi mi inviano un campione. Testo campioni di elenchi da ciascun intermediario. Se ottengo buoni risultati da uno o più intermediari, continuo ad utilizzare i loro elenchi. E se ancora non riesco a trovare ciò che cerco, passo alla fase tre.

- ○ <u>Passo n. 3 – Duro Lavoro</u>: Mi unisco a gruppi e comunità che penso abbiano il mio pubblico. Quando trovo persone che soddisfano i miei requisiti, controllo se hanno modi per contattarli nella directory del gruppo, come link ai loro profili sui social media, ecc. Se lo fanno, li aggiungo alla mia lista. Se non lo fanno, posso mettermi in contatto con loro all'interno della piattaforma che ospita il gruppo. Preferisco trovare informazioni di contatto al di fuori del gruppo in modo da non sembrare qualcuno che cerca solo di sfruttare il gruppo per gli affari, *ma lo farò se devo.*

Quindi procedo dall'elenco di potenziali clienti più accessibili a quelli meno accessibili. Ecco un punto importante. Se puoi cercare nel database, possono farlo anche gli altri. Ma se assembli un elenco di nomi tu stesso, è meno probabile che quella persona abbia già ricevuto molti leads di approccio diretto a freddo da altre aziende. Quindi sono più freschi. Svantaggio: richiede più tempo. Naturalmente, una volta che avrai capito come farlo, potrai pagare qualcun altro per farlo al tuo posto, ma stiamo parlando solo di come iniziare in questo capitolo. Parleremo di scalabilità nella Sezione IV.

Ora tocca a te: Trova il tuo strumento di estrazione cercando "strumento di estrazione contatti outbound" o "estrarre contatti dal database". Trova intermediari allo stesso modo. Con pochi clic, troverai ciò che stai cercando. Metti insieme i tuoi primi 1000 leads. Se hai più tempo che denaro, dovresti iniziare dal passo tre poiché richiede solo tempo.

Suggerimento Professionale: I Gruppi di Interesse Sono il Pubblico Freddo Più Caldo che Puoi Ottenere

I gruppi di interesse contengono i <u>leads di qualità migliore</u> perché sono gruppi concentrati di persone alla ricerca di una soluzione. Forniscigliene una. Al giorno d'oggi, esistono software che possono estrarre informazioni da questi gruppi. Usali. Sono uno dei miei posti preferiti per andare a pesca.

<u>Problema n. 2: "Ho il mio elenco, ma cosa dovrei dire loro?"</u> → Personalizza, quindi fornisci un grande valore velocemente

Ora che hai il tuo elenco di potenziali clienti, devi capire cosa dire. Ho discusso molto degli script nella sezione degli Approcci Diretti a Caldo, questa sezione si basa su quella. Alla fine di questo capitolo, includo anche tre script campione che puoi usare come modello per le chiamate a freddo, le e-mail a freddo e i messaggi di chat a freddo. Detto ciò, ci sono due fattori importanti su cui metto mi accentuo per ingaggiare degli sconosciuti: *la personalizzazione e un'immediata condivisione di valore*. Questo è importante perché non ci conoscono e non si fidano di noi. Dobbiamo superare entrambi questi problemi in pochi secondi.

a) **Non ci Conoscono → Personalizza (Fai Come se li Conoscessi)**.
Per far sì che più potenziali clienti si ingaggino, vogliamo che il messaggio *sembri* provenire da qualcuno che conoscano. Il modo migliore per farlo è effettivamente conoscere qualcosa della persona che stai contattando. In sostanza, vogliamo che il nostro approccio diretto a *freddo* assomigli a un approccio diretto a *caldo*.

Immagina che il tuo telefono squilli da un numero sconosciuto e con un prefisso di zona che non conosci. Sei propenso a rispondere? Probabilmente no. E se il numero fosse del tuo prefisso di zona? Un po' più probabile. Perché succede questo? *Perché potrebbe essere qualcuno che conosci*. Quindi, per portare avanti questo concetto, immagina di rispondere al telefono…

La persona dice "<Il tuo nome?>" e poi fa una pausa (come farebbe una persona normale). Tu rispondi, "sì... chi è?" Ora, se quella persona continuasse dicendo "Sono Alex... *e fa una pausa...* Ho visto alcuni dei tuoi video e letto l'ultimo articolo sul blog che hai scritto sulla formazione dei cani. Era fantastico! Mi ha davvero aiutato con il mio dobermann. È una belva! Quel trucco del burro di arachidi è stato davvero utile. Grazie! "

Saresti comunque a chiederti cosa sta succedendo. Ma sai cosa non faresti?... *riattaccare il telefono*. Poi senti, "Ah sì, scusa, sono stato un po' avanti. Lavoro per un'azienda che aiuta gli addestratori di cani a riempire il loro calendario. Ci piace collaborare con i migliori della zona. Quindi sono sempre all'erta. Abbiamo lavorato con qualcuno a circa un'ora a nord da te... Il Canile di John... ne hai sentito parlare?"

Risponderesti sì o no (non fa differenza), e loro direbbero: "Sì, siamo riusciti a ottenere 100 appuntamenti in 30 giorni utilizzando una combinazione di e-mail, messaggi di testo e qualche annuncio. Fate qualcosa di simile?" A cui probabilmente risponderesti di sì. E loro direbbero: "Oh, perfetto." Poi potremmo usare la stessa campagna nel tuo mercato e indirizzare i lead verso di te. Se ottenessi un sacco di nuovi clienti ben pagati per l'addestramento dei cani, non ti arrabbieresti con me, vero?" Rideresti leggermente. "Ok, perfetto. Allora...senti...posso spiegarti tutto, dall'inizio alla fine, più tardi oggi. Sarai disponibile alle 4?" E tu risponderesti - certo - o qualcosa del genere. Il punto è che, se quella persona avesse iniziato la chiamata con "Ehi, vuoi comprare dei servizi di marketing?", probabilmente avresti riattaccato.

La personalizzazione è ciò che ti apre la porta per ottenere la vendita. Fondamentalmente, si tratta di uno o tre elementi di informazione che possiamo trovare e che un amico potrebbe conoscere riguardo al potenziale cliente. Poi vogliamo complimentarci per quello, e idealmente, mostrare loro come ci ha beneficiato. Le persone apprezzano coloro che le apprezzano. Anche se qualcuno non ti conosce, ti dedicherà più tempo se tu conosci qualcosa di lui/lei.

Questo è utile per l'inizio degli approcci. I primi messaggi in chat o le prime frasi che qualcuno ascolta. Anche se qualcuno non ti conosce, apprezzerà il tempo che hai dedicato per cercare informazioni su di lui/lei prima di contattarlo. Questo piccolo sforzo fa molta differenza.

Ora tocca a te: Fai una piccola ricerca su ciascun potenziale cliente prima di inviargli un messaggio. Possiamo farlo noi stessi, pagare persone per farlo al nostro posto o utilizzare software. Organizza questo lavoro in batch. Poi, utilizza i tuoi appunti per decidere con cosa iniziare per *sentirti più familiare*.

a) **Non si fidano di noi → Grande Valore Immediato.**

La differenza principale tra le persone che ti conoscono e gli sconosciuti è che... gli sconosciuti ti concedono molto meno tempo per dimostrare il tuo valore. E hanno bisogno di molti più incentivi per avvicinarsi a te. Quindi, renditi la vita più facile "dando via tutto". Non stiamo cercando di stimolare il loro interesse, ma stiamo cercando di lasciarli a bocca aperta in meno di trenta secondi.

Come negli approcci diretti a caldo, puoi fare direttamente la tua offerta o proporre un lead magnet per attirare potenziali clienti, o entrambi. Questo dà alla persona una forte ragione per rispondere.

Pensa sempre GRANDE VALORE IMMEDIATO. Se quello che dici subito non è allettante, o è mediocre, ti confonderai con l'oceano di persone che cercano di attirare la loro attenzione. E loro ti tratteranno allo stesso modo: *ti ignoreranno*. Ecco quanto è importante:

I primi quattro mesi di approccio diretto a freddo sembravano una tortura. Abbiamo offerto una sessione di pianificazione strategica come lead magnet per attirare potenziali clienti. Alcune palestre ne hanno approfittato, ma la maggior parte no. Avevamo bisogno di qualcosa di migliore. Ho testato molte parti del nostro processo, ma cambiare il lead magnet per attirare potenziali clienti ha superato tutto il resto. Siamo passati da "game planning" - in codice internamente equivale a "chiamata di vendita"
- a offrire loro il maggior numero possibile di servizi gratuiti che potevamo permetterci. I nostri tassi di acquisizione sono triplicati e l'approccio a freddo è diventato un canale mostruoso per noi.

Se la tua offerta/lead magnet per attirare potenziali clienti non sta funzionando per te, aumenta il livello. Continua ad offrire di più finché non *la rendi così buona da far sentire loro stupidi dire di no*. O comprano da te o hanno cose positive da dire su di te. In ogni caso sei vincente.

Se dimentichi tutto di questo capitolo, ricorda una cosa: *l'obiettivo è dimostrare più valore possibile il più velocemente possibile*. Facilitati la vita regalando qualcosa di straordinario. Offri gratuitamente qualcosa che le persone normalmente pagherebbero. Nota: non ho detto, "così buono che dovrebbero pagarlo", ho detto, "cose per cui pagano davvero". Assimila questo concetto e i risultati parleranno da soli.

Ora tocca a te: Assicurati di offrire più valore possibile e in maniera rapida con il tuo lead magnet o offerta. Dopo, preparei tuoi script. Non preoccuparti, ti aiuto io. Per darti un vantaggio, ho inserito esempi di script telefonici, e-mail e messaggi diretti alla fine del capitolo. Nota: gli script telefonici e di chat non dovrebbero mai superare una o due pagine, e le e-mail a freddo raramente più di mezza pagina. Non pensarci troppo. Non ci sono premi per lo script più bello. Supera le prime 100 conversazioni o 10.000 e-mail prima di apportare modifiche. Testa. Poi correggi mentre impari.

Problema n. 3: "Non ho abbastanza opportunità per parlare alle persone cose, cosa devo fare?" → Volume

Una volta che abbiamo la nostra lista di leads, informazioni personali e il nostro lead magnet, dobbiamo far sì che più sconosciuti lo vedano. Facciamo questo in tre modi. In primo luogo, automatizziamo la consegna il più possibile. Successivamente, automatizziamo la distribuzione il più possibile. Infine, facciamo il follow-up più volte e in più modi.

a) Consegna automatizzata. Automatizzare la consegna ti permette di raggiungere un volume enorme, poiché non c'è bisogno di comunicare letteralmente il messaggio al potenziale cliente. Ciò significa che ottieni più lead ingaggiati per unità di tempo (anche se una percentuale minore si ingaggia complessivamente). Ricorda, ci sono molte più persone che non ti conoscono rispetto a quelle che ti conoscono. Quindi non devi preoccuparti di "esaurire il pubblico". Ecco qual è la differenza tra la consegna manuale e automatizzata.

LIVE ●

Esempio: Puoi registrare uno script a qualcuno al telefono. Puoi inviare un messaggio vocale personalizzato a ogni potenziale cliente. Una persona può scrivere una lettera a mano a ciascuna persona nell'elenco. Se si impiega tempo per trasmettere il messaggio singolarmente, è manuale.

Esempio di automatizzato: Possiamo inviare un messaggio vocale preregistrato nei messaggi diretti (DM) di qualcuno. Possiamo inviare una segreteria telefonica preregistrata nella segreteria telefonica di qualcuno. Possiamo inviare template di e-mail. Possiamo inviare un video preregistrato. E così via. Registri il tuo messaggio una volta e poi lo invii a tutti nello stesso modo.

> **Suggerimento Professionale: Il tempo è la risorsa più preziosa.**
>
> Ogni giorno, l'intelligenza artificiale, le deep fake e altre tecnologie continuano a sorprenderci. Diventano sempre più difficilmente distinguibili realtà. Ciò significa che saremo in grado di automatizzare elementi su cui attualmente siamo costretti a spendere tempo. Integra queste tecnologie man mano che vengono sviluppate per raccoglierne i benefici. Perché se ci pensi, la tecnologia serve a un unico scopo: ottenere un maggiore output per unità di tempo. Allora usufruiscine.

b) Automatizza la distribuzione. Una volta che abbiamo i nostri messaggi pronti, dobbiamo distribuirli. E non c'è premio per chi lavora più duramente, ma solo per chi ottiene i migliori risultati. Anche se uno porta all'altro. E mentre sviluppi le tue competenze, troverai modi per automatizzare parti del lavoro. Ti incoraggio a automatizzare quando è etico e possibile.

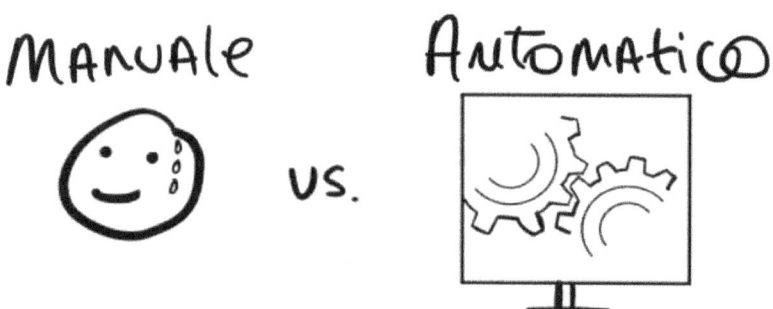

Esempi di manuale: Componi ciascun numero di telefono. Clicca su "invia" per ogni e-mail, messaggio diretto, SMS, ecc.

Esempi di automatizzato: Usa un robot per comporre più numeri contemporaneamente. Invia contemporaneamente una raffica di 1000 e-mail, messaggi, messaggi vocali, ecc.

In generale, si sacrifica la personalizzazione per ottenere una maggiore scala. Si ottiene un tasso di risposta più elevato con messaggi personalizzati. *Meno lead hai, meno automazione dovresti utilizzare.*

Ad esempio, se ci sono solo 1000 gestori di hedge funds che soddisfano i tuoi criteri, vorrai personalizzare il messaggio per ognuno di loro. D'altra parte, se stai mirando a donne tra i 25 e i 45 anni che stanno cercando di perdere peso, ce ne sono decine di milioni. Quindi puoi farne a meno di una maggiore personalizzazione. Ma... aggiungi anche personalizzazioni... otterrai ancora più leads ingaggiati.

Ora tocca a te Adotta nuove tecnologie. Dedicati per il dieci-venti percento del tuo tempo a tecnologie nuove e non ancora testate. Per esempio, se fai chiamate telefoniche cinque giorni alla settimana, prova un nuovo compositore o una nuova tecnologia per un giorno e confronta i risultati con il tuo compositore standard.

124

c) <u>**Follow up. Più volte. In più modi.**</u> Ci sono altre due modalità per ottenere di più dalla tua lista di nominativi.

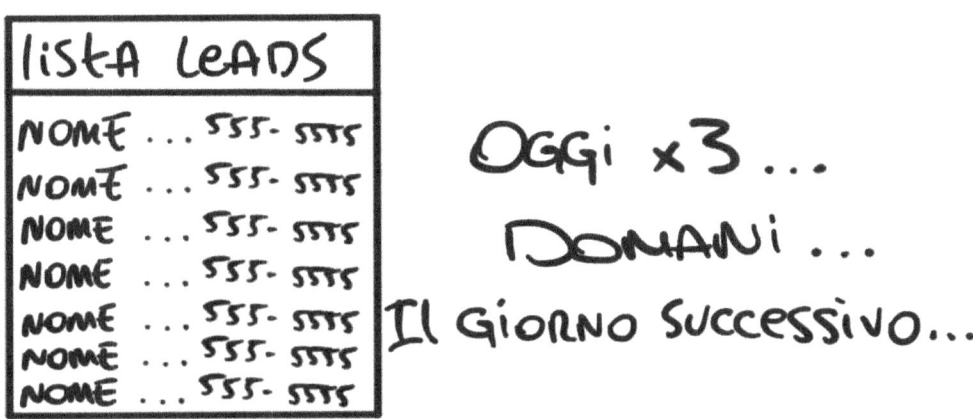

Innanzitutto, cerchi di contattarli più di una volta. Sorprendente, vero? Ma vuoi sapere qualcosa di incredibile? La maggior parte delle persone non lo fa. Ecco un modo diverso di pensarci. Immagina che tu avessi davvero bisogno di metterti in contatto con i tuoi genitori perché è sorto qualcosa di importante. Cosa faresti? Probabilmente li chiameresti, invieresti loro un messaggio, lasceresti un messaggio vocale, ecc. E se comunque non rispondono, cosa fai? Li chiameresti e invieresti loro un messaggio di nuovo (probabilmente poco dopo). È lo stesso con i potenziali clienti. Sono in pericolo di vita senza la tua soluzione. Sii un eroe. Salvagli la vita!

Più modalità utilizzi per contattare qualcuno, più probabile è che tu riesca ad avere una risposta. Le persone rispondono a metodi diversi. Ad esempio, non rispondo mai alle chiamate telefoniche. Ma rispondo molto di più ai messaggi diretti.

Contattare qualcuno più volte con diversi metodi dimostra che sei serio. E farlo rapidamente comunica che hai qualcosa di importante di cui discutere. La curiosità aumenta perché temono di perdersi qualcosa.

Personalmente, mi piace iniziare con un'e-mail. Sai perché? Perché la maggior parte delle persone non risponde. Se qualcuno non risponde a uno dei tuoi metodi di contatto, usa questo come motivo per fare un follow-up con un altro metodo. *"Ehi, ti sto chiamando per fare seguito alla mia email."* Otteniamo una risposta o un vero motivo per contattarli di nuovo. E quindi vinciamo in entrambi i casi.

E una volta fissato un appuntamento, aspettati più di una conversazione. Ricorda che stiamo contattando perfetti sconosciuti. L'approccio a freddo richiede più punti di contatto. Quindi prevedi due o tre conversazioni prima di una chiamata di vendita. Punta a meno, ma prevedi di più quando inizi.

<u>In sintesi</u>: Comportati come se stessi *davvero* cercando di metterti in contatto con queste persone, invece di fare le cose solo per formalità, e probabilmente riuscirai finalmente a metterti in contatto.

Ora tocca a te: Contatta ogni lead più volte con diversi metodi.

Suggerimento Professionale: Non essere uno sciocco

Se qualcuno ti chiede di non contattarlo, non contattarlo nuovamente. Non perché non ci sia una possibilità che di convincerlo. Ma perché con lo stesso sforzo, potresti contattare qualcuno che non è già incline al non considerare la tua offerta.. È semplicemente più efficace trasformare i neutrali in SÌ che i NO in SÌ. Inoltre, non vuoi guadagnarti una cattiva reputazione. Questo tipo di cose la intacca. Fai del tuo meglio perché hai un autentico desiderio di risolvere i loro problemi, ma sii rispettoso.

Poi, una volta che hai finito di contattare la tua lista, ricomincia dall'inizio. Questo funziona fondamentalmente per tre ragioni.

Innanzitutto, potrebbe essere che non abbiano semplicemente visto la tua prima serie di messaggi. Solo un ingenuo pensa che tutti vedono sempre tutto ciò che pubblica . Quindi compensiamo questa discrepanza con dei follow-up.

Due, anche se lo vedono, potrebbe non essere stato un momento adatto per rispondere. Gli orari delle persone cambiano ogni giorno. E ci sono momenti in cui le persone non possono rispondere, anche se volessero. Quindi, più opportunità dai loro per rispondere, maggiori saranno le probabilità che lo facciano.

Tre, le loro circostanze potrebbero essere cambiate. Potrebbero non aver necessitato di te in passato, ma aver disperatamente bisogno di te ora. Immagina una persona a cui hai inviato un messaggio riguardo alla perdita di peso prima delle vacanze. In quel momento, riuscivano ad entrare nei loro jeans "magri", quindi non provavano disagio. Probabilmente non avrebbero risposto. Ma dopo aver preso dieci chili durante le vacanze, potrebbero improvvisamente aver disperatamente bisogno di ciò che offri. E ora rispondono al tuo tentativo di contatto. L'unica cosa che è cambiata è stata la loro situazione. Quindi, prova nuovamente tra tre-sei mesi e ottieni un gruppo completamente nuovo di potenziali clienti interessati *dalla stessa lista*.

Tutto può essere corretto tranne il tempismo. Pertanto, più volte li contattiamo, maggiore sarà la probabilità di raggiungerli quando sono pronti a interagire.

Ora tocca a te. Dopo aver cercato di contattarli più volte, in modi diversi, aspetta tre-sei mesi. Poi, riprova.

> Suggerimento Professionale: Se sei nuovo in una squadra vendite , fai come il migliore del la squadra.
>
> Poi raddoppia i suoi sforzi. Se lui effettua 200 chiamate, ne fai 400. "Ma lavorerei più di lui?"- ovvio. All'inizio sarai scarso prima di diventare bravo. Puoi compensare la tua mancanza di abilità con la quantità. Il volume compensa la fortuna. E quando fai il doppio, diventerai bravo in metà del tempo. Una volta superati i loro numeri, allora puoi provare nuove cose. Replica prima di iterare.

Tre Problemi Creati dagli Sconosciuti → Risolti

Ho scritto il libro in questo ordine per migliorarti su più strati. Inizia con approcci a caldo. Fai qualche esercizio. Pubblica dei contenuti per far crescere il tuo pubblico interessato. Fai ancora più esercizio. Poi, sarai pronto per gli approcci a freddo.

E ora, abbiamo risolto i tre problemi fondamentali creati dalle audience fredde: trovare l'elenco giusto di persone, attira la loro attenzione e coinvolgile. Semplice.

127

Punti di riferimento – Sto andando bene?

Le due volte in cui ho fallito nel fare approcci a freddo ho assunto persone che non tenevano mai traccia delle metriche in modo adeguato. La terza persona lo ha fatto. E gli approcci a freddo hanno avuto successo. La persona che lo gestisce (forse sei tu) deve conoscere le metriche del processo di vendita come il palmo della propria mano. Ogni singola statistica.

Suddividiamo i numeri con un paio di esempi di piattaforme. Non posso dare un esempio per ogni piattaforma perché richiederebbe troppo tempo. La mia speranza è che tu possa generalizzare il concetto per qualsiasi piattaforma tu utilizzi.

Esempio con il Telefono

Supponiamo che effettui 100 chiamate a freddo al giorno. E diciamo che ottengo un tasso di risposta del venti percento. Da qui, riesco a ottenere il venticinque percento delle persone che vogliono ricevere la mia risorsa iniziale. Questo significa che ho ottenuto quattro potenziali clienti interessati. Se mi è servito un tempo di quattro ore per effettuare queste chiamate, significa che ho ottenuto un potenziale cliente interessato all'ora. Una volta che il numero di leads interessati che si trasformano in clienti mi porta a guadagnare più di quanto costa pagare un rappresentante per le chiamate a freddo, insegno a qualcun altro a farlo al mio posto (ne parlerò ulteriormente nella Sezione IV). Quindi sai di avere successo quando ottieni almeno _tre volte_ il profitto a vita di un cliente rispetto a quanto ti costa ottenerlo.

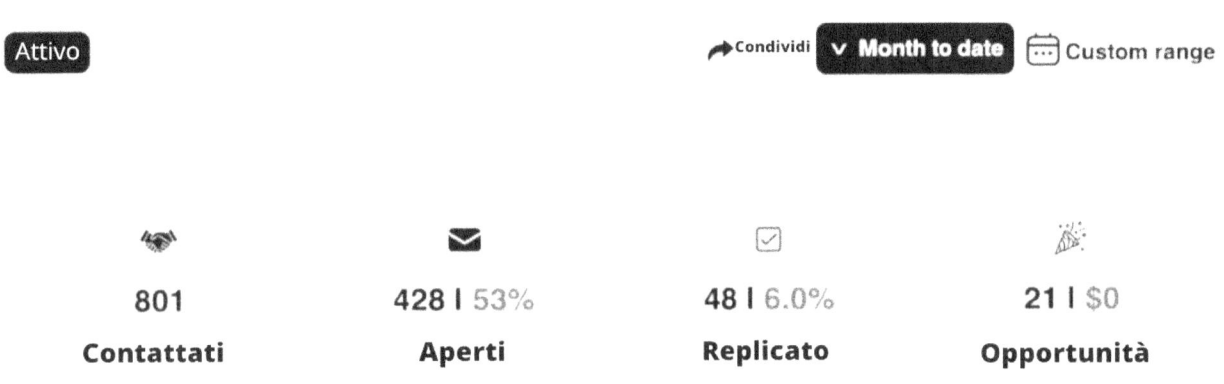

Esempio con l'Email

Supponiamo che tu invii 100 e-mail personalizzate al giorno. Di queste, il trenta percento le apre. Di questi, il 10% risponde mostrando interesse. Questo significherebbe che avremmo tre potenziali clienti interessati (30% x 10% = 3%). I numeri varieranno, ma mira al 3% della tua lista che si trasforma in potenziali clienti interessati. Ecco un esempio da una nuova campagna per un'azienda di servizi di alta gamma stra-nicchiata nel nostro portfolio. Mostra un tasso di coinvolgimento dei potenziali clienti del 4%. E presumibilmente, un terzo di loro si converte in vendite. Ciò ci darebbe un nuovo cliente ogni cento tentativi di contatto.

Esempio di Messaggio Diretto

Supponiamo che registri un video personale o registri un messaggio vocale personale per cento persone. Dico il loro nome e aggiungo una riga personale prima di consegnare il mio messaggio standard. Il venti percento delle persone risponde. Ora abbiamo venti potenziali clienti interessati. Poi utilizziamo lo stesso formato A-C-A dalla sezione degli approcci a caldo per qualificarli per una chiamata e così via. Quindi, come nell'esempio del telefono, sai che stai facendo bene quando il costo per effettuare approcci a freddo è inferiore ciò che guadagni di tre volte. Nota: Puoi ottenere risultati MOLTO migliori di

129

3X, tuttavia consideralo il minimo accettabile. Per contestualizzare, l'azienda nel portfolio sopra ottiene ritorni superiori a 30:1 dai suoi sforzi di approccio.

Costi

Questo metodo è intensivo in termini di lavoro. Quasi tutti i costi sono sotto forma di manodopera. Per calcolare il nostro ritorno sulla pubblicità, sommiamo tutti i costi di manodopera e software associati alle fasi da uno a tre nella sezione precedente.

Immaginiamo di avere un team che effettua chiamate a freddo:

- Paghiamo loro 15 dollari all'ora e 50 dollari per ogni appuntamento che il contatto si presenta, cioè uno "show up".
- Abbiamo 3600 dollari di profitto per ogni vendita.
- I potenziali clienti ci costano dieci centesimi.
- Effettuano 200 chiamate al giorno.
- Probabilmente otterremmo circa due appuntamenti al giorno da un rappresentante.
- Se lavorassero otto ore al giorno, pagheremmo 120 dollari in manodopera e 100 dollari in commissioni per gli appuntamenti più 20 dollari per i leads.
- Questo significherebbe che pagheremmo 240 dollari per due appuntamenti o 120 dollari per appuntamento.
- Se chiudessimo il 33% degli appuntamenti degli "show up", il nostro costo per ottenere un cliente (escludendo le commissioni) sarebbe di 360 dollari.
- Dato che otteniamo un profitto di 3600 dollari per ogni nuovo cliente, avremmo un ritorno di 10:1.

Ecco il potere dell'approccio a freddo. Poi, aggiungi semplicemente più personalizzazione, si è noioso, ma estremamente efficace.

> Suggerimento Professionale: Assegna a ogni venditore un numero esplicito di potenziali clienti da gestire ogni settimana.
>
> Dovrebbero prendersi cura di questi potenziali clienti come se fossero i loro figli. Se si assegnano troppi potenziali clienti a un rappresentante, li sprecheranno. Se qualcuno è in grado di gestire cento potenziali clienti al massimo, ne darò loro settanta circa. In questo modo, avranno il tempo e l'energia per sfruttare al massimo i potenziali clienti che hanno. E poiché tutti i venditori ricevono la stessa quantità di potenziali clienti e questo ogni settimana, è possibile stabilire quote assolute per le trattative. Ad esempio: ti do settanta potenziali clienti. Mi generi minimo sette appuntamenti.

Sembra difficile…perché **non ti devi preoccupare.**

La maggior parte delle persone sottovaluta drasticamente la quantità di volume necessaria per far funzionare appieno gli approcci a freddo. Sottovalutano anche quanto tempo richieda. Tuttavia, ci sono sette enormi vantaggi nell'utilizzare l'approccio a freddo:

1) <u>Non hai bisogno di creare molti contenuti o annunci</u>. Ti concentri solo su un messaggio perfettamente elaborato che comunichi a tutti i tuoi lead. Il tuo unico obiettivo è migliorare quel singolo messaggio ogni giorno. Non c'è affaticamento dell'annuncio poiché i tuoi prospect non hanno mai visto nulla da te. Quindi, non è necessario essere un genio del marketing per far funzionare questo metodo.

2) <u>I tuoi concorrenti non sapranno cosa stai facendo</u>. Tutto è privato. Solo per questo fatto, puoi continuare a operare in segretezza. Non stai istruendo i tuoi concorrenti su come acquisisci clienti. Non sanno cosa stai facendo, o addirittura, che tu esisti.

3) <u>È incredibilmente affidabile</u>. Tutto ciò che devi fare per ottenere di più è fare di più. Input e output. Un meccanismo preciso, che ti. porta un flusso affidabile di nuovi leads ingaggiati. Per strutturare il tuo meccanismo, inizia col calcolare la quantità di vendite che desideri ottenere e estrapola il numero di input necessari. Ecco come funziona: per ogni X persone contattate, ottieni Y clienti. Poi, semplicemente trovi X.

> Esempio: Supponiamo che per ogni 100 e-mail, ottengo un cliente. Se voglio 100 clienti, devo inviare 10.000 e-mail. Quello equivale a 333 al giorno. Una persona può inviare 111 e-mail al giorno. Pertanto, ho bisogno di tre persone che inviano e-mail ogni giorno per ottenere 100 clienti al mese.

4) <u>Meno cambiamenti di piattaforma.</u> Le comunicazioni private raramente sono soggette a cambiamenti di piattaforma. Al contrario, le piattaforme pubbliche cambiano regole e algoritmi ogni giorno. Devi rimanere al passo con i cambiamenti delle regole per rimanere efficace. Invece, le regole per gli approcci a freddo, il bussare porta a porta e le e-mail a freddo sono cambiate molto poco negli ultimi trent'anni.

5) <u>La conformità è meno dolorosa.</u> Molte piattaforme hanno regole rigorose riguardo alle promesse che puoi fare sui prodotti che vendi. Alcune vietano del tutto determinati settori (tabacco, armi, cannabis, perdita di peso, ecc.). Con gli approcci a freddo, non devi occuparti di nulla di tutto ciò. Devi comunque essere conforme alle norme in vigore, ma non devi preoccuparti anche delle regole della piattaforma. Questo semplifica la vita. Ti basta solo un account e-mail ed un telefono. Questo ti rende invincibile.

6) <u>Nessuna figura principale = Attività vendibile.</u> Se un investitore può acquistarla da te senza preoccuparsi che la tua attività smetterà di ottenere clienti se tu te ne vai... la tua attività <u>sarà</u> molto più preziosa. Avere un team di approcci a freddo consolidato è il motivo per cui siamo stati in grado di vendere Gym Launch. L'azienda potrebbe crescere senza che io balli davanti alla telecamera o senza dovermi basare sulla mia straordinaria bellezza (ahaha!). Non credo che avrebbero voluto comprarci senza questo, o almeno, ad un prezzo molto più basso.

7) <u>Difficile da copiare.</u> Anche se qualcuno volesse copiare l'intero sistema di approccio a freddo, spesso dovrebbe imparare come fare ogni passaggio. E molti passaggi sono invisibili. Non sanno come estrai le tue liste. Non sanno come personalizzi i tuoi messaggi. Non sanno quali software usi per inviare i messaggi ecc. Inoltre, dovrebbero comunque imparare come assumere, addestrare e gestire un team di persone capaci di eseguire ogni passaggio. Questo vantaggio iniziale rende quasi impossibile raggiungerti.

Ora tocca a te

Se ricordi la nostra checklist per la pubblicità, inizia con quello poi quando esaurisci le persone a cui fare pubblicità, oppure semplicemente vuoi di più. Ecco un esempio.

Elenco giornaliero per contattare persone nuove in modo proattivo.	
Chi:	Te stesso:
Cosa:	Gancio + lead magnet / Offerta principale.
Dove:	Qualsiasi piattaforma di comunicazione privata.
A chi:	Elenco: estratti, acquistati o software utilizzati
Quando:	Ogni giorno, 7 giorni su 7
Perché:	Ottenere potenziali clienti per coinvolgerli nella vendita di prodotti.
Come:	Chiamate in diretta, messaggi vocali preregistrati, invii di email di massa, invii di messaggi di testo, messaggi di testo tramite messaggi diretti, messaggi video, messaggi vocali, invii di materiale pubblicitario via posta, biglietti scritti a mano, ecc.
Quanto:	100 al giorno
Quante:	1 Giorno, 2x, Giorno 2 - 2x, Giorno 7 - 1x
Quanto tempo:	Per tutto il tempo necessario

Ora tocca a te

Ora che sai cosa fare per l'approccio a freddo, passiamo al come avviare gli annunci a pagamento.

#4 Avviare Annunci a Pagamento Parte I: Creazione di un Annuncio

Come fare pubblicità per sconosciuti

La pubblicità è l'unico casinò dove, con sufficiente abilità, diventi il banco.

Giugno 2013,

"Proviamo a fare pubblicità su Facebook per la palestra", dissi.

L'arcata sopraccigliare di Sam si alzò. "Non funziona su Facebook. Ho già provato."

Mi ero appena licenziato dal lavoro e volevo aprire la mia prima palestra, desideravo fare esperienza. Quindi inviai oltre 40 e-mail con ai proprietari di palestre per chiedere di poterli affiancare. Sam fu l'unico a rispondere alla mia richiesta di mentorship. Mi permise di lavorare nella sua palestra, imparare da lui, e gli sarò eternamente grato per quell'opportunità.

"Te lo prometto, sono sicuro che funzioneranno." dissi. "Lascia che provi con quello che ho imparato al workshop dello scorso weekend. Farò tutto io." *Quel workshop mi è costato la maggior parte dei miei piccoli risparmi.*

Sam si inclinò indietro sulla sua sedia, incrociando le braccia. "Guarda. Ti do mille dollari per provare. Se li perdi, allora devi smetterla con questa storia di Facebook. Se gli fai fruttare, dividerò il profitto con te."

"Affare fatto."

Collaborai con un freelance per sistemare il tutto fino a renderlo "perfetto". Dopo qualche giorno di preparazione, entrai a testa alta nell'ufficio di Sam per mostrargli ciò che avevo creato.

"È pronto." dissi.

Lui girò il suo laptop verso di me. "Va bene, Hormozi. Mostrami cos' hai."

Pubblicai il peggior annuncio che tu abbia mai visto:

CERCO 5 RESIDENTI DI CHINO HILLS PER PARTECIPARE A UNA SFIDA GRATUITA DI 6 SETTIMANE. DEVI CONSENTIRCI DI USARE LE TUE FOTO PRIMA E DOPO NEL NOSTRO MARKETING IN CAMBIO DEL PROGRAMMA. CLICCA SUL LINK PER ISCRIVERTI:

[LINK]

Nessuna immagine. Nessun video. Niente fronzoli. → Solo parole. TUTTO IN MAIUSCOLO

In poche ore ottenemmo i primi leads. Li chiamai tutti io e prenotai appuntamenti il più velocemente possibile. Inviai loro pure un messaggio circa un'ora prima dell'appuntamento per assicurarmi della loro presenza. Appena entravano, parlavo loro della nostra sfida di sei settimane. Non avevo alcuna abilità di vendita. Ma ero determinato. E fu un successo.

In tutto 19 persone sborsarono $299 ciascuna. In tutto guadagnammo un po' meno di $5700 dall'investimento di $1000. Fedele alla sua parola, Sam mi fece un assegno e me lo consegnò. *$2500*. Wow.

"Sam, questo è–"

Mi interruppe. "Bel lavoro, Hormozi. *Fallo di nuovo.*"

***

La "sfida delle 6 settimane" diventò la promozione più popolare nell'industria delle palestre. *Per sette anni.* Generando complessivamente 1,5 miliardi di dollari di entrate, probabilmente. L'ho insegnato ad oltre 4.500 palestre. E scommetto che più di 10.000 palestre hanno utilizzato variazioni della promozione senza averne la licenza. Forse hai visto annunci al riguardo nel tuo mercato locale. E ovviamente, è diventata più sofisticata col passare del tempo.

Come Funzionano gli Annunci a Pagamento

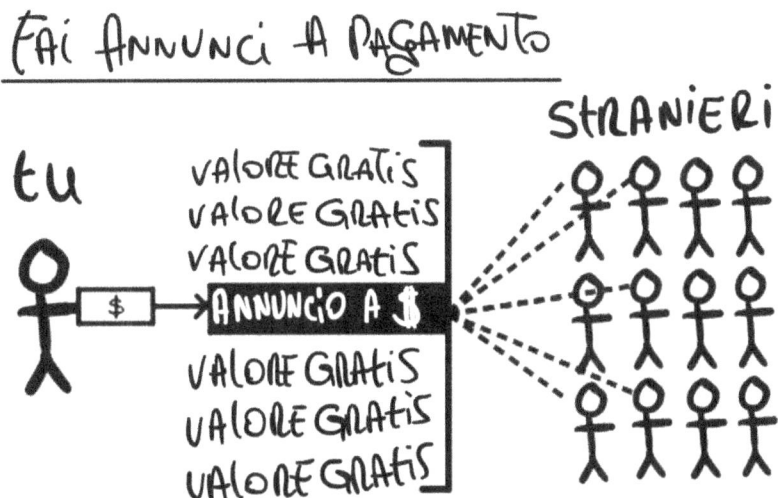

Gli annunci a pagamento sono un modo per fare pubblicità uno-a-molti a un pubblico freddo. Persone che non ti conoscono. Gli annunci a pagamento funzionano pagando un'altra persona o azienda per mettere la tua offerta di fronte al *loro* pubblico. Puoi pensare a questa situazione come noleggiare occhi o orecchie. E poiché non devi passare del tempo per costruire un pubblico, gli annunci a pagamento sono il modo più veloce per far vedere le tue cose al maggior numero di persone possibile. Scambi denaro per raggiungere. *Un notevole vantaggio quando sai cosa stai facendo.* Gli annunci comportano più rischi. Ma, se fatti nel modo giusto, possono procurarti più leads di qualsiasi altro metodo.

Con l'approccio a caldo e a freddo dobbiamo fare tante cose per raggiungere più persone. Per raggiungere più persone con contenuti gratuiti, dipendiamo dalla piattaforma o dal pubblico che li condivide, se ne ha voglia. Gli annunci a pagamento sono diversi. Le visualizzazioni sono *garantite*. Ma i ritorni su investimento no. Quindi è un gioco di efficienza. Ora ti spiego:

Fondamentalmente, se pagassi abbastanza soldi, potresti fare in modo che ogni persona al mondo veda il tuo annuncio. E, se ogni persona al mondo vedesse il tuo annuncio, qualcuno comprerebbe. Anche solo per caso (haha). Quindi la domanda non è "gli annunci funzionano?" ma piuttosto "*quanto bene puoi farli funzionare?*" In altre parole, è un equilibrio tra quanto spendi e quanto vendi.

E come l'approccio a freddo, gli annunci a pagamento raggiungono pubblici meno fiduciosi e più distanti. Quindi, anche con offerte interessanti, un numero inferiore di persone risponderà. E, come con l'approccio a freddo, gli annunci a pagamento superano questa sfida mettendo la tua offerta di fronte a più persone. E se un annuncio non è redditizio, nella maggior parte dei casi è perché le persone giuste *non l'hanno mai visto*. Quindi, per rendere redditizio un annuncio, le persone giuste *devono vederlo*. Questo rende i nostri annunci efficienti.

Questo capitolo rivela come creo annunci a pagamento efficaci trovando gli aghi nel pagliaio. Parto dall'intero mondo come mio pubblico (pagliaio) per poi restringere e ottenere un numero maggiore di leads interessati (aghi). Prima scelgo una piattaforma che contiene il mio pubblico ideale. Secondo, utilizzo tutti i metodi di targeting disponibili sulla piattaforma per trovarli. Terzo, creo il mio annuncio in modo da *respingere* tutti gli altri. Infine, dico a chi è interessato di fare il passo successivo. La gente tende a complicare troppo le cose. Ma è tutto qui. Questo è tutto ciò che facciamo: restringiamo chi vede il nostro annuncio per avere le massime possibilità di ottenere una risposta dalle persone giuste.

Una volta che riusciamo a pubblicizzare con profitto a un piccolo gruppo di pubblico, ci espandiamo a uno stagno, poi a un lago, e infine a un oceano. E man mano che il pubblico cresce, ci sono più persone non adatte, ma anche più persone adatte. Quindi, gli annunci diventano meno efficienti, ma in quel momento te lo puoi permettere. In altre parole, il rapporto tra ciò che spendi e quanto acquistano diminuisce, ma l'importo totale di denaro che guadagni aumenta. Quindi, anziché spendere $1000 per guadagnare $10.000 con un profitto di $9000, spendi $100.000 per guadagnare $300.000 con un profitto di $200.000. Il tuo rapporto diminuisce, ma guadagni più soldi. Quindi il rischio è maggiore perché spendi di più. Ma lo è anche la ricompensa. Questo significa che vogliamo allargare il pubblico il più possibile, mantenendo comunque un profitto.

Gli annunci a pagamento ci presentano quattro nuovi problemi da risolvere.

Analizziamoli insieme:

1) Sapere dove fare pubblicità

2) Far sì che il pubblico giusto lo veda

3) Creare il miglior annuncio per loro

4) Ottenere il permesso di contattarli

Passo 1: "Ma dove devo fare pubblicità?" → Trova una piattaforma con queste quattro caratteristiche.

Le piattaforme distribuiscono contenuti a un pubblico. Se hai mai consumato contenuti, cosa che hai sicuramente fatto, hai usato direttamente o indirettamente una piattaforma e sei stato parte del suo pubblico. E dove c'è un pubblico, di solito puoi fare pubblicità. Quindi, se vuoi diventare un grande imprenditore, devi imparare a conoscerle. Ecco cosa cerco in una piattaforma su cui voglio fare pubblicità:

- L'ho già usata e ottenuto valore come consumatore. Quindi ho un'idea di come funziona.

- Posso targettare persone sulla piattaforma interessate ai miei prodotti.

- So come formattare annunci specifici per la piattaforma (di cui parlerò nel passo tre).

- Ho la quantità minima di denaro necessaria per pubblicare un annuncio.

...E sì, le piattaforme cambiano continuamente, ma questi principi rimangono gli stessi.

Ora tocca a te: Inizia con una piattaforma che soddisfi i quattro requisiti. E inizia a guardare, ascoltare o leggere gli annunci sulla piattaforma come primo passo per imparare a crearne uno.

Passo 2: "Ma come faccio in modo che le persone giuste lo vedano?" → Targettali

Quindi, se partiamo dal mondo intero, cosa che in un certo senso facciamo, dobbiamo essere un po' più specifici. Ad esempio, se scegli una piattaforma con 100.000.000 utenti, hai già escluso il 99% del mondo - proprio dall'inizio. E se tutti coloro che acquistano da te parlano inglese, vorrai anche *escludere* le audience all'interno della piattaforma che non lo parlano. Se questo rappresenta la metà degli utenti della piattaforma, hai già escluso il 99,5% del mondo. Essere specifici è meglio.

Il messaggio giusto rivolto al pubblico sbagliato cadrà nel vuoto. Non importa quanto siano buoni i tuoi annunci. Se stai promuovendo un'attività locale in Iowa rivolta ai residenti della Florida, probabilmente non funzionerà. Quindi hai un solo obiettivo quando targetti - far vedere il tuo annuncio al maggior numero di persone che ritieni compreranno la tua offerta.

Abbiamo effettuato il nostro primo round di targeting selezionando la nostra piattaforma. Il secondo round lo *facciamo* all'interno della stessa piattaforma. Le piattaforme pubblicitarie moderne offrono due modi per targettare. Puoi usarli separatamente o combinarli:

1) <u>Indirizza un pubblico simile</u>. Le piattaforme moderne sono in grado di mostrare il tuo annuncio a un pubblico simile ma molto più vasto rispetto alla lista che fornisci. Gli inserzionisti definiscono questo tipo di pubblico come "**lookalike audience**". Le piattaforme moderne creeranno quest pubblico simile per te, purché tu carichi una lista che soddisfi le dimensioni minime richieste. Quanto più grande è la lista e quanto più alta è la qualità dei leads, tanto più reattivo sarà la lookalike audience. Inizia con la tua lista di clienti attuali e precedenti. Se la tua lista di clienti è abbastanza grande da soddisfare il requisito minimo della piattaforma, utilizzala. Se non è abbastanza grande, aggiungi la tua lista di leads a cui hai già fatto un approccio. Se ancora non è abbastanza grande, aggiungi i leads freddi a cui hai fatto un approccio per raggiungere il minimo richiesto. Questo è proprio quello che faccio. Forzare la lista alla dimensione giusta a volte rende il pubblico simile troppo vasto.

2) <u>Targetta con fattori a tua scelta</u>. Le opzioni di targeting includono: età, reddito, genere, interessi, orario, posizione, ecc. Ad esempio, se sai che nessuno oltre i quarantacinque o sotto i venticinque ha mai acquistato la tua cosa, escludi chiunque sia al di fuori di quella fascia. Se vendi pezzi di ricambio per auto, mostra il tuo annuncio *durante* mostre di auto e *su* canali dedicati all'auto. Se solo le persone con animali domestici acquistano la tua cosa, includi gli animali domestici come interesse. Filtri di base applicati sopra alla lookalike audience generati dalla piattaforma sono un modo semplice per far sì che più persone giuste vedano i tuoi annunci. Esito: annunci più efficienti.

Suggerimento Professionale: Targeting Locale

Dato che i mercati locali sono già *piccoli* rispetto ai mercati nazionali, dovresti aggiungere molti altri filtri. Sii il più specifico possibile, ma non esagerare. Il mercato locale di per sé è già lo 0,1% di una nazione, quindi sei già abbastanza ristretto.

Più filtri usi, più specifica diventa la lista. Più specifica è la lista, più efficienti sono i tuoi annunci, ma più velocemente la "brucerai". Tuttavia, questa specificità ti mette in una posizione favorevole per ottenere più successi fin dall'inizio. I successi da pubblici specifici più piccoli ti danno ora i soldi per fare pubblicità a pubblici più ampi e ampi in seguito. *Ecco come si scala.*

Ora tocca a te: Riunisci tutte le tue liste di leads in un unico luogo. Separale in base ai clienti passati e attuali, agli approcci caldi e a quelli freddi. Alla fine, avrai una lista di persone che hanno interagito con i tuoi annunci a pagamento fornendoti le informazioni di contatto ma non hanno acquistato. Questo ti tornerà utile. Quindi, se la piattaforma lo consente, utilizza queste liste in base alla qualità per creare la tua lookalike audience. Successivamente, se la piattaforma lo permette, aggiungi filtri sopra la tua lookalike audience per targettare una maggiore percentuale di persone che interagiranno con il tuo annuncio. Se non sei in grado di creare una lookalike audience, inizia semplicemente targettando gli interessi.

Passo 3: "Ma cosa dovrebbe dire il mio annuncio?" → Richiamo + Valore + Chiamata all'Azione (CTA)

Ancora oggi, non cambio canale quando vedo una pubblicità. Raramente metto in silenzio o salto gli annunci. In realtà, non ho abbonamenti premium che rimuovono gli annunci su nessuna piattaforma multimediale. La ragione principale: *voglio* consumare gli annunci. *Voglio* vedere come le aziende affrontano tre cose. 1) Come <u>richiamano</u> i loro clienti ideali. 2) Come presentano gli <u>elementi di valore</u>. 3) Come danno al loro pubblico un <u>CTA</u>. Quando guardo gli annunci in questo modo, trasformo ciò che un tempo era un fastidio quotidiano (gli annunci) in un'esperienza di apprendimento continua. Consumare gli annunci intenzionalmente, tenendo a mente gli elementi principali, mi rende un miglior inserzionista. E farà lo stesso anche per te.

Usiamo questi tre elementi per creare un annuncio.

1) Richiamo - Devo far sì che notino il mio annuncio

2) Valore - Devo far sì che si interessino a ciò che ho da offrire

3) CTA- Devo dirgli cosa fare dopo

1) **Richiamo:** *Fare sì che le persone notino il tuo annuncio è la parte più importante dell'annuncio... e di gran lunga.* Lo scopo di ogni secondo dell'annuncio è vendere il secondo successivo dell'annuncio. E il titolo è la prima vendita. Come dice David Ogilvy: "Dopo aver scritto il tuo titolo, hai speso ottanta centesimi del tuo dollaro pubblicitario." Concentra il tuo sforzo dall'inizio alla fine. Per quanto possa sembrare strano (e tutti i professionisti annuiscono), la mia pubblicità è diventata 20 volte più efficace quando ho concentrato la maggior parte del mio sforzo sui primi cinque secondi dell'annuncio. Abbiamo bisogno degli occhi e delle orecchie del pubblico abbastanza a lungo affinché si rendano conto che "questo è per me, continuerò a prestare attenzione". <u>Questa "prima impressione" è la parte dell'annuncio che esperimento di più.</u>

Immagina di essere a un cocktail party in una grande sala da ballo. Vociferare costante. Musica ad alto volume in sottofondo. In tutto quel rumore, all'improvviso un suono familiare attira la tua attenzione e ti volti. Vuoi sapere qual è il quel suono? Il tuo nome. Provoca una risposta immediata.

Gli scienziati lo chiamano "effetto cocktail party". In termini semplici, anche quando c'è un sacco di confusione, una singola cosa può ancora catturare e trattenere la nostra attenzione. Quindi, il nostro obiettivo con i richiami è sfruttare l'effetto cocktail party e farsi strada attraverso *tutto* il rumore. Dopotutto, se non notano mai il tuo annuncio, nient'altro conta.

Un richiamo *è ciò che fai per attirare l'attenzione del tuo pubblico.* I richiami vanno da iper-specifici - per attirare l'attenzione di una singola persona - a non specifici affatto - per attirare l'attenzione di tutti. Lascia che ti spieghi. Se qualcuno fa cadere un vassoio di piatti, *tutti guardano*. Se un bambino grida "MAMMA!", allora le *mamme* guardano. Se qualcuno dice il tuo nome, solo tu guardi. Ma comunque, attirano tutti l'attenzione. E cerco di rendere i miei richiami abbastanza specifici da attirare le persone giuste e sufficientemente ampi da catturarne il maggior numero possibile. Quindi presta molta attenzione a come gli inserzionisti utilizzano i richiami, specialmente quelli che mirano al tuo pubblico.

Ecco cosa cerco nei richiami verbali - *utilizzando le parole per attirare l'attenzione:*

1) Etichette: Una parola o un insieme di parole che mettono le persone in un *gruppo*. Queste includono caratteristiche, tratti, titoli, luoghi e altri descrizioni. Esempio: *Mamme della Contea di Clark* *Proprietari di palestre* *Lavoratori da remoto*

Sto cercando XYZ ecc. Per essere più efficace, *i tuoi clienti ideali devono identificarsi con l'etichetta.*

a) Le persone si identificano automaticamente con la loro zona locale. Quindi, con gli annunci locali, più è locale, meglio è. Un annuncio locale con il richiamo "ZONA LOCALE + TIPO DI PERSONA" è ancora uno dei miei modi preferiti di tutti i tempi per attirare l'attenzione di qualcuno. Funzionava duecento anni fa, funziona oggi e funzionerà domani. Quindi pensa: Americani < Texani < Residenti di Dallas < Residenti di Irving. Se vivi a Irving, penserai immediatamente che questo annuncio potrebbe riguardarti. Quindi, cattura la tua attenzione.

2) <u>Domande affermative</u>: Domande alle quali; se le persone rispondono" sì, sono io", si qualificano per l'offerta. Esempio: *Ti svegli per fare pipì più di una volta durante la notte?* *Hai difficoltà a legare le scarpe?* *Hai una casa del valore di oltre $400.000?*

3) <u>Dichiarazioni Se-Allora</u>: Se soddisfano le tue condizioni, allora *li aiuti* a prendere una decisione. *Se spendi più di $100.000 al mese in pubblicità, possiamo farti risparmiare il 20% o più...* *Se sei nato tra il 1978 e il 1986 a Muskogee, Oklahoma, potresti qualificarti per una causa collettiva...* *Se vuoi fare XYZ, allora presta attenzione...*

4) <u>Risultati Ridicoli</u>: Cose bizzarre, rare o fuori dall'ordinario che qualcuno vorrebbe. *Studio di massaggio prenotato per i prossimi due anni. Clienti furiosi. * *Questa donna ha perso 50 chili mangiando pizza e ha licenziato il suo allenatore. * *Il governo sta distribuendo assegni da mille dollari a chiunque possa rispondere a tre domande* Etc.

I richiami non devono essere solo parole. Possono essere anche rumori o elementi visivi nell'ambiente. Torniamo all'effetto cocktail party. Certo, un vassoio di piatti caduto attirerebbe l'attenzione di tutti, ma lo farebbe anche il suono *cling*cling*cling* di un coltello contro un bicchiere di champagne. Entrambi attirano l'attenzione di tutti per motivi diversi - uno segnala un disastro imbarazzante e l'altro segnala notizie importanti... *ma, in entrambi i casi, tutti vogliono ancora sapere cosa succederà dopo.* Quindi, se la piattaforma lo consente, i buoni inserzionisti usano *insieme* richiami verbali e non verbali.

Ecco cosa cerco nei richiami non verbali - *utilizzando l'ambientazione e il portavoce per attirare l'attenzione:*

1) <u>Contrasto</u>: Qualsiasi elemento che "spicca" nei primi secondi. I colori. I suoni. I movimenti, ecc. Fai attenzione a ciò che cattura la tua attenzione. Esempio:

   a) Una maglietta vivace attira quasi sempre più attenzione rispetto a una nera o opaca.

   b) Le persone attraenti attirano quasi sempre più attenzione rispetto a persone dall'aspetto semplice.

   c) Gli oggetti in movimento attirano quasi sempre più attenzione rispetto agli oggetti fermi.

3) <u>Somiglianza</u>: Pensa a mostrare visivamente etichette - caratteristiche, tratti, titoli, luoghi e altre descrizioni con cui le persone si identificano.

   a) Le persone vogliono lavorare con persone che sembrano, parlano e agiscono in modi a loro familiari (e tu potresti non sembrare, parlare o agire in modi familiari a loro). Quindi, se hai un ampio pubblico di clienti, utilizza più etnie, fasce d'età, generi, personalità, ecc. nei tuoi annunci. Se hai una base di clienti ristretta (ad esempio: dispositivi medici per anziani), allora utilizza persone che assomigliano a loro.

   i) Starnazza come un'anatra. Se vuoi attirare anatre, cammina come un'anatra e starnazza come un'anatra. Se vuoi attirare idraulici, vestiti come un idraulico, parla come idraulico, trova un ambiente legato all'idraulica. Anche con lo stesso messaggio, il tuo annuncio avrà molto più successo se assomigli al ruolo (o trovi persone che lo fanno).

   ii) Se vedi un annuncio per medici, osserva il portavoce. Quanti anni hanno? Genere? Etnia? Indossano un camice da laboratorio? Uno stetoscopio? Sono in una struttura medica? Tutti questi dettagli attirano l'attenzione di una persona specifica interessata a prodotti e servizi legati alla salute, più di quanto farebbero altrimenti.

   iii) Anche le mascotte funzionano bene perché non invecchiano, non chiedono più soldi e vacanze. Pensa a Topolino per Disney. Il geco di Geico. Tony the Tiger per Kellogg's. L'Uomo Michelin e così via. Una mascotte è un ottimo modo per creare un portavoce duraturo per la tua attività.

   iv) <u>Avanzato</u>: Qualunque somiglianza tu decida di usare, se non sei tu, l'azienda diventa meno dipendente da te e quindi più facile da vendere. Potresti anche essere semplicemente una persona poco attraente. Inoltre, le persone belle tendono a convertire meglio. La buona notizia è che non costa molto far dire qualcosa a una persona bella davanti a una telecamera.

3) <u>La Scena</u>: Immagina di *mostrare* le domande con risposta Sì e le affermazioni del tipo Se-Allora.

Esempio: Un annuncio con...

a) Una persona che si rigira nel letto attira persone con problemi di sonno.

b) Una pera accanto a una clessidra può interessare le persone con una forma del corpo a pera.

c) Una stanza piena di oggetti ammassati richiama le persone con troppa roba.

d) Un sasso che colpisce una finestra richiama le persone con finestre rotte.

e) Un particolarità locale. Gli abitanti del luogo pensano: "Ehi, conosco quel posto!" e prestano attenzione.

Ora, questa non è una lista esaustiva. Tutt'altro. Te lo spiegato solo per darti un'idea. In questo modo, puoi renderti conto degli gli infiniti modi in cui gli inserzionisti riescono a farsi notare, così potrai farlo anche tu.

Suggerimento Professionale: Annunci Infiniti

Ecco uno dei suggerimenti con il più alto ritorno sull'investimento che posso darti sulla realizzazione di annunci. Registra una decina di nuovi annunci ogni settimana. Ma, registra trenta o più frasi iniziali o domande per iniziare l'annuncio. Pensa a clip di cinque secondi. Questi sono i ganci che le persone consumano prima di decidere di guardare di più. Con trenta incipit e dieci annunci principali puoi creare trecento variazioni in poche ore. Una volta che conosci il miglior incipit, lo applichi a tutti gli annunci.

Ora tocca a te: Sono sempre impressionato dalle diverse maniere in cui gli inserzionisti attirano l'attenzione dei loro potenziali clienti. Quindi, invece di mettere in silenzio o saltare l'annuncio, cerca i CTA. Diventa uno studente del gioco. Voglio che per il resto della tua vita, quando vedi un annuncio, *alzi il volume*.

Ora, una volta che hanno notato il nostro annuncio, ci porta alla seconda parte dell'annuncio: dobbiamo farli ingaggiare...

2) **Farli Ingaggiare**. Se le persone pensano che un'offerta abbia grandi vantaggi e costi minimi, la valutano. E saranno disposte a scambiare denaro o informazioni di contatto per ottenerla. Ma se il costo supera i benefici, non la valuteranno neanche e in conseguenza non compreranno. *Quindi, i migliori annunci hanno sempre i vantaggi e i costi minori.*

Una buona pubblicità, che sia a pagamento o meno, utilizza modi chiari e semplici per rispondere alla domanda: perché dovrei essere interessato a ciò che offri? Spiega alle persone perché dovrebbero voler il tuo lead magnet o offerta. Ora, ci sono un milione di modi per farlo, ma condividerò con te il mio Framework del "Cosa-Chi-Quando". Questo framework mentale si basa sulla conoscenza approfondita dell'equazione del valore. Pertanto, è fondamentale conoscere otto aspetti essenziali del tuo prodotto o servizio: come soddisfa ogni elemento di valore per il tuo cliente potenziale e come li aiuta a evitare i costi nascosti (ti ricordi di quelli?). Considerali come carote e bastoni. Come la tua offerta fornisce più vantaggi e meno svantaggi. Successivamente, considera i punti di vista delle persone che sperimenteranno questi aspetti (Chi). E infine, in quale periodo di tempo (Quando) vivranno queste esperienze (positive o negative).

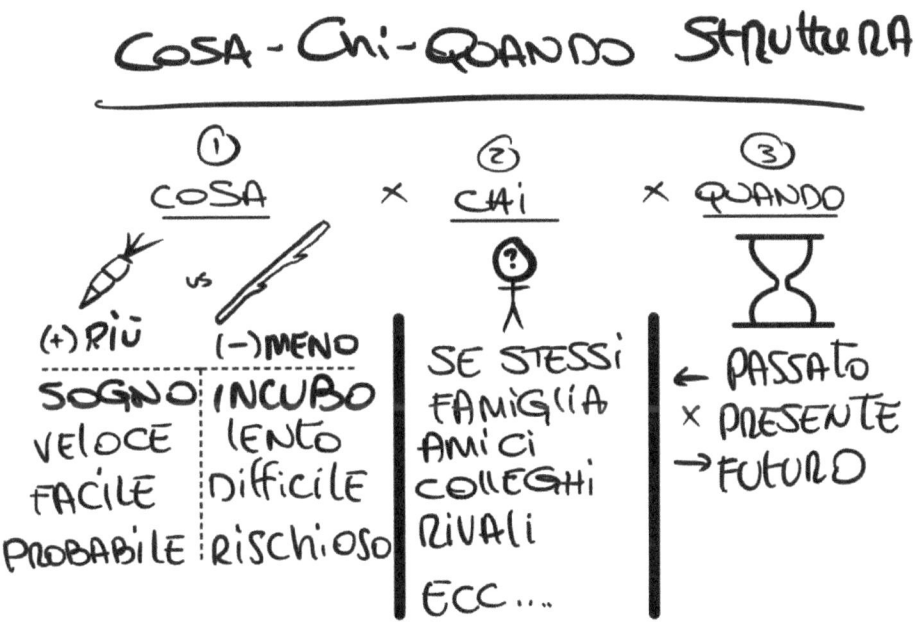

Come dice David Ogilvy: "Il cliente non è uno sciocco. È tua moglie". Quindi sai cosa significa? *Scrivi come se scrivessi a lei.* Gli annunci inducono il potenziale cliente a porsi domande. E un buon annuncio risponde a quelle domande esattamente quando le pensano. Quindi, se puoi rispondere a ciò che stanno pensando con il tuo annuncio, usando le parole che userebbero, hai vinto.

Quindi iniziamo con <u>il Cosa</u>: Otto Elementi Chiave

- **Risultato dei Sogni**: Un buon annuncio deve mostrare e spiegare il massimo beneficio che il potenziale cliente può ottenere utilizzando ciò che vendi. Deve essere in sintonia con l'esito ideale che il cliente potenziale desidera per quel tipo di prodotto o servizio. Questi sono i risultati che ottengono dopo l'acquisto.

    o **Contrario - Incubo**: Un buon annuncio mostrerà anche i peggiori inconvenienti, dolori, ecc. di non avere la tua soluzione. In sintesi, le cose negative che affronteranno se non acquistano.

- **Probabilità Percepita di Successo**: A causa dei fallimenti passati, mettiamo in conto che anche quando acquistiamo, ci sia il rischio di non ottenere ciò che vogliamo. Riduci il rischio minimizzando o spiegando i fallimenti passati, enfatizzando il successo di persone simili a loro, dando assicurazioni da parte di esperti, garanzie e spiegando come ciò che hai da offrire almeno darà loro una migliore possibilità di successo rispetto a ciò che fanno attualmente, ecc.

    o **Contrario - Rischio**: Un buon annuncio evidenzierà anche quanto sia rischioso non agire. Come sarà la loro vita se continueranno come sempre? Mostra come ripeteranno i loro fallimenti passati e come i loro problemi diventeranno più grandi *e* peggiori...

- **Ritardo Temporale**: Un buon annuncio farà capire quanto sia lenta la loro attuale progressione o che non arriveranno mai a ottenere ciò che desiderano con il ritmo attuale...

    o **Contrario - Velocità**: Per ottenere ciò che desideriamo, dobbiamo dedicare del tempo. Un buon annuncio mostrerà e *dirà quanto* ci vuole per velocemente otterranno ciò che vogliono.

- **Sforzo e Sacrificio**: Un buon annuncio mostrerà anche quanto lavoro e abilità saranno necessari per ottenere il risultato senza la tua soluzione. E come saranno costretti a rinunciare alle cose che amano e a continuare a soffrire nella loro

148

situazione attuale. In altre parole, sprecano più tempo e denaro continuando a fare ciò che fanno ora rispetto a se avessero semplicemente acquistato la nostra soluzione!

- o **Contrario - Facilità**: Per ottenere ciò che desideriamo, sappiamo che dobbiamo cambiare *qualcosa*. Ma poi <u>pensiamo</u> che dobbiamo fare cose che odiamo e rinunciare a cose che amiamo. E crediamo che la facilità derivi dalla mancanza di lavoro o abilità richieste. Un buon annuncio smentisce questa convinzione. Spiega e dimostra come puoi evitare le cose che odi fare, passare più tempo sulle cose che ami, <u>senza dover sacrificarsi o avere molte competenze, riuscendo comunque ad ottenere il risultato desiderato.</u>

Questi sono gli 8 elementi chiave. Ora capiamo come consegniamo i quattro elementi del valore e come evitiamo i loro quattro opposti

Chi: Gli esseri umani sono principalmente spinti dallo status. E lo status di un essere umano deriva da come gli altri esseri umani lo trattano. Quindi, se il tuo prodotto o servizio cambia il modo in cui le altre persone trattano il tuo cliente, cosa che fa in qualche modo, *conviene mostrarlo*. E parlare degli elementi di valore dal punto di vista di qualcun altro mostra tutti i modi in cui migliorerà lo status del tuo cliente. Quindi vogliamo delineare due gruppi di persone. Il primo gruppo è formato dalle persone che guadagnano status, i tuoi clienti. Il secondo gruppo è formato da coloro che glielo conferiscono: coniuge, figli, genitori, famiglia allargata, colleghi, capi, amici, rivali, concorrenti, ecc.

Tutte queste prospettive ci danno diverse opportunità per mostrare come lo status del potenziale cliente potrebbe migliorare. E - ci danno un *sacco* di benefici aggiuntivi. Cioè, se perdi peso, i tuoi figli avranno un nuovo modello da seguire? Il tuo coniuge ora decide di mettersi in forma? Sei più propenso a ottenere una promozione sul lavoro? La scienza dice di sì. Il tuo amico-nemico non fa più quelle piccole frecciatine durante cena?

Facciamo degli esempi aziendali. Se dico che qualcosa è privo di rischi, voglio spiegare come il *loro coniuge* non li rimprovererà per l'acquisto poiché non c'è rischio. Parleremmo di come i loro figli noteranno che non sono più stressati o distratti per il lavoro. Come i loro concorrenti noteranno che i loro telefoni non squillano più perché tutti i loro clienti stanno andando al tuo nuovo cliente. Come i loro amici imprenditori diranno "il tuo business va a gonfie vele" quando arrivano al campo da golf con la loro nuova auto. Capisci l'idea. Questi sono tutti benefici aggiuntivi per il potenziale cliente che perderemmo se lo guardassimo *solo* dal loro punto di vista.

Inoltre, possiamo applicare ogni nuova prospettiva del "Chi" a ciascun elemento di valore. È così che otteniamo così tante storie diverse, esempi, angolazioni, ecc., per descrivere i benefici (più carota e meno bastone).

Ciò mi porta alla terza punto del framework "Cosa-Chi-Quando" - il "Quando".

Quando: Le persone considerano spesso solo l'impatto immediato delle loro decisioni. Tuttavia, se desideriamo essere veramente persuasivi (e lo vogliamo), dovremmo anche illustrare quali effetti hanno avuto le loro scelte nel passato *e* quali *potrebbero* avere in futuro. Lo facciamo invitandoli a visualizzare la loro linea temporale (passato-presente-futuro). In questo modo, li aiutiamo a comprendere le conseguenze delle loro decisioni (o mancate decisioni) *nel presente*.

Usiamo l'esempio della perdita di peso dall'inizio *della loro punto di vista*. Gli mostreremmo i momenti in cui venivano presi in giro da bambini (passato), le difficoltà nel chiudere il loro paio di jeans preferito (presente) o il dover allargare di nuovo la cintura (futuro). Come appare questo incubo agli occhi del loro coniuge? E dei loro rivali? Che imbarazzo!

Ricorda, possiamo anche considerare la stessa linea temporale dal punto di vista di *qualcun altro*. Il figlio che chiede loro perché gli altri bambini lo prendono in giro (perché hanno trasmesso cattive abitudini alimentari) (passato), o come i loro figli si lamentino che gli altri papà vengono a guardare gli allenamenti mentre tu no (presente), o come il loro dottore ha detto che potrebbero non essere in grado di accompagnare la figlia all'altare (futuro). Nota: tutto questo è ciò che vogliono *evitare*. Il nostro obbiettivo è mettere in contrasto queste situazioni con le cose positive che potrebbero accadere (presente e futuro) *se acquistassero il nostro prodotto*.

Usiamo sia l'attrazione verso le cose positive che l'allontanamento da quelle negative, poi le combiniamo con il passato, il presente e il futuro della vita del cliente per creare *potenti* motivatori nel nostro testo.

Unendo il "Cosa", il "Chi" e il "Quando", rispondiamo al "PERCHÉ" *dovrebbero essere interessati.*

Se continuassi con l'esempio della perdita di peso, potrei parlare di come:

Il loro coniuge (CHI) noterà quanto rapidamente (COSA) riescano a indossare 'quel vestito che la moglie adora e che prima non gli stava (QUANDO). Oppure, come i loro figli (CHI) mese dopo mese (QUANDO) diventino più interessati a mangiare sano e a partecipare agli allenamenti (COSA). Oppure, di come loro stessi (CHI) si guardino in uno specchio in un centro commerciale tra qualche mese (QUANDO) e realizzino che "i vestiti mi stanno davvero bene in questo negozio" (COSA).

Suggerimento Professionale: Rendi i Tuoi Annunci il Più Specifici Possibile ma Non Oltre

Più specifico è il testo del tuo annuncio, più può diventare efficiente, ma tende anche a diventare più lungo. E se diventa troppo lungo per la piattaforma, ne diminuisce l'efficienza. Quindi rendi l'annuncio *nella sua interezza* il più specifico possibile nello spazio più efficiente che hai a disposizione. Se hai a disposizione audio e visivi, allora usa il *contrasto, la somiglianza* e la scena stessa per abbinare il tuo testo – diventa più specifico senza allungarti. E questo rende il tuo annuncio ancora più efficiente e redditizio.

Quando combiniamo:

- Facciamo tutto il possibile per indirizzare il cliente *verso* i quattro driver di valore, *allontanandolo* al contempo dai loro opposti.

- le molte prospettive che possiamo mostrar loro per guadagnare status*;*

- i diversi periodi temporali per ciascuno...

... Tutto questo si traduce nel motivo per cui dovrebbero essere interessati. E ora abbiamo molti modi per suscitare il loro interesse! Inoltre, più angolazioni copriamo, più interessati diventeranno.

Inoltre la sola differenza tra annunci lunghi e brevi è quanti aspetti riusciamo a trattare con il framework di copywriting. Gli annunci più lunghi coprono più aspetti. Quelli più brevi ne coprono meno. Pertanto, aggiungi o rimuovi in base alla piattaforma, ma mantieni uguali i richiami iniziali (i primi secondi) e le CTA (cosa fare dopo).

Ora tocca a te: Sfrutta quanti più angoli pubblicitari possibile con la tua offerta, utilizzando il framework Cosa-Chi-Quando.

Suggerimento Professionale: Ispirazione Illimitata.

Molte piattaforme hanno un database di annunci passati e presenti. Al momento, se cerchi "[PIATTAFORMA] libreria annunci" in un motore di ricerca, in pochi clic li troverai. Se vedi un annuncio che viene trasmesso per un lungo periodo (un mese o più), presumi che sia redditizio. Poi, prendi appunti sugli incipit che usano, su come illustrano gli elementi di valore e sui loro CTA. Cerca le parole che usano e come le dimostrano. Analizza una cinquantina di annunci e avrai un enorme vantaggio nell'iniziare a creare le tue vittorie.

Cosa: Devi conoscere le otto cose chiave riguardanti il tuo prodotto o servizio. Come soddisfa ogni elemento di valore e come aiuta a evitare i loro opposti.

Chi: Mostra come le otto cose chiave del tuo prodotto o servizio possano cambiare lo *status* del tuo potenziale cliente. Poi, mostra *come le persone che conoscono* diano status al potenziale cliente quando comprano il tuo prodotto o tolgano status se non lo fanno.

Quando: Fai in modo che il potenziale cliente veda le conseguenze dell'acquisto e del non acquisto attraverso il loro passato, presente e futuro. Soprattutto attraverso il cambiamento di status con le persone che conoscono. In questo modo, li aiutiamo a vedere il valore della loro decisione (o indecisione) in questo preciso momento.

Nota dell'autore: Non hai bisogno di Diventare un Esperto di Copywriting.

Certamente io non lo sono. E se pensassi che il copywriting fosse il limite per la maggior parte delle persone, ci avrei dedicato più tempo. Certo, gli imprenditori di classe mondiale hanno competenze di copywriting. Ma, i copywriter di classe mondiale non hanno necessariamente competenze imprenditoriali. *Non sacrificare l'uno per l'altro.* Se spieghi chiaramente la tua offerta utilizzando il framework Cosa-Chi-Quando, avrai abbastanza abilità per rimuovere il copywriting come limite alla tua crescita. E questo è tutto ciò che devi fare: diventare abbastanza bravo per crescere. Dopo tutto, se chiami le persone giuste e hai un'offerta straordinaria, hai a malapena bisogno di un testo per iniziare. *Devi solo spiegare la tua offerta.* Diventa abbastanza bravo da rendere le tue pubblicità redditizie, poi scala e vedi cosa si rompe dopo.

Includo anche alcuni consigli e trucchi pubblicitari che mi sono stati molto utili nelle lezioni alla fine del capitolo. Ma anche se non li utilizzi mai, c'è solo un'altra cosa di cui avrai bisogno per trasformare queste persone interessate in lead ingaggiati...

3) CTA - Dì Loro Cosa Fare Dopo

Se il tuo annuncio ha suscitato il loro interesse, allora il tuo pubblico avrà una grande motivazione... ma solo per un breve periodo. Approfitta di questa opportunità. <u>Dì loro *esattamente* cosa fare dopo</u>. S-P-E-L-L it out: Clicca su questo pulsante. Chiama questo numero. Rispondi con "SI". Vai su questo sito web. Scansiona questo codice QR (occhiolino). Molti annunci *ancora* non lo fanno. Il tuo pubblico può sapere cosa fare solo se tu lo dici.

<u>Rendi le CTA rapide e facili</u>. Numeri di telefono semplici, pulsanti evidenti, siti web semplici. Ad esempio, una CTA comune è indirizzare il pubblico a un sito web. Quindi rendi l'indirizzo web breve e facile da ricordare:

Invece di... alexsprivateequityfirm.com/free-book-and-course2782

Usa... <u>acquisition.com/training</u>

Nota: Questo consiglio proviene da una persona che ha speso $370.000 per un solo dominio di una parola, Acquisition.com. Quindi, potrei sovrastimare l'importanza dei domini facili da ricordare, ma non credo di farlo. Credo che gli altri li sottovalutano. Solo i miei due centesimi.

Alex Hormozi ✓
@AlexHormozi

Supponi che il pubblico non abbia idea di chi tu sia, di cosa fai, di come funzioni, che sia di fretta e abbia un livello d'istruzione di terza elementare.

Oltre a questi concetti di base che molte persone ancora dimenticano, puoi anche utilizzare tutte le tattiche come l'urgenza, la scarsità e i bonus dal "Passo 7" del capitolo "ingaggia i tuoi leads" per rendere le CTA ancora più forti. Queste tattiche si applicano qui e in qualsiasi altro punto in cui dici al tuo pubblico di fare qualcosa.

Ora possiamo scegliere una piattaforma su cui fare pubblicità, individuare le persone a cui mostrare i nostri annunci, creare gli annunci che vedranno e dire loro cosa fare dopo. Tutto ciò che dobbiamo fare ora è ottenere le loro informazioni di contatto.

Step #4 "Come ottengo le loro informazioni?" → Ottieni il Permesso per Contattarli

Dopo che hanno compiuto l'azione, ottieni. Le. Loro. Informazioni di contatto. Il mio modo preferito per ottenere le informazioni di contatto è una semplice pagina di destinazione. Non pensarci troppo. Più semplice è la tua pagina di destinazione, più facile è testarla. Concentrati sulle parole e sull'immagine. Ecco i miei tre modelli preferiti. Scegline uno e inizia a testare.

LANDING PAGES

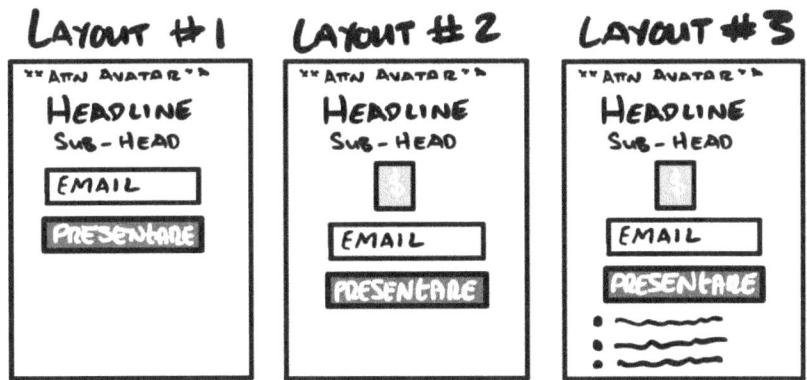

E fai in modo che le tue pagine di destinazione corrispondano ai tuoi annunci. Le persone cliccano su un annuncio perché hai promesso loro un certo vantaggio. Quindi trasferisci lo stesso aspetto e linguaggio sulla tua pagina di destinazione. Assicurati che ciò che hai promesso nel tuo annuncio sia ciò che offri. Questo suona semplice, ma molte persone lo dimenticano e sprecano denaro finché non se ne ricordano. Non vuoi finire con un'esperienza Frankenstein in cui tutto appare diverso. Vuoi un'esperienza continua da "clic a chiusura".

Porta più persone attraverso più step. Nel lavoro fondamentale di Robert Cialdini, "*Influence*", dimostra che le persone amano considerarsi coerenti. Quindi, se ricordi loro l'azione appena compiuta (CTA) e mostri come l'azione successiva si allinea con essa, otterrai più persone a compiere la seconda azione (Informazioni di contatto). Ad esempio, "Ora che hai fatto A, devi fare B per ottenere il massimo da A". *O* "Fare A ti rende una persona del tipo "che fa A". Le persone del tipo che fanno A, fanno B".

Per essere chiari, non stiamo vendendo niente. Stiamo chiedendo se sono interessati alle cose che vendiamo. E se sono interessati, ci daranno un modo per comunicare loro ulteriori dettagli. E quando lo fanno, diventano leads ingaggiati. Evviva!

Ora tocca a te: Ho sprecato quattro anni per la paura di creare una landing page. Quando finalmente ci ho provato, ho finito prima di pranzo. Al giorno d'oggi ci sono moltissimi strumenti "drag and drop" che permettono di costruire siti web in pochi minuti. E se sei ancora preoccupato, i freelance possono costruire un sito per te, probabilmente usando quegli stessi strumenti, a basso costo. Quindi, fallo e basta.

→**Ora hai leads ingaggiati da annunci a pagamento!** Evviva! Ci siamo riusciti! **Conclusione della Parte I sull'Esecuzione degli Annunci a Pagamento**

Cosa *deve* accadere affinché la pubblicità funzioni? Beh, dobbiamo mostrare il nostro annuncio alle persone giuste. Quindi, scegliamo la piattaforma giusta e miriamo alle persone all'interno di quella piattaforma che ha la percentuale più alta del nostro pubblico. Una volta fatto ciò, dobbiamo far sì che <u>notino</u> il nostro annuncio. Una volta che lo notano, devono consumarlo per avere una <u>ragione</u> per agire ora anziché in seguito. Facciamo questo usando l'equazione del valore. E lo dimostriamo nel passato, nel presente e nel futuro, dal loro punto di vista e dalle prospettive delle persone che conoscono. E una volta che hanno una ragione per agire, devono avere un <u>modo per darci il permesso di contattarli</u>. *Quell'azione li trasforma in leads ingaggiati.* E poiché queste cose devono accadere, sono lentamente ma sicuramente diventati i tre elementi fondamentali di ogni annuncio che creo:

1) Richiami (per farli notare)

2) Elementi di Valore (per dar loro una ragione per fare qualcosa)

3) CTA(per dar loro un modo per farlo)

Ora... resta solo una domanda... quanto siamo efficienti? Parliamo delle questioni finanziarie.

#4 Esegui Annunci a Pagamento Parte II : Questioni Finanziarie

"Sto solo cercando di comprare un dollaro e venderlo per due." - Proposition Joe, The Wire

Ci concentriamo sull'efficienza degli annunci a pagamento in tutto questo capitolo e nell'ultimo perché *l'efficienza è più importante della creatività*. Tutta la pubblicità funziona. L'unica cosa che differisce tra gli annunci è quanto funzionano bene. Forse le persone impazziscono per fare annunci a pagamento perché usano parole come "copy", "creativo" e "media" e poi si fissano sull'ottenere tutto "perfetto" (come se fosse possibile). Puoi fare modifiche tutto il giorno e tutta la notte... finché le mucche non tornano a casa! La realtà è che gli annunci a pagamento, in effetti qualsiasi tipo di pubblicità, si basano sul *ritorno sull'investimento*. E con gli annunci a pagamento diventa evidente perché investi X dollari affinché le persone vedano l'annuncio e ottieni Y dollari se comprano il tuo prodotto. Quindi, se vuoi una macchina che generi *$100 milioni di leads*, devi solo renderla "abbastanza buona" per scalarla. Perché? Perché abbastanza buona è abbastanza buona.

Poiché l'efficienza è la cosa più importante, vogliamo essere il più efficienti possibile in modo da poter scalare il più possibile. In questo modo otteniamo quanti più lead desideriamo.

Detto ciò, c'è abbastanza sfumatura nello scalare gli annunci a pagamento che ho ritenuto opportuno dedicare un intero capitolo. Questo capitolo risponde a quattro grandi domande sugli annunci, per come le comprendo:

- Quanto devo spendere? → Le tre fasi dello scaling degli annunci

- Come faccio a sapere quanto bene sto facendo? → Costi e parametri di riferimento

- Se i miei annunci non sono redditizi, come li correggo? → Acquisizione finanziata dal cliente

- Cosa avrei voluto sapere prima di eseguire il mio primo annuncio a pagamento? → Lezioni

157

"E quanto spendo in annunci pubblicitari?" → Le Tre Fasi dello Scaling degli Annunci Pubblicitari

Ci sono tre fasi nella spesa di denaro per gli annunci pubblicitari, almeno da come la vedo io.

Fase Uno: Tracciare i Soldi

Fase Due: Perdere Soldi

Fase Tre: Stampare Soldi

Analizziamole insieme.

Fase Uno: *Tracciare i Soldi*. Prima di spendere un dollaro in annunci, configura tutto in modo da poter tracciare con precisione i tuoi rendimenti. Se non tracci, rischi di perdere tutto. Sarebbe come andare in un casinò e giocare al tuo gioco preferito per tutto il tempo che vuoi, invece che per tutto il tempo che puoi permetterti. Ma, una volta che hai il tracciamento, puoi fare di più delle cose che ti fanno guadagnare denaro e meno di quelle che non lo fanno. In pratica, inclina il gioco a tuo favore. Quindi, consulta un consulente, guarda dei tutorial e configuralo. Fine della storia. Una volta che hai il tracciamento, puoi iniziare a perdere denaro come un professionista (occhiolino).

Fase Due: *Perdere denaro* (scherzo a metà). Preferisco chiamarlo 'investire in una macchina per stampare denaro'. Dopotutto, quando si gestiscono annunci pubblicitari, si paga per primo. Quindi, il tuo conto bancario deve diminuire prima di aumentare.

Sottolineo questo perché preferirei prepararti: perderai *denaro*. Infatti, ho perso denaro più *volte* di quante ne abbia guadagnato eseguendo annunci pubblicitari. Ma ogni volta che guadagno denaro con gli annunci pubblicitari, recupero tutto ciò che *ho perso e molto di più*. Quindi, il numero di volte in cui perdo è elevato, ma l'importo che perdo è basso perché so quando spegnere il tutto. E il numero di volte in cui vinco è basso, ma l'importo che vinco è molto alto perché so quando premere sull'acceleratore. Quindi, pensalo in questo modo.

Immagina di spendere 100 dollari su dieci annunci - 1.000 dollari in totale. Nove di essi perdono tutti 100 dollari. Poi, uno di essi ti fa guadagnare 500 dollari per i 100 dollari spesi. Sei comunque in perdita di 500 dollari. Molte persone si fermano qui perché vedono una perdita di 500 dollari. Ma non noi. Vediamo un vincitore. Quindi ora ci prepariamo a investire 100 volte di più. Spendiamo 10.000 dollari sull'annuncio vincente e ne facciamo guadagnare 50.000.

Nota: Ho ancora perso *nove volte*, ma *la volta* in cui ho vinto, ho vinto grosso. E questo è importante, perché potresti perdere nove o novantanove volte di seguito prima di vincere grosso. Ma per vincere in grande, devi individuare i vincitori e puntare il *doppio, il triplo, il quadruplo, dieci volte di più su di loro*. Ecco perché la pubblicità a pagamento è molto simile a un casinò. Spesso perderai all'inizio per imparare il gioco. Ma - con sufficiente abilità - alla fine diventi il banco. Detto questo, durante questa fase di "perdita di denaro", puoi comunque fare scelte intelligenti. Ecco come lo faccio io.

Stabilisco un budget pari a due volte la somma in contanti che raccoglierò da un cliente nei prossimi trenta giorni (non LTGP) quando testo nuovi annunci. Ho sprecato un sacco di soldi lasciando girare gli annunci troppo a lungo prima di capire che erano scadenti. Ma, d'altro canto, ho perso ancora più soldi arrendendomi agli annunci prima di dargli una possibilità. Alla fine, ho raggiunto un punto ottimale stabilendo un budget pari a <u>due volte</u> la somma in contanti che ho raccolto da un nuovo cliente nei primi trenta giorni per testare un nuovo annuncio. Ad esempio, se so di ottenere un profitto di 100 dollari da un cliente nei primi trenta giorni, lascerò un annuncio andare fino a 200 dollari di spesa prima di spegnerlo (purché ottenga lead). Se non ottengo alcun lead da un annuncio, prima di spendere 1x la somma in contanti dei trenta giorni, lo spengo (100 dollari nell'esempio).

Costruire una macchina pubblicitaria costa denaro. Ho lavorato con un'azienda che ha impiegato un anno per rendere redditizi gli annunci pubblicitari. È stata dura. Ma altre aziende nel loro settore facevano pubblicità redditizia, il che significava che *potevamo farlo anche noi*. Una volta che sono diventati redditizi, hanno recuperato tutti i soldi "sprecati" dell'anno precedente nel *mese successivo*. Costa denaro costruire una macchina pubblicitaria... ed è *normale*. Assicurati solo di misurare i rendimenti su un lungo orizzonte temporale, non alla prossima settimana. Puoi pensare a qualcosa di più prezioso di una macchina che stampa denaro? Sarebbe irragionevole che fosse economica (o facile). Una volta che inizi a guadagnare più soldi di quanto costa farli, sei nella fase tre.

<u>**Fase Tre**</u>: *Stampare Soldi*. Se stai guadagnando più soldi di quanto spendi, la risposta è semplice: spendi quanto più puoi. Dopotutto, se avessi una macchina magica che ti dà 10 dollari per ogni dollaro che ci metti, quale sarebbe il tuo budget? Esatto. Tutto il denaro. Ma realisticamente, probabilmente hai qualche altra restrizione nella tua attività che ti impedisce di avere un flusso infinito di clienti. Quindi, ecco come aumento il mio budget.

Invece di chiedermi "Quanto denaro devo spendere per un annuncio?" mi chiedo "Quanti clienti voglio?" o "Quanti clienti posso gestire?" Quindi, una volta che gli annunci raggiungono il pareggio o meglio, ribalto il mio budget rispetto ai miei obiettivi di vendita. Se posso gestire solo 100 clienti il mese prossimo e i clienti mi costano 100 dollari ciascuno, dovrei spendere 10.000 dollari per ottenerli (100 x 100 dollari). Ma poiché gli annunci diventano meno efficienti man mano che si espandono, solitamente aumento il budget del venti percento. Quindi significa 12.000 dollari in trenta giorni, ovvero 400 dollari al giorno di spesa per annunci. Ribalto il mio budget giornaliero per annunci in base al mio obiettivo di acquisizione di leads. Poi, mi *impegno*. Se il numero ti spaventa, allora stai facendo la cosa giusta. Fidati dei dati. Ecco come fai a crescere il tuo business. Ed è per questo che la maggior parte delle persone non lo fa.

"Come sto andando?" - Costi e Ritorni - Benchmark di Efficienza

Gli annunci pubblicitari efficienti fanno più soldi di quanto costino. Se questo suona ovvio, va bene. Hai già battuto la maggior parte delle persone. Misuro l'efficienza degli annunci pubblicitari confrontando il profitto lordo a vita di un cliente (LTGP) con il costo di acquisizione di un cliente (CAC). Esprimo questo rapporto come LTGP a CAC.

Misuro LTGP invece di "Valore a Vita" o "LTV"

Il profitto lordo a vita è tutto il denaro che un cliente spende per i tuoi prodotti meno tutto il denaro che serve per consegnarlo. Ad esempio, se un cliente compra qualcosa per 15 dollari e costa 5 dollari consegnarlo, il tuo guadagno lordo è di 10 dollari. Quindi, se quel cliente compra dieci cose nel corso della sua vita, avrà speso un totale di 150 dollari in prodotti. Ma ti sarà costato un totale di 50 dollari per consegnare quei prodotti. Questo rende il guadagno lordo a vita di 100 dollari.

Il profitto lordo è importante in generale perché è il denaro effettivo che utilizzi per acquisire clienti, pagare l'affitto, coprire la busta paga e... tutto il resto per gestire la tua azienda.

Quindi, se mi hai mai sentito dire "Sto ottenendo un rapporto di 3 a 1 su questo", mi riferisco al mio rapporto LTGP a CAC. Confronto quanto ho guadagnato con quanto ho speso. Quindi, se LTGP è maggiore di CAC, hai pubblicità redditizia. Se è inferiore a CAC, stai perdendo denaro.

Qual'è un buon rapporto LTGP a CAC? Ogni azienda in cui investo che fatica a scalare ha almeno una cosa in comune: il loro rapporto LTGP a CAC era *inferiore a* 3 a 1.

Non appena lo porto oltre 3 a 1 (sia attraverso la diminuzione CAC o aumentando LTGP), decollano.
Questo è un modello che ho osservato personalmente, non una regola.

$$LTGP > CAC = \$+ \quad ☺$$
$$LTGP < CAC = \$- \quad ☹$$
$$\frac{LTGP}{CAC} > 3 \quad ☺$$

Hai due leve principali per migliorare LTGP : CAC:

- Riduci CAC - Ottieni clienti più economici. Lo facciamo con annunci più efficienti seguendo i passaggi appena delineati.
- Aumenta LTGP - Aumenta quanto guadagni per cliente. Lo facciamo con un modello di business migliore.

Per ottenere il massimo profitto… *preferisco fare entrambe le cose.*

Ad esempio, se guadagnassi un miliardo di dollari per cliente, potresti spendere novecentonovantanove milioni di dollari per ottenere un cliente e *avresti* ancora un milione di dollari di avanzo. Potresti spendere praticamente qualsiasi cifra per ottenere un cliente. Indipendentemente da quanto siano scadenti i tuoi annunci, probabilmente vinceresti comunque. Dall'altra parte, se guadagnassi un centesimo per cliente, dovresti ottenere ciascun cliente per *meno di un centesimo* per farlo funzionare. Anche con i migliori annunci, falliresti.

Porto questo argomento perché parliamo con centinaia di imprenditori ogni mese. Spesso pensano di avere annunci scadenti (CAC elevato) quando, in realtà, hanno un modello di business scadente (LTGP basso). Ecco una scoperta che ti sorprenderà probabilmente quanto ha sorpreso me. Il costo di acquisizione dei clienti, tra concorrenti nella stessa industria, è molto più vicino di quanto pensassi. La differenza *tra i vincitori e i perdenti è quanto guadagnano da ogni cliente.*

Quindi, come fai a sapere se sono i tuoi annunci o il tuo modello di business che ha bisogno di lavoro? Uso il costo di acquisizione dei clienti medio del settore come mia guida. Ricerca le medie del settore per il costo di acquisizione dei clienti. Se il tuo CAC è inferiore a 3 volte la media del settore (buono), *concentrati sul tuo modello di business* (LTGP). Se il tuo CAC è superiore a 3 volte la media (non buono), *concentrati sulla tua pubblicità (CAC).*

Le cose possono diventare solo così economiche. Alla fine devi semplicemente guadagnare di più. Pensala in questo modo: abbassare il costo per ottenere un cliente di 100 dollari richiederà alla fine più lavoro che guadagnare ulteriori 100 dollari da loro. Quindi, una volta che il tuo costo è abbastanza basso, concentrati sul tuo modello di business. I costi possono avvicinarsi solo a zero, ma quanto puoi guadagnare può arrivare all'infinito. Aumentare l'efficienza pubblicitaria oltre un certo punto è come cercare di "risparmiare" fino ad un miliardo di dollari. Ti sembra di fare progressi, ma non ci arriverai mai.

"Le mie pubblicità non sono redditizie, come risolvo il problema?" → Acquisizione Finanziata dal Cliente

Per molte aziende, il LTGP è maggiore del CAC. Evviva. Ma *non dopo il primo acquisto.* Uffa. Il profitto dal *primo acquisto* del cliente è spesso inferiore al costo per acquisirlo. Può volerci molto tempo per raccogliere l'intero LTGP. Quindi ricevi i tuoi soldi più tardi invece che subito. Questo problema di flusso di cassa limita la tua capacità di scalare le pubblicità e acquisire più clienti. Uffa di nuovo.

Ma... se il tuo cliente spende più di quanto ti costa acquisirlo *e* soddisfarlo - nei primi 30 giorni - allora hai i fondi per scalare *ora* e per *sempre*. Chiamo questo **acquisizione finanziata dal cliente**.

Scegli trenta giorni perché qualsiasi azienda può ottenere soldi senza interessi per trenta giorni sotto forma di carta di credito. E se guadagniamo più di quanto ci costa acquisire e soddisfare il cliente nei primi trenta giorni, pareggiamo il nostro bilancio. Ora, abbiamo zero debiti e un nuovo cliente da cui possiamo continuare a trarre profitto per sempre. Poi, ripetiamo il processo. Il denaro non è più il tuo ostacolo. Questa è la chiave per una scalabilità illimitata. *Ripeto la stessa immagine sopra così che tu possa farci riferimento.*

162

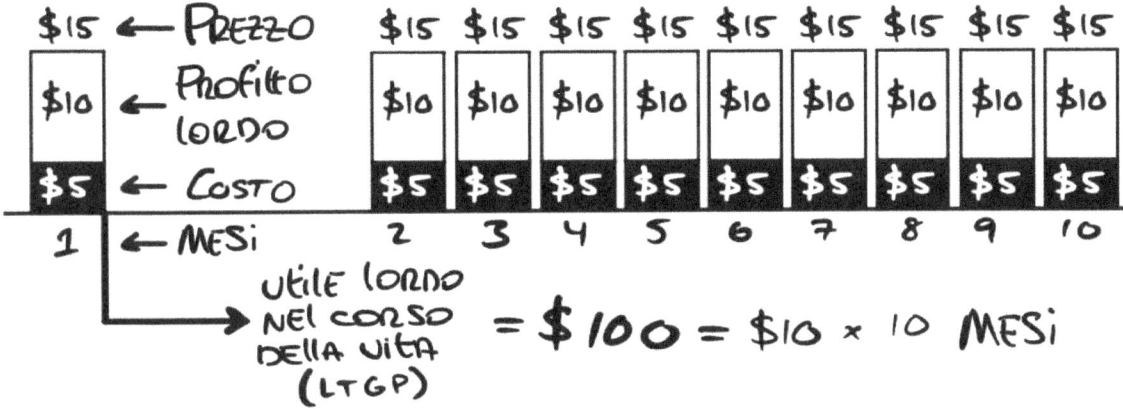

Vediamo l'acquisizione finanziata dal cliente in azione:

- Supponiamo di avere un abbonamento di $15 al mese che ci costa $5 da fornire. Ci restano $10 di profitto lordo.

    ($15 di iscrizione) - ($5 di costo) = $10 di profitto lordo al mese

- E diciamo che il nostro membro medio rimane per dieci mesi. Ciò rende il nostro profitto lordo a vita $100.

    ($10 di profitto lordo al mese) x (10 mesi) = $100 LTGP.

- Se il costo per ottenere un cliente è $30 (CAC = $30), abbiamo un rapporto LTGP : CAC di 3.3:1.

    ($100 LTGP) / ($30 CAC) = 3.3 LTGP / 1 CAC → 3.3:1 Le nostre pubblicità producono soldi. Evviva.

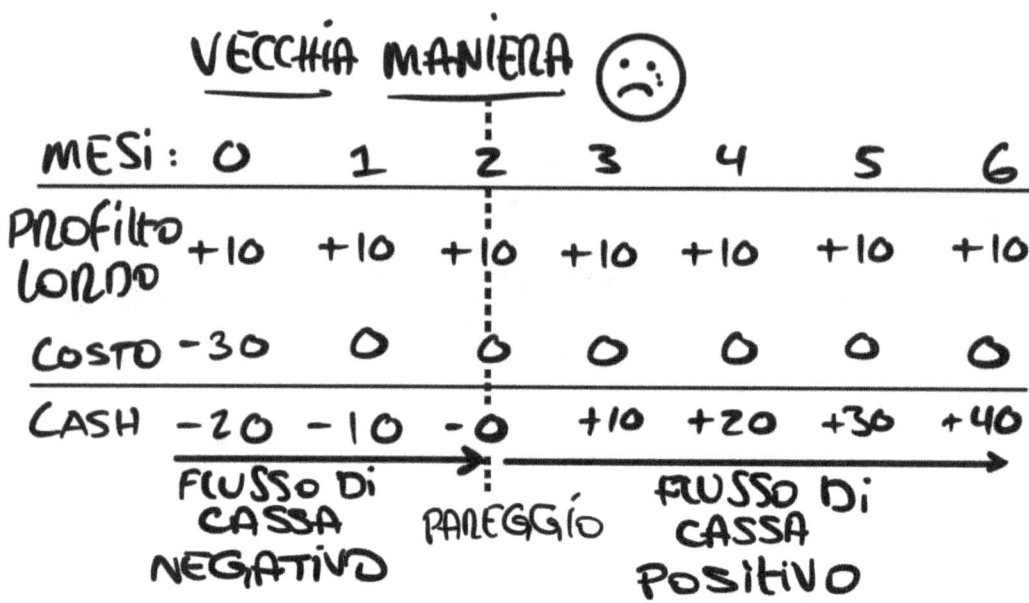

Ma aspetta... c'è un problema. Hai speso 30 dollari in pubblicità e ne hai recuperati solo 10. Dieci dollari entrano lentamente, un mese alla volta, fino a quando finalmente raggiungi il pareggio... due mesi dopo. È dura! Non fraintendermi, dovresti assolutamente fare questo scambio. Ma ora abbiamo un problema di *flusso di cassa*.

Ecco come lo risolvo - *vendo loro immediatamente più prodotti.*

- Se offro un upsell di $100 (con margini al 100%) che uno su cinque nuovi clienti prende. Ciò aggiunge $20 di profitto lordo per cliente.

  ($100 upsell) /(5 clienti) = $20 in media di upsell per cliente.

- Questo ci porta da $10 a $30 nei primi trenta giorni (la nostra finestra di pareggio). Il primo acquisto è $10. *Ma ora l'upsell medio aggiunge $20.*

  $10 + $20 = $30 di profitto lordo per cliente in meno di 30 giorni.

- E poiché costa $30 acquisirli, raggiungiamo il pareggio. Ottimo!

  $30 CAC - $30 incassati entro trenta giorni = clienti gratuiti!

Ogni $10 al mese che entrano in seguito è "extra". Ora, posso andare a prendere un altro cliente mentre continuo a raccogliere quel profitto di $10 al mese per i prossimi nove mesi. È così che fai soldi. Le cose che puoi vendere o upsellare, sono illimitate.

Se copro il costo per acquisire e soddisfare un cliente nei primi trenta giorni posso estinguere il mio debito sulla carta, poi posso farlo di nuovo.. È così che ho scalato ogni azienda che ho avviato negli ultimi sette anni a oltre <u>$1M/mese nei primi dodici mesi</u> - senza finanziamenti esterni. Con l'efficienza fuori gioco, la creatività è il tuo unico limite.

<u>Conclusione</u>: Trova un modo per far sì che i tuoi clienti ti ripaghino entro i primi trenta giorni, così puoi riciclare il tuo denaro per acquisire più clienti.

Lezioni Personali dalle Pubblicità a Pagamento

1. **Non Confondere I Problemi Di Vendita Con I Problemi Di Pubblicità.** Il costo per ottenere clienti non deriva solo dalla pubblicità (anche se prevalentemente sì)... Ad esempio, una società in cui ho investito ha speso dodici settimane e $150.000 in annunci a pagamento. Ottenevano i lead giusti al telefono, ma questi non compravano. Il proprietario ha affermato che la pubblicità non funzionava. Ma gli annunci funzionavano benissimo, addirittura ottimamente; era la loro capacità di *vendita che faceva schifo.* Confondendo un problema di pubblicità con un problema di vendita, hanno perso un valore aziendale stimato di ~$30M. Se i tuoi potenziali clienti hanno il problema che tu risolvi e hanno soldi da spendere, e non stanno comprando, allora i tuoi annunci stanno funzionando bene. Hai un problema di vendita.

2. **Il Tuo Miglior Contenuto Gratuito Può Trasformarsi Nelle Migliori Pubblicità A Pagamento.** Alcuni dei migliori annunci a pagamento che ho mai fatto derivavano da contenuti gratuiti. Se crei un contenuto gratuito che genera vendite o che ha un'ottima performance, molto spesso diventerà un ottimo annuncio a pagamento.

   a. **Contenuto Generato dall'Utente (UGC).** Se riesci a far sì che i tuoi clienti creino testimonianze o recensioni usando il tuo prodotto, pubblicale. Se funzionano bene come contenuto gratuito, spesso diventano anche fantastiche pubblicità. Avere un sistema che incoraggia questi post pubblici dai clienti è il mio metodo preferito per ottenere una continua serie di potenziali annunci. E la parte migliore è che non richiede lavoro extra.

3. Se Dici Di Essere Scarso In Qualcosa, Probabilmente Lo Sarai. Mai dire "Non sono tecnologico" o "Odio la tecnologia". Ti renderà solo più povero di quanto dovresti essere. L'ho detto per... QUATTRO ANNI. Poi, un giorno, mi sono arrabbiato perché odiavo il mio web designer più di quanto odiassi la tecnologia. "Se questo imbecille può farlo, posso farlo anche io". Quattro anni di tempo sprecato e denaro perso si sono invertiti in quattro ore di sforzo concentrato.

Ora tocca a te

Posso insegnarti come pubblicare un annuncio in venti minuti. Ti costerà $100. Vale la pena? Spero di sì. È una competenza importante. Non ti farà guadagnare soldi, ma imparerai una lezione che vale molto più di cento dollari - *gestire gli annunci è più facile di quanto pensi.* Le piattaforme investono miliardi semplificare i processi (così possono guadagnare di più). Ecco tutto quello che devi fare:

Cercare "COME INSERIRE UN ANNUNCIO [PIATTAFORMA]". Poi piazza un annuncio per $100. Non arrivare fino alla fine e poi tirarti indietro. Spendi quei maledetti soldi. Strappa via quel cerotto. Una volta che lo fai - non sei più un osservatore, <u>sei nel gioco</u>.

Una volta che hai messo insieme tutti questi elementi, è il momento di metterli in pratica. Spendere soldi. Inizia con un importo accettabile che sei disposto a perdere ogni mese. Aspettati di perderlo. Non guadagnerai, imparerai.

Se ricordi la nostra checklist pubblicitaria, dovrai selezionare ogni riga per compilare la tua scheda di azione. Questo avvia il tuo percorso nelle pubblicità a pagamento per ottenere più lead ingaggiati. <u>Ecco un esempio di Checklist per Pubblicità a Pagamento:</u>

Lista di controllo giornaliera per annunci a pagamento	
Chi:	Te stesso:
Cosa:	La tua Offerta
Dove:	Qualisiasi piattaforma / Pubblico a cui è possibile ottenere accesso tramite acquisto.
A chi:	Pubblico target o pubblico simile.
Quando:	Ogni giorno, 7 giorni su 7
Perché:	Ottenere potenziali clienti interessati da convertire in vendite.
Come:	Chiamata + 3Ws + Invito all'Azione
Quanto:	Budget di apprendimento, poi retromarcia all'obiettivo di vendita
Quante:	30+ chiamate x 10 Ads
Quanto tempo:	Per tutto il tempo necessario

Conclusione Pt. 2 Pubblicità a Pagamento

Le pubblicità a pagamento sono il modo più veloce per aumentare il numero di lead che ottieni. Abbiamo passato la maggior parte di questo capitolo a parlare di efficienza. Perché, una volta che capisci come gli annunci generano realmente soldi, diventa molto più facile avere successo. Ho avuto molto successo con gli annunci a pagamento, ma non perché fossi il più creativo o avessi il miglior copy. È stato perché conoscevo i numeri. Segui quindi i passaggi indicati.

Consiglio di fare pubblicità a pagamento per ultimo per due motivi. Primo, le competenze degli altri tre metodi si trasferiscono a questo. E secondo, gli annunci a pagamento costano soldi. Soldi che avrai se inizi con gli altri tre metodi prima. Quindi impara le competenze e guadagna denaro con gli altri tre metodi, così avrai la curva di apprendimento più breve con questo metodo quà.

E una volta che abbiamo tutto ciò, lo ampliamo. Ci aspettiamo di perdere più volte di quante vinciamo. E una volta che vinciamo, ne traiamo il massimo. Ed è così che lo facciamo.

Gli annunci a pagamento sono l'ultimo dei quattro modi principali attraverso i quali una singola persona può far conoscere agli altri il proprio prodotto. Ma prima di passare alla seconda parte del libro, voglio mostrarti come potenziare queste strategie.

Quattro Elementi Fondamentali Sotto Steroidi : Meglio e Nuovo

"Se non riesci la prima volta, usa la forza."

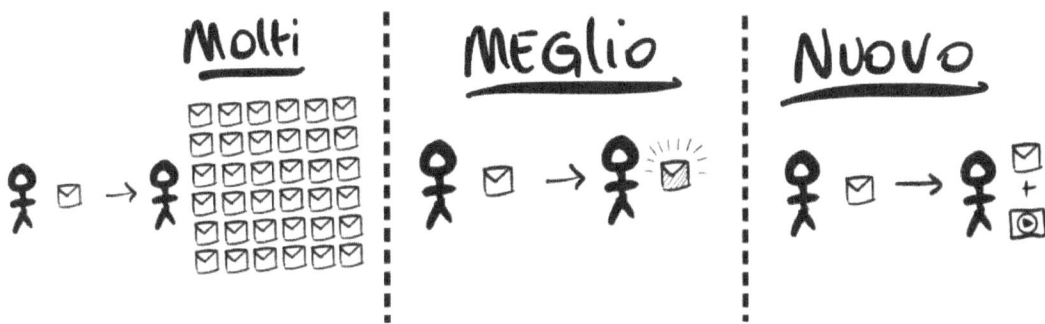

Ho esaminato i volti dei circa cinquanta membri del gruppo. Tutti imprenditori desiderosi di espandere le loro attività. Ognuno affamato di quel "collegamento mancante" che avrebbe portato loro una valanga di leads interessati. Dopo aver concluso una presentazione sulla generazione di lead, *ho aperto il dibattito per le Q&A:*

Il primo proprietario di un'attività ha preso la parola: "Ho l'impressione di aver saturato il mercato. Non credo che possiamo diventare più grandi di quanto già siamo nel settore dei chiropratici".

"Quanto guadagni?" ho chiesto.

"2.000.000 di dollari all'anno."

"E quanto spendi in pubblicità?"

"Circa 30.000 dollari al mese su Facebook."

"Qual è il tuo tasso di conversione dal clic alla chiusura?"

"Non lo so."

"Quindi non tracci l'efficacia complessiva?"

"Suppongo di no."

"Va bene... Su quali altre piattaforme fai pubblicità?"

"Non ne faccio su altre."

"Quanto contenuto crei per i chiropratici?"

"Nessuno."

"Quanti approcci a freddo fai?"

"Nessuno."

"E i 30.000 dollari che spendi, su una sola piattaforma, per un'azienda da due milioni di dollari, hanno saturato il settore dei chiropratici da 15,1 miliardi di dollari? Ti sembra ragionevole?"

Un secondo proprietario di un'attività ha preso la parola prima che potesse rispondere:

"Se può aiutare - anch'io sono nel settore dei chiropratici e *la scorsa settimana* ho speso 30.000 dollari in pubblicità, su *quattro* piattaforme..."

"Pensi ancora di aver saturato il tuo settore?" ho chiesto.

Ha colto il punto.

***

Ho questa conversazione quotidianamente con gli imprenditori che cercano di crescere. In genere, hanno capito come ottenere abbastanza clienti da <u>una</u> piattaforma per raggiungere da 1 a 3 milioni di dollari all'anno. Non è ancora del tutto prevedibile. E hanno alti e bassi. Ma hanno "l'essenza" di ciò che devono fare e hanno visto qualche successo. Quindi, a questo punto, si scontrano con un muro perché pensano che non possano fare più soldi. Credono di aver "sfruttato" il loro mercato. Non scherzo. Ho avuto una conversazione con un altro imprenditore che guadagnava circa 3.000.000 di dollari all'anno nel settore della perdita di peso. Temeva che aumentare la spesa pubblicitaria oltre i 40.000 dollari al mese saturava la sua piattaforma pubblicitaria. Per dare un contesto, quella piattaforma ha più di 1 miliardo di utenti attivi al giorno. E lui vendeva la perdita di peso... in America... un'industria da 60 miliardi di dollari. Assurdo.

Ci sono più lead là fuori di quanto tu possa immaginare. Ho usato un framework per sbloccare quei lead più e più volte e ora puoi farlo anche tu.

Come Ottenere Ancora Più Lead: Più Meglio Nuovo

Prima, ti rivolgi alle persone che ti conoscono. Poi inizi a creare contenuti gratuiti. Poi inizi a rivolgerti alle persone che non ti conoscono. Poi inizi a fare pubblicità a pagamento. Questo è come *fai* i quattro step principali per ottenere lead ingaggiati. E non c'è davvero nient'altro che una singola persona *possa fare da sola* per ottenerli.

Ma cosa succede se stai facendo i quattro step principali e comunque non ottieni tanti lead ingaggiati quanti ne vorresti? Beh, non preoccuparti! Ci sono due modi per potenziare *ciascuno* dei quattro step principali per ottenere ancora più lead ingaggiati *da soli*. Li uso ogni volta che voglio aumentare il flusso di lead ingaggiati in una società del mio portfolio. Sono facili da ricordare: **Più, Meglio, Nuovo.**

In poche parole:

1) Puoi fare di *più* di ciò che stai facendo attualmente.

2) Puoi fare *meglio* ciò che stai facendo attualmente.

3) Puoi farlo in un *nuovo* posto.

E, proprio come nella storia dell'agenzia all'inizio, è esattamente ciò che *gli stavo chiedendo*. Potresti fare più pubblicità? Potresti farlo meglio? Potresti farlo in un nuovo posto?

Quindi iniziamo con quello che faccio effettivamente per primo: *Di Più*.

Di Più

Hai fatto un po' di pubblicità fino ad ora. E sai che la pubblicità che fai funziona in qualche misura. Quindi la prossima cosa ovvia che puoi fare per ottenere più lead ingaggiati è - *di più. Molto di più.* Alza il volume al massimo della tua capacità.

Anche senza miglioramenti, se raddoppi i tuoi input, otterrai più lead ingaggiati. Effettua il doppio degli approcci a freddo, pubblica il doppio dei contenuti, fai girare il doppio degli annunci, raddoppia la spesa pubblicitaria, ecc. Non te ne pentirai. A meno, ovviamente, che tu non odi i soldi.

Quindi, mentre ci concentreremo sempre sui test per *migliorarci*, di cui parleremo tra poco, gli aumenti <u>più</u> significativi derivano spesso da una *maggiore* pubblicità".

<u>Ecco come faccio *di più*: La Regola del 100</u>

La regola dei 100 è semplice. Promuovi i tuoi prodotti compiendo 100 azioni principali ogni giorno, per cento giorni di fila. È tutto qui. Non faccio molte promesse, ma questa sì. Se fai 100 azioni principali al giorno e lo fai per 100 giorni consecutivi, otterrai più leads interessati. Segui la regola dei 100 e non resterai mai senza clienti:

<u>Approcci a caldo:</u>

100 approcci al giorno

Esempi di azioni principali: email, messaggi diretti, chiamate, ecc.

<u>Creazione di Contenuti:</u>

100 minuti al giorno per creare contenuti

Rilascia almeno un contenuto al giorno su una piattaforma. Man mano che migliori, pubblicane ancora di più.

Esempi di azioni principali: video o articoli brevi e lunghi, podcast, infografiche, ecc.

<u>Approcci a Freddo:</u>

100 approcci al giorno

Esempi di azioni principali: email, messaggi diretti, chiamate a freddo, volantini, ecc.

Come per tutte le pubblicità a freddo, aspettati tassi di risposta più bassi, quindi utilizza l'automazione.

<u>Pubblicità a Pagamento:</u>

100 minuti al giorno per creare annunci a pagamento

Esempi di azioni principali: annunci pubblicitari sui media a risposta diretta, direct mail, seminari, spot podcast, ecc.

100 giorni di seguito di esecuzione di quegli annunci a pagamento. Utilizza il budget giornaliero che abbiamo calcolato insieme nel capitolo sulla pubblicità a pagamento. Puntate all'Acquisizione Finanziata dal Cliente.

> **Suggerimento Professionale: Più Annunci Significano Annunci Migliori Che Portano A Più Leads.**
>
> Facebook ha esaminato gli account di tutti gli inserzionisti sulla loro piattaforma. Hanno scoperto qualcosa di curioso. Lo 0,1% superiore degli inserzionisti testa undici volte più creatività rispetto a tutti gli altri. Spesso, non è che non puoi scalare un annuncio in modo redditizio. Semplicemente non puoi scalare un annuncio *mediocre* in modo redditizio. E l'unico modo per trovare annunci *eccezionali* è produrne undici volte di più. Il successo lascia indizi. Fai ciò che fa lo 0,1% per ottenere ciò che ottiene lo 0,1%.

Ecco un po' di ispirazione da parte di qualcuno in #Mozination che segue la regola del 100:

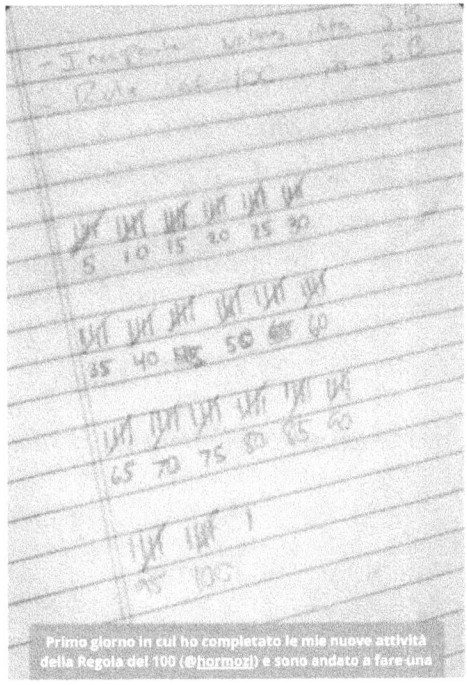

Migliorare ti consente di ottenere più lead con lo stesso sforzo. Vogliamo questo. E puoi solo migliorare facendo una cosa: testando. Quindi fai di più e di più... *finché non si rompe.* Poi, lo rendi *migliore.* In altre parole, se fai di più abbastanza a lungo, il tuo CAC diventerà alla fine troppo alto da sostenere. Quindi apporti una modifica e vedi se migliora. Se lo fa, continua a farlo. Se non lo fa, scartalo. Migliaia di questi piccoli test separano i vincitori dai principianti.

Ogni azione che un potenziale cliente compie prima di diventare un cliente rappresenta un potenziale punto di "abbandono". *Quindi, effettuo la maggior parte dei test nella fase in cui il maggior numero di potenziali clienti abbandona il percorso.* Chiamo queste fasi "vincoli". I vincoli sono i punti in cui anche le piccole migliorie creano il maggior incremento nei risultati. Ecco perché sono così importanti. Otteniamo il massimo risultato con il minimo sforzo. Ad esempio, se hai tre fasi nel tuo processo:

Il 30% sceglie l'opzione (di fornire le proprie informazioni di contatto)

Si applica il 5% ← *Questo è il vincolo perché presenta la riduzione più significativa*

50% Pianificazione

Ma lasciamo da parte il vincolo per un momento. Immaginiamo di migliorare ciascun passaggio del 5% separatamente.

30 + 5% → Opzione del 35% = Incremento del 16% nei potenziali clienti (1,16x)

5 + 5% → 10% Applicazione = Incremento del 100% nei potenziali clienti (2x)

50 + 5% → 55% Pianificazione = Incremento del 10% nei potenziali clienti (1,1x)

Otteniamo risultati molto diversi! Migliorare il vincolo risulta essere il chiaro vincitore. Quindi, *concentrati sul vincolo*. E ancora, se non sei sicuro su quale passaggio sia il vincolo più grande, individua il passaggio in cui si registra il maggior numero di potenziali clienti che abbandonano. Otterrai la ricompensa più grande per la più piccola delle migliorie.

Ecco come faccio a migliorare: *Testo una cosa alla volta per ogni piattaforma ogni settimana.* Lo faccio per quattro importanti motivi.

1) Se testi più cose contemporaneamente su una piattaforma, non impari mai davvero cos'ha funzionato.

2) I passaggi si influenzano a vicenda. Una *singola* modifica può influenzare i risultati in altri passaggi. Ad esempio, se modifichi il primo passaggio e più persone si iscrivono, ma *meno* persone completano l'applicazione, non va bene. Ma non lo sapresti se cambiassi entrambi i passaggi. Se apporti una sola modifica, *puoi vedere cosa è successo*. Se apporti una serie di modifiche…buona fortuna a capire cosa ha funzionato (o no).

3) Ti costringe a dare priorità a ciò che ti porterà i potenziali clienti più interessati. Puoi fare un numero infinito di test, ma il tempo è limitato. Quindi devi scegliere saggiamente i tuoi test. Ad esempio, se fai solo un "grande" test a settimana per piattaforma, non sprecarlo per un cambiamento di colore da rosso a rosso acceso.

4) Forse la cosa più importante è eseguire il test per un periodo sufficientemente lungo per vedere se ottieni effettivamente un miglioramento. Troppo breve e non otterrai abbastanza dati. Troppo lungo e sprecherai tempo che avresti potuto dedicare al miglioramento del prossimo vincolo. Con le dimensioni del mio team e la quantità di denaro che spendo in pubblicità, una settimana di solito è sufficientemente lunga per me.

In ogni azienda che possiedo, stabilisco un programma di test. Ogni lunedì eseguiamo un test diviso per piattaforma. Gli diamo una settimana. E il lunedì successivo facciamo tre cose:

1) Esaminiamo i risultati e scegliamo i vincitori per ogni test della piattaforma.
2) Poi (cosa importante), scriviamo i risultati del test in un registro con tutti i test. Quindi, la prossima volta che facciamo qualcosa, partiamo da un milione di miglioramenti più avanti, non da zero.
3) Ideiamo il nostro prossimo test per battere la nostra attuale "migliore" versione. Se non riusciamo a battere la versione che stiamo attualmente eseguendo in *quattro tentativi (o in un mese)*, passiamo al prossimo vincolo.

Continui a destinare sforzi per migliorare le cose. Ma, ad un certo punto, lo sforzo che metti nel migliorare porta rendimenti sempre più bassi. Ad un certo punto, ha più senso investire il tuo sforzo in qualcosa che porterà rendimenti più elevati. Solo a questo punto, proviamo qualcosa di *nuovo*.

Suggerimento Professionale: Anteporre il Fronte al Retro (nella maggior parte dei casi)

In generale, le fasi con la percentuale più bassa si verificano all'inizio. E quelle con la percentuale più alta alla fine. Come nel caso in cui l'1% delle persone clicchi su un annuncio e poi il 30% fornisca le proprie informazioni di contatto. Questo è il motivo per cui (nella maggior parte dei casi) ti ritroverai a concentrarti di più sull'inizio piuttosto che sulla fine. E va bene così. Queste fasi sono solitamente il vincolo. Offrono il maggiore ritorno con i miglioramenti più piccoli. L'appello. Gli elementi di valore. L'offerta. L'azione da intraprendere (CTA). Il titolo della pagina di destinazione. Il sottotitolo. L'immagine, ecc. Prosegui lungo il percorso nell'ordine in cui il potenziale cliente vedrà e poi agirà.

Suggerimento Professionale: Migliore, Più, Nuovo

Quando parlo con le aziende che guadagnano meno di 1.000.000 di dollari all'anno in profitto, di solito consiglio loro prima di fare di *più*. Non hanno gestito un volume sufficiente affinché le variazioni di percentuale facciano una grande differenza. Ma una volta superato 1.000.000 di dollari di profitto annuo, migliorare le cose può essere l'azione dal costo più basso e dal ritorno più alto che puoi fare. Quindi, una volta che un'azienda è abbastanza grande, inverto l'ordine da "più, meglio, nuovo" a "*meglio*, più, nuovo".

Nuovo

Quindi, dopo aver migliorato i tuoi sforzi di marketing attraverso "più" e "meglio", l'unica cosa che ti resta è "nuovi posti in nuovi modi". In termini semplici, il *nuovo*. E se pensi che la tua azienda non possa crescere ulteriormente, lascia che ti mostri *perché* può. Poi ti mostrerò *come* può.

La maggior parte dei proprietari di attività guarda solo alla piattaforma e alla piccola comunità in cui fanno marketing. E di solito, ci sono solo tre o quattro grandi aziende che fanno marketing nel loro settore. Quindi, assumono l'idea che quelle aziende debbano dividersi *l'intero* mercato tra loro. Questo è esattamente ciò che ha fatto l'imprenditore nella mia storia introduttiva. Pensate per un momento a quanto sia ridicolo tutto ciò. Chiamo questo problema: **"La Falsità della Dimensione della Torta"**. Ecco un disegno per illustrare come il mercato sia, in realtà, molto più grande di quanto si possa supporre.

177

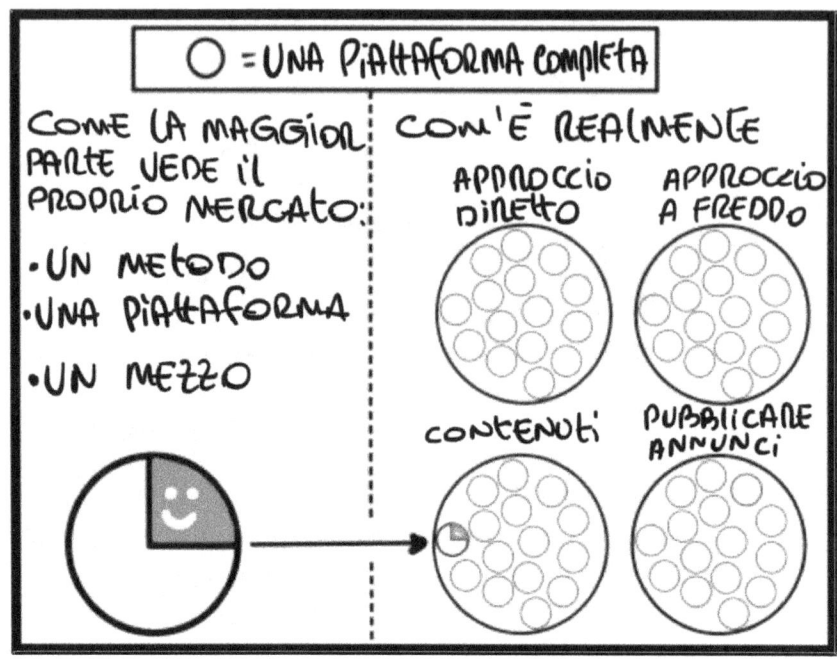

La Falsità della Dimensione della Torta. Una piccola azienda utilizza uno dei quattro elementi principali, su una piattaforma, in un modo specifico, con un pubblico molto mirato. E nello *stesso* spazio, facendo pubblicità allo *stesso* modo, ci sono solo poche altre aziende concorrenti.

Pensano erroneamente che la <u>minuscola</u> fetta dell'universo a cui fanno pubblicità sia l'intero mercato disponibile! Ecco perché la maggior parte delle aziende rimane piccola. Quando raggiungono un plateau, pensano che non ci siano più leads da ottenere. Credono di essere diventati grandi quanto più possibile. Per molti, dire "sono arrivato al mio massimo" è molto più facile che dire "non sono bravo a fare pubblicità come pensavo". Questo falso argomento tiene gli imprenditori più poveri di quanto dovrebbero essere.

<u>Quando bisogna fare qualcosa di *nuovo*</u>: quando i rendimenti che ottieni da più↔meglio sono inferiori a quelli che potresti ottenere da un nuovo posizionamento o da un nuovo modo di fare pubblicità.

Ci sono molte altre opportunità di attenzione (e potenziali leads) *nel piccolo universo* del "*pubblicare contenuti*". Potrebbero aggiungere <u>nuovi posizionamenti</u> (visto che molte piattaforme offrono vari spazi e forme di contenuti). Ad esempio, su Instagram puoi creare storie, annunci su Messenger e post. Su YouTube puoi creare shorts, video lunghi, post nella community, ecc. Oppure, potrebbero aggiungere una <u>nuova piattaforma</u>. Passando da messenger di Instagram a messenger di Facebook. Passando da video brevi di YouTube a video brevi di Instagram (reels). E così via. E una volta esauriti quelli, potrebbero aggiungere una nuova attività dei <u>quattro elementi principali</u>.

E se sei curioso, l'ordine con cui scelgo il mio prossimo "nuovo" dipende da una sola cosa: cosa mi porterà più lead per la quantità di lavoro? Questa è la regola. E nove volte su dieci, va così:

Nuovi posizionamenti → Nuove piattaforme → Nuovo quartetto.

<u>In breve</u>: non importa come fai pubblicità, puoi farlo in modi nuovi (diversi stili di contenuto) o in nuovi posti (pensa ad altre piattaforme). Infine, fai una nuova attività dei quattro elementi principali. E, hai indovinato, ognuno di essi ci porta ciò che vogliamo: più lead.

Ora, questo è molto più difficile nella pratica, motivo per cui prima esauriamo "più-meglio". Ma ad un certo punto devi espanderti a nuovi posizionamenti, piattaforme e attività dei quattro elementi principali per far sapere a più persone della tua offerta.

Azione: esaurisci prima più-meglio. Una volta che non puoi fare più niente di meglio <u>(cioè quando i rendimenti sono inferiori rispetto a mettere lo stesso sforzo in una nuova piattaforma)</u>, prova qualcosa di *nuovo*. Usa questo ordine approssimativo: nuovo posizionamento, nuova piattaforma, nuova attività dei quattro elementi principali. Mettilo in pratica. Misura i risultati. E scala da lì usando più–meglio. Dopo di che, ripeti il ciclo.

Sommario di "Più Meglio Nuovo"

Innanzitutto, fai *molto di più* della pubblicità che funziona finché non "si rompe". Poi, *diventa evidente dove si verifica il calo successivo*. Quindi, mantieni quel livello di pubblicità mentre torni indietro, risolvi il vincolo e *migliora* la situazione. Quindi, in realtà, *meglio* e di *più* lavorano insieme più di quanto funzionino separatamente. La prima domanda che di solito mi faccio prima di investire in un'azienda che ha bisogno di acquisire più clienti è: "Cosa impedisce loro di fare dieci volte ciò che stanno facendo attualmente?" A volte, niente–

quindi facciamo solo *di più*. Altre volte abbiamo solo bisogno di *migliorare* qualcosa prima. Quindi rispondi a questa domanda e saprai cosa fare dopo.

Solo dopo aver esaurito più-meglio, i veri rendimenti provengono da ciò che è *nuovo*. Prima, vai con nuovi posizionamenti pubblicitari su una piattaforma che conosci. Secondo, vai con posizionamenti che conosci su una nuova piattaforma. Poi, una volta che hai preso la mano su quella nuova piattaforma, utilizza nuovi posizionamenti su di essa. Una volta esaurito quello, puoi aggiungere una nuova attività dei quattro elementi principali a quanto fai attualmente. Questo ti dà il mio semplice modo, *nel mondo reale*, di mettere i quattro elementi principali sotto steroidi per ottenere ancora più lead.

Conclusione

La **pubblicità** è il *processo di far conoscere*. È ciò che facciamo per far sapere agli sconosciuti delle cose che vendiamo. Ora, abbiamo risolto il problema delle "cose" con il tuo <u>lead magnet o offerta per i lead</u>. Ma per farli diventare lead ingaggiati, devi dir loro <u>qualcosa al riguardo</u>. Quindi, in questa sezione, abbiamo affrontato le uniche quattro modalità in cui una <u>singola persona</u> può fare pubblicità: far sapere agli altri le loro cose. E per farlo, scambiamo tempo, denaro o entrambi. E quando lo facciamo, possiamo fare pubblicità alle persone che ci conoscono (calde) o possiamo fare pubblicità agli sconosciuti (freddi). Possiamo fare pubblicità pubblicamente (contenuti/annunci) o privatamente (outreach).

Per quanto riguarda cosa fare e quando? Ogni volta che costruisco un'azienda, penso in questo modo: dopo aver fatto un approccio a "caldo" per ottenere il mio gruppo di clienti–se ho più tempo che denaro, passo a pubblicare contenuti. Se ho più denaro che tempo, vado con l'approccio a freddo o con gli annunci pubblicitari.

Ma ricorda, devi fare solo <u>una</u> cosa per ottenere leads ingaggiati. Quindi, scegline solo <u>uno</u>. Poi, *massimizzalo*. Fallo maggiormente. Fallo meglio. Fallo nuovo. E, tutti i metodi pubblicitari si sommano. I soldi, i sistemi e l'esperienza che hai guadagnato dal metodo precedente ti aiuteranno a padroneggiare il successivo. Un'azienda che pubblica contenuti gratuiti e fa annunci pubblicitari otterrà di più dai propri annunci *e* dal proprio contenuto rispetto ad un'azienda che fa solo una delle due cose. Un'azienda che fa approcci a freddo *e* crea contenuti otterrà di più dal proprio approccio a freddo e lavorerà meglio con i lead caldi rispetto a chi ne fa solo uno. Ogni combinazione delle attività pubblicitarie dei quattro elementi principali si rafforza in qualche modo.

E come nota personale, ho fatto tutto. Ho costruito la mia prima azienda pubblicando contenuti e facendo outreach caldi. Ho costruito le mie palestre con contenuti gratuiti e annunci pubblicitari a pagamento. Ho costruito Gym Launch con annunci pubblicitari e approcci a freddo. Ho costruito Prestige Labs con affiliati (di cui parleremo nella Sezione IV). Ho costruito ALAN con annunci pubblicitari e affiliati (anche loro nella Sezione IV). Ho costruito Acquisition.com pubblicando contenuti. Ci sono molti modi per ottenere leads ingaggiati. Se ne padroneggi uno, sarai in grado di mantenerlo per il resto della tua vita. *Funzionano tutti se lo fai.*

Il prossimo passo

Se segui i passaggi in questo libro, esaurirai le ore del giorno. Non sarai in grado di fare di più, di fare meglio... figuriamoci aggiungere qualcosa di nuovo! Quindi avrai bisogno di aiuto nel tuo viaggio verso la terra dei leads infiniti. Avrai bisogno di alleati. Questi alleati si presentano in quattro diversi modi. E poiché ce ne sono di più di te, sono la chiave per arrivarci. Quindi andiamo a prenderli.

> REGALO GRATUITO: Formazione Bonus - Più, Meglio, Nuovo
>
> Questo è uno dei miei argomenti preferiti riguardo alla scalabilità delle imprese. I CEO del nostro portafoglio citano questo come uno dei framework più impattanti che ho condiviso con loro. Se vuoi vedere una versione video in cui spiego questo concetto. Puoi trovarla qui gratuitamente, come sempre: Acquisition.com/training/leads. E come sempre, puoi anche scansionare il codice QR qui sotto se non vuoi digitare.

Sezione IV : Ottieni Chi ti Porta Leads

Ottieni persone che ti portano più lead.

"Dammi una leva abbastanza lunga ed un punto di appoggio su cui piazzarla, e sposterò il Mond" - Archimede

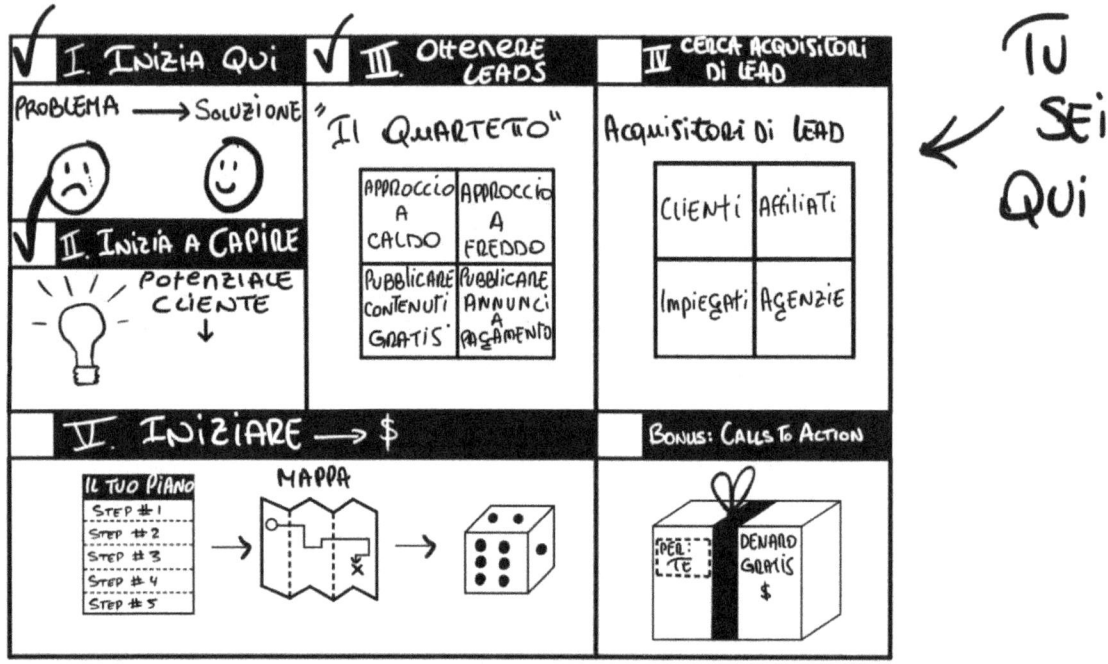

Costruire una macchina da 100 milioni di lead si tratta di leva

Una vecchietta può sollevare un camion con una leva abbastanza lunga. L'uomo più forte del mondo, senza una leva, *non può farlo*. La lunghezza della leva determina quanto una persona può sollevare. Questa è la leva. Possiamo usare il principio della leva nella pubblicità. Lascia che te lo spieghi:

Qualcuno con Internet può inviare un messaggio a milioni di persone contemporaneamente. Qualcuno che scrive cartoline a mano *non può farlo*. Internet ci consente di raggiungere più persone nello stesso tempo impiegato. Quindi, è una leva più alta.

Questo significa che la leva si riduce a quanto otteniamo per il tempo impiegato per ottenerlo. Quindi vogliamo utilizzare attività ad alta leva per ottenere ciò che vogliamo. Più cose che vogliamo. Meno tempo per ottenerle. Bene.

E vogliamo *lead*. *Molti leads*.

> **Suggerimento Professionale: Non Confondere la Leva con la Velocità**
>
> Una persona può muoversi solo così velocemente. Una persona che ti precede di 1000 volte non si muove 1000 volte più velocemente. *Non può*. Sta facendo cose diverse. Quindi il futuro che sembra così lontano, con la leva, è più vicino di quanto pensi.

Chi ti Porta Leads ti dà Leva

Alex Hormozi ✓
@AlexHormozi

Solo due tipi di persone possono far sapere agli sconosciuti cosa vendi:

1. Tu
2. Altre persone

E loro sono più di te.

Le persone possono venire a conoscenza delle cose che vendiamo da due fonti. *Possiamo* farlo sapere usando i quattro elementi principali. Oppure, *altre persone* possono farlo sapere usando i quattro elementi principali. Chiamo queste altre persone chi ti **porta leads**. Quando altre persone lo fanno per noi, risparmiamo tempo. Quindi otteniamo più leads ingaggiati con meno lavoro. Leva, amico mio.

183

Immagina Quattro Scenari:

Scenario #1: <u>Sei</u> **il procuratore di leads**. Fai i quattro elementi fondamentali tutto il giorno, tutti i giorni da solo. Ottieni abbastanza lead per coprire le spese.

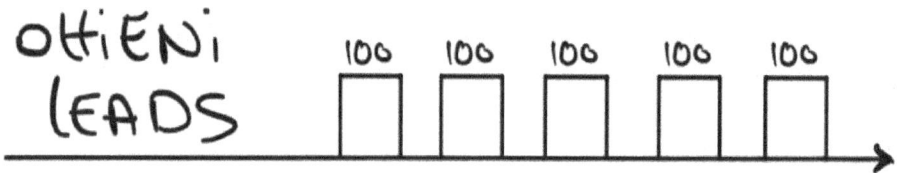

Lavoro: ALTO Leads: BASSI Leva: BASSA.

Scenario #2: <u>Ottieni</u> **un procuratore di leads**. Fai ottenere a un procuratore di leads i quattro elementi fondamentali per conto tuo. Ora, il procuratore di leads porta abbastanza leads per coprire le spese senza dover fare pubblicità. Lavori meno rispetto allo scenario #1 ed ottieni lo stesso numero di leads.

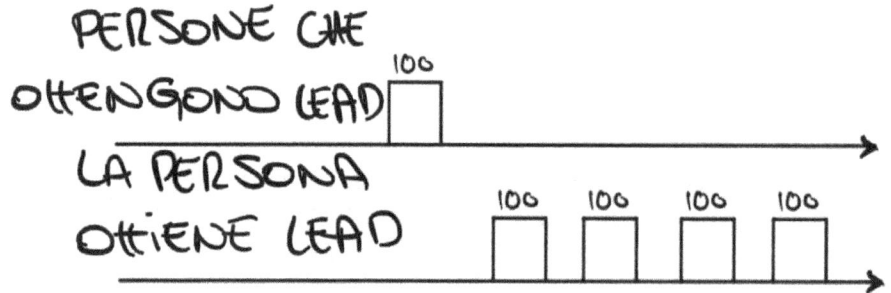

Lavoro: BASSO. Leads: BASSI. Leva: ALTA.

Scenario #3: Ottieni molti procuratori di leads. Passi tutto il tuo tempo a ottenere altri procuratori di leads. I tuoi leads aumentano ogni volta che ne ottieni un altro. Lavori tutto il giorno tutti i giorni, ma ottieni molti più leads rispetto a quando eri solo tu. Lavori più dello scenario #2, ma *ottieni* molti più leads.

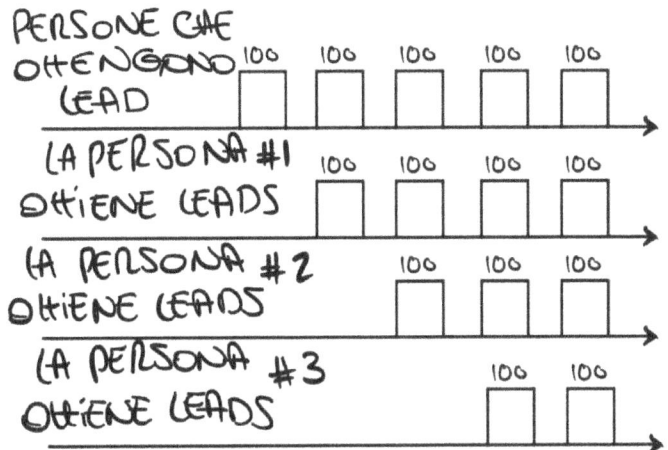

Lavoro: ALTO. Leads: ALTI. Leva: PIÙ ALTA

Scenario #4: Ottieni un procuratore di leads che ottiene procuratori di leads. Recluti qualcuno che recluta altre persone per pubblicizzare in tuo nome. Ottengono più procuratori di leads ogni mese. Devi lavorare solo per ottenere il primo procuratore di leads *una volta*, ma i suoi leads continuano a crescere senza che tu lavori. Lavori meno dello scenario #3 e ottieni più leads ogni mese.

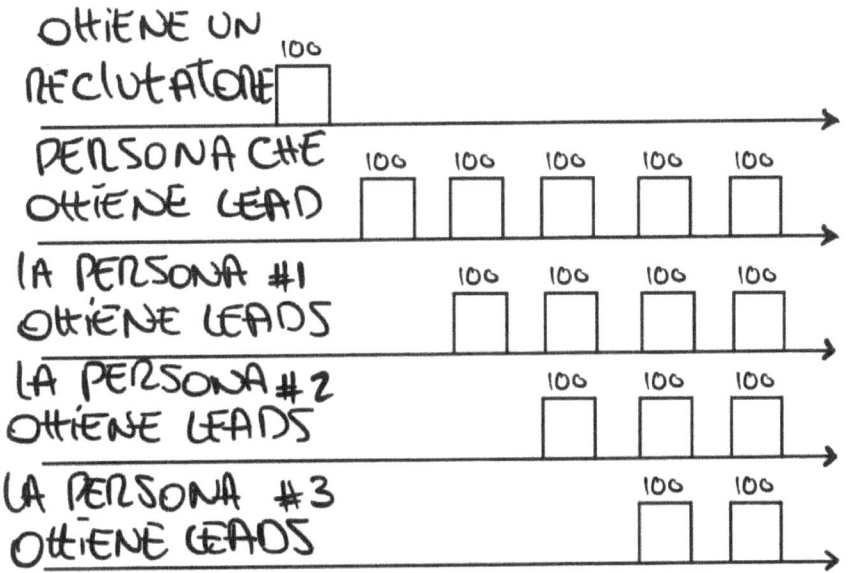

Lavoro: BASSO. Leads: ALTI. Leva: ALTISSIMA.

Ora hai gli elementi di una macchina da *leads da $100 milioni.*

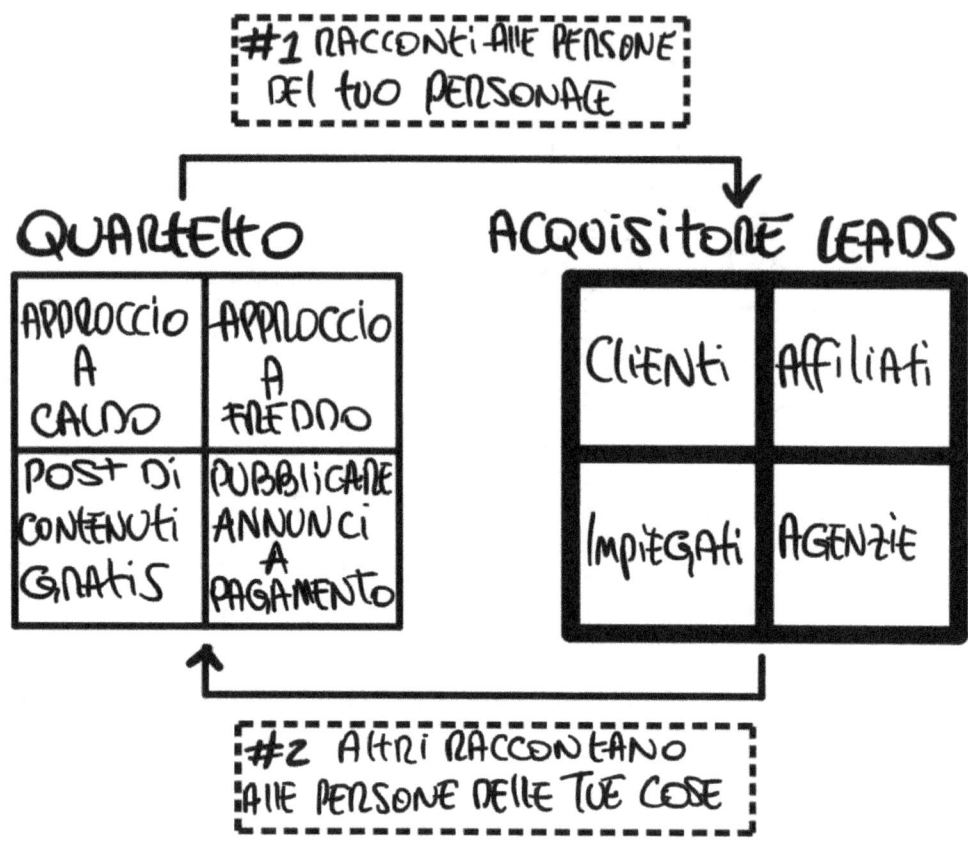

Struttura della Sezione "Procuratori di leads"

I procuratori di leads non fanno parte del "quartetto" perché non sono cose che fai. Non "fai" affiliati, né "fai" referenze dei clienti, né "fai" agenzie o "fai" dipendenti. *Ma devi fare i quattro elementi fondamentali per ottenerli.* Provengono da leads caldi, approcci a freddo, pubblicazione di contenuti e pubblicità a pagamento. E una volta che li ottieni, *lo* fanno per te.

Quindi i quattro elementi fondamentali si accumulano. Una volta per ottenerli e una seconda volta quando i procuratori di lead ottengono lead ingaggiati per conto tuo. Ma non è detto che debba finire lì. Anzi, non dovrebbe. Il processo si ripete. I procuratori di lead possono ottenere altri procuratori di lead! Quindi facciamo qualcosa una volta, poi i procuratori di lead possono farlo per sempre.

Ma aspetta, pensavo che questo libro trattasse di ottenere leads? Quindi sto cercando di ottenere leads? O voglio procuratori di leads? Risposta: Sì. I procuratori di leads iniziano come lead, poi si interessano alle cose che vendi e diventano leads ingaggiati come chiunque altro. La differenza è che fanno interessare altre persone alle cose che vendi anche a te! E idealmente, ogni lead diventa un procuratore di leads.

I capitoli seguenti spiegano in dettaglio *come ottenere altre persone che fanno pubblicità per te*. E se vuoi scalare fino a $100 milioni o più, devi capirli:

#1 Clienti: comprano le tue cose e poi raccontano ad altre persone di te per ottenere leads.

#2 Dipendenti: persone nella tua azienda che ottengono leads per te.

#3 Agenzie: aziende con servizi che ti portano leads.

#4 Affiliati: aziende che raccontano ai loro pubblici delle tue cose per ottenere leads.

*Tutti e quattro i modi per ottenere potenziali clienti permettono ad altre persone di conoscere i *tuoi* prodotti o servizi. In altre parole, tutti e quattro sono più efficaci di farlo da soli.

Una volta che hai capito i quattro procuratori di leads, puoi costruire una macchina per ottenere leads per ogni azienda che avvii per il resto della tua vita. Ti spiegherò come uso tutti e quattro i procuratori di leads. Come sono diversi. Come lavorare con loro. Quando usarli. Le migliori pratiche. E come misurare i tuoi progressi lungo il percorso. Alla fine di questa sezione, capirai come ottenere altre persone che ti portano più leads di quanto tu possa immaginare. E poiché utilizziamo già i quattro elementi fondamentali per ottenere clienti, iniziamo con qualcosa che possiamo fare subito: far si che quei clienti ne portino altri.

REGALO GRATUITO: Bonus Avanzato - Far Fare le Cose agli Altri per Te

Quello potrebbe essere stato uno dei miei capitoli preferiti del libro. Mi ci è voluto molto, molto tempo per capire come ricombinare tutto in un modello semplice. Se vuoi ancora più formazione su come far sì che altre persone ti procurino lead e su come ciò si applica alla scalabilità, vai su: Acquisition.com/training/leads. E come sempre, puoi anche scansionare il codice QR qui sotto se non vuoi digitare.

#1 Referenze dei Clienti - Il Passaparola

"La migliore fonte di nuovi clienti è il lavoro sulla tua scrivania." - Charlie Munger

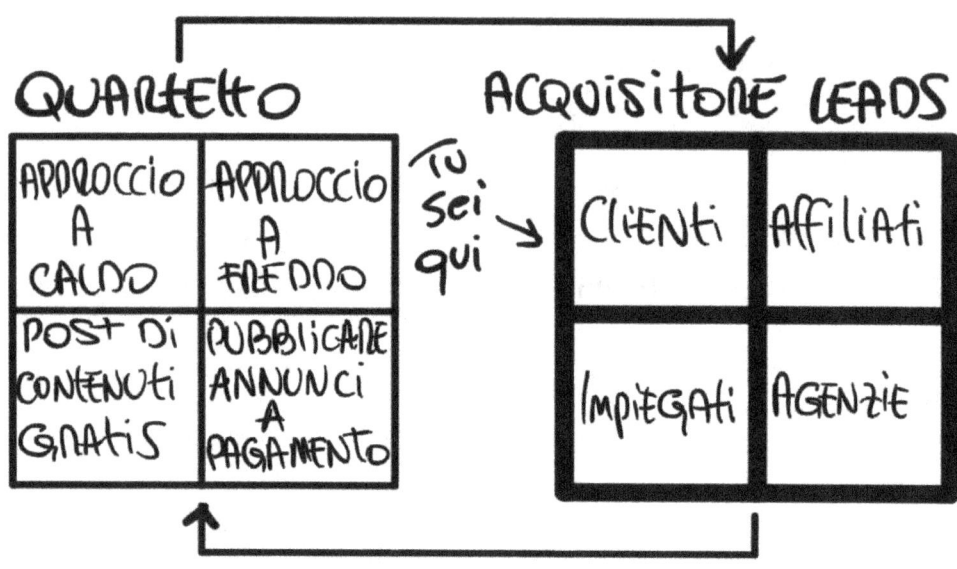

Ottobre 2019.

Leila ed io eravamo seduti sul divano del salotto dei suoi genitori, lo stesso su cui guardava i film da bambina. I bordi consumati del tavolino ci invitavano a poggiare i piedi. Tenevamo i portatili in equilibrio sulle cosce. Le prolunghe si attorcigliavano attorno al divano per raggiungere le prese lungo il corridoio. La sua matrigna faceva rumore in cucina. Non era affatto un ambiente di lavoro. Tuttavia, ci adattavamo.

Due anni prima, avevo perso tutto e avevo conosciuto i suoi genitori nello stesso *fine settimana...*

"Ehi papà, ho conosciuto questo ragazzo su internet. Ha perso tutto e non ha soldi. Ma non preoccuparti, ho lasciato il mio lavoro e sono andata a vivere con lui per aiutarlo con la sua prossima grande idea. A proposito, possiamo stare qui per un po'?"

... *Ottima* prima impressione, Alex.

Ma molte cose erano cambiate da allora. Ora eravamo milionari. Guadagnavamo abbastanza da poter comprare la casa d'infanzia di Leila in contanti. *Ogni settimana.*

Leila esaminava i rapporti dei capi dei nostri dipartimenti. Ah sì, ora avevamo anche dirigenti.

"Hey, i numeri delle vendite sembrano un po' deboli questa settimana", disse.

"Davvero? Quante ne abbiamo chiuse?"

"Quindici. E le vendite hanno cominciato a scendere anche la settimana scorsa. C'è qualcosa di diverso dal tuo lato?"

"Non lo so. Fammi controllare". Effettuai l'accesso al portale pubblicitario di Facebook. Sullo schermo apparivano notifiche rosse di rifiuto.

"Bene, questo spiega tutto", ho detto.

"Cosa? Cosa è successo?"

"Tutti gli annunci sono stati spenti".

"Mmhh... è un problema. Quando pensi di poterli riaccendere?"

"Ci vorranno uno o due giorni per avviare una nuova campagna".

Fissai lo schermo con uno sguardo ancora più preoccupato. *Facebook aveva respinto gli annunci due settimane fa.* Non me n'ero neanche reso conto.

"Quindi abbiamo chiuso 15 questa settimana e quanti la settimana scorsa?" chiesi.

"21".

"Bene, ho una buona notizia e una cattiva notizia".

"Ehm... Ok..."

"La cattiva notizia è... gli annunci sono stati spenti due settimane fa, quindi questo spiega il calo. La buona notizia è... il nostro prodotto è così buono che stiamo ancora facendo 500.000 dollari a settimana solo grazie al passaparola".

"Hai ignorato gli annunci per due settimane!?" Disse in tono inquisitivo.

Scrollai le spalle con un sorriso imbarazzato. "Mi ami ancora, vero?"
Scoppiammo a ridere per l'assurdità di tutto ciò.

Quei due anni erano stati incredibili. La quantità di denaro che stavamo guadagnando era inspiegabile. Non ci rendevamo conto dell'assurdità del nostro quotidiano. Eravamo solo grati di poterlo fare insieme, con tutti i nostri difetti. E quelle due settimane senza pubblicità ci ha fecero capire una cosa molto importante: *i nostri clienti stavano parlando ai loro amici di noi.*

Mi alzai sul palco, più di 700 proprietari di palestre erano presenti di fronte a me. Tutti avevano pagato 42.000 dollari per essere lì. Indossavano tutti magliette nere con la scritta "Gym Lord" e baffi autoadesivi. Era una cosa folle.

Ero a metà della presentazione, spiegando come un servizio eccellente generasse potenziali clienti attraverso il passaparola. Nel frattempo, ero ossessionato dal dubbio che i soldi che abbiamo guadagnato in due settimane senza fare pubblicità a pagamento fossero solo un colpo di fortuna. Sentendomi fiducioso, interruppi la presentazione. *Era ora di scoprirlo*:

"Va bene, solo per mostrarvi quanto sia importante, chi di voi ha scoperto Gym Launch da un altro proprietario di palestra? Alzate la mano".

Appena le parole uscirono dalla mia bocca, sentii un rimpianto instantaneo. *E se nessuno alza la mano? E se la nostra crescita fosse stata forzata? Sono un idiota.*

Guardavo in giro per la stanza con il braccio alzato come una scimmia. Nessuno si era fatto avanti *Oh no.*

Poi... alcuni proprietari di palestre alzarono le mani. *Mi aspettavo di più , ma non è così male.* Poi, altri. *Grazie al cielo.* Poi, altri ancora. Poi, un'ondata di mani. *Santo cielo.* La gente guardava ai lati e dietro di sé. *Era quasi tutta la stanza.* Lasciai che il momento si riversasse su tutti noi. Non lo dimenticherò mai. Sapevo che avevamo un buon passaparola, ma pensavo a questo punto.

"Questo" ho detto, "è il potere del passaparola".

***

So che non eri presente quando io e Leila ci siamo accorti che stavamo guadagnando oltre 500.000 dollari a settimana grazie al passaparola. So che non eri lì per vedere 30 milioni di clienti affermare che qualcuno li aveva indirizzati. La prima volta che ho compreso il potere delle referenze è stato per caso. Dopo aver visto quanto mi aveva fruttato, ho studiato cosa era andato bene. Volevo essere sicuro di poterlo ricreare intenzionalmente. Per trasferire questa abilità a te, devo trasmetterti le convinzioni che l'hanno creata. E queste esperienze hanno formato quelle convinzioni. *Ecco perché le condivido*.

La gente ha copiato le nostre offerte, gli annunci e i lead magnet. Hanno copiato le nostre landing page, le e-mail e gli script di vendita. Hanno copiato tutto ciò che potevano, ma lo hanno fatto con scarso successo. Pensano che sia una questione di "pubblicità", ed è vero. Ma la *migliore* pubblicità è un cliente felice. Un prodotto straordinario trasforma ogni cliente in un acquirente di lead.

Il mondo perde fiducia ogni secondo. Ogni giorno, sempre più clienti fanno le loro ricerche. Si armano di informazioni per prendere decisioni per acquistare. E fanno bene. Quindi, per giocare a livelli più alti, dobbiamo fare in modo che il nostro prodotto non solo consegna... *ma incanta*. I clienti devono ottenere così *tanto valore* da sentirsi costretti a raccontare agli altri di noi. La buona notizia è che, una volta che sai come farlo, è più facile di quanto pensi.

In questo capitolo, spiego come ottenere i leads più economici, più redditizi e di migliore qualità: le referenze.

Come Funzionano le Referenze

Una referenza si verifica quando qualcuno, un referente, indirizza un potenziale cliente alla tua attività. Chiunque può fare una referenza, ma le migliori provengono dai tuoi clienti. Di conseguenza, questo capitolo si concentra su come ottenere più referenze dai tuoi clienti.

Come le referenze Fanno Crescere la Tua Attività

Le referenze sono importanti perché fanno crescere il tuo business in due modi:

1. Valgono di più (maggiore LTGP). Le referenzeacquistano prodotti di fascia più alta e li comprano con maggiore frequenza. Tendono anche a pagare in contanti anticipatamente. Magnifico.

2. Costano meno (minore CAC). Se un cliente ti porta un altro cliente perché apprezza i tuoi prodotti, quel nuovo cliente non ti costa nulla. E i clienti acquisiti gratuitamente sono più economici di quelli a pagamento. Pertanto, clienti gratuiti = ottimo.

Ma cosa significa veramente tutto ciò? Guarda un po'... immagina se avessi un rapporto LTGP su CAC di 4 a 1. Significa che costa il venticinque per cento del tuo guadagno lordo per acquisirne un altro. Non male. *Ma ora immagina se ogni cliente ti portasse altri due clienti.* Avresti ora un rapporto LTGP su CAC di 12 a 1: useresti poco più dell'8,3% del tuo guadagno lordo per acquisire un nuovo cliente. Quindi ottieni tre clienti al prezzo di uno. Ora sì che parliamo. Evviva. Che affare! Inoltre, le referenze crescono in modo esponenziale. Lascia che ti spieghi.

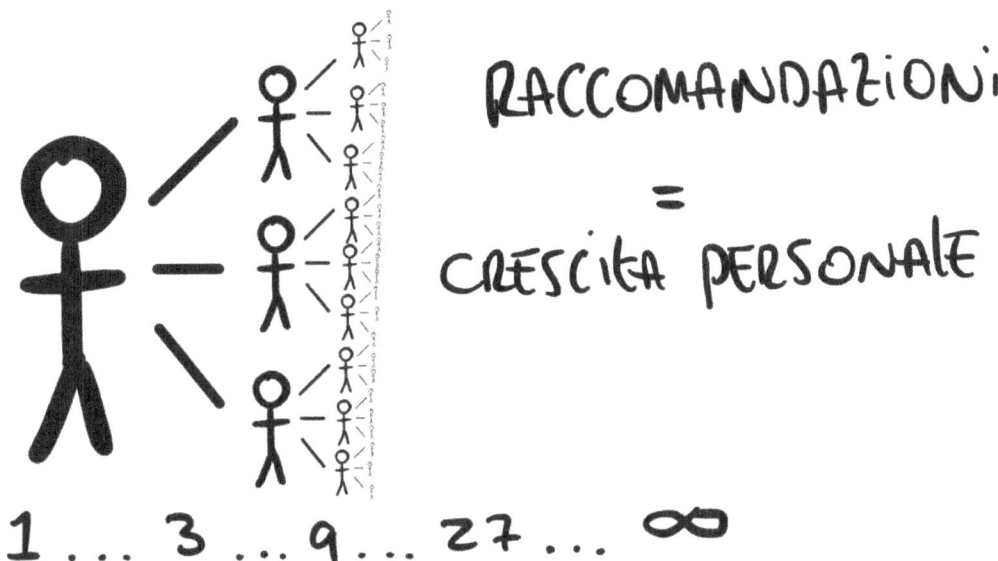

RACCOMANDAZIONI
=
CRESCITA PERSONALE

1 ... 3 ... 9 ... 27 ... ∞

Il numero di leads ingaggiati che ottieni dai quattro pilastri principali dipende da quanto li metti in pratica. Gli input e gli output hanno relazioni piuttosto lineari. Se fai 100 approcci, ottieni leads ingaggiati. Se raddoppi, i tuoi lead raddoppiano più o meno. Se spendi 100 dollari in pubblicità, ottieni leads ingaggiati. Se raddoppi, i tuoi lead raddoppiano in modo simile. Quindi, indipendentemente da quanto bene pubblicizzi, quanto ottieni dipende da quanto investi. E questo è ottimo. Ma con il passaparola, possiamo fare ancora meglio. Con il passaparola, un cliente ne porta due. Due ne portano quattro. Quattro ne portano otto. E così via. Non è lineare, è esponenziale.

Nulla si espande come il passaparola. Vuoi sapere perché così poche persone si espandono attraverso il passaparola? Perdono i clienti più velocemente di quanto ne guadagnano. Guarda l'equazione della crescita delle referenze per vederlo in azione. Referenze (in) meno clienti persi (out).

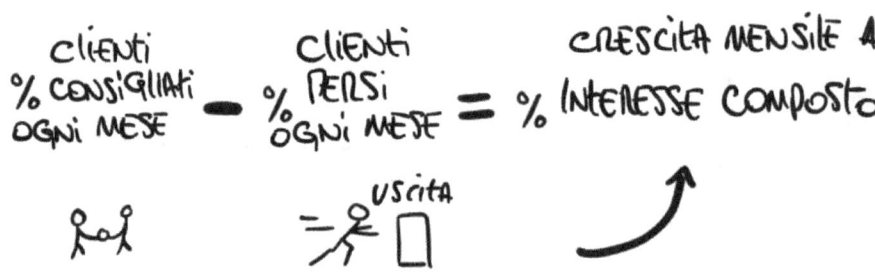

- Se le referenze sono maggiori dei clienti persi: cresci senza altre pubblicità (yay!)

- Se le referenze sono uguali ai clienti persi: hai bisogno di altre pubblicità per far crescere la tua attività (meh)

- Se le referenze sono inferiori ai clienti persi: devi pubblicizzare per pareggiare i conti (boo - la maggior parte delle persone)

Diventa ancora più pazzesca quando guardi le percentuali. Se la percentuale di referenti ogni mese è maggiore della percentuale di clienti che se ne vanno, la tua attività cresce ogni mese. Dovresti spendere quella quantità di denaro in più in pubblicità, fare quel numero in più di leads, o pubblicare quel tanto in più di contenuti solo per mantenere quella crescita. Alla fine, ti bloccherai. Ma con le referenze, puoi mantenere la crescita indipendentemente da *quanto sei grande*. È così che aziende come PayPal e Dropbox sono esplose in aziende da miliardi di dollari. Spiegherò nel dettaglio le loro strategie esatte più avanti nel capitolo.

D'altra parte, le piccole imprese faticano a malapena perché hanno quasi lo stesso numero di clienti che escono che di quelli che entrano. Un circolo vizioso. Ecco perché..

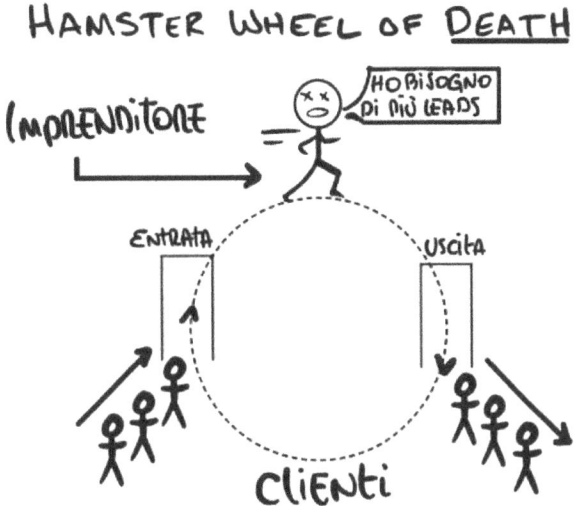

Due Motivi Per Cui la Maggior Parte delle Aziende Non Ottiene Referenze

La maggior parte delle aziende non ottiene referenti per due motivi. Primo, il loro prodotto non è così buono come pensano. Secondo, non li chiedono.

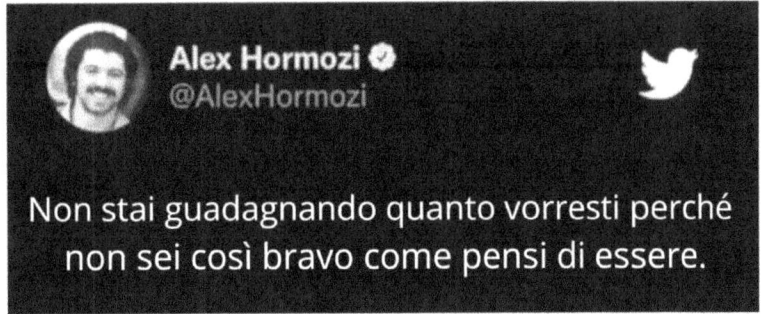

Problema #1: Il Prodotto Non è Abbastanza Buono

"Tutti amano le nostre cose, dobbiamo solo farlo sapere a tutti!" - dice ogni proprietario di una piccola impresa con un prodotto che non è così buono come pensa.

Mi tolgo per un attimo il cappello da bravo ragazzo. Se il tuo prodotto fosse davvero eccezionale, la gente ne parlerebbe già e avresti più clienti di quanti ne puoi gestire. Quindi, se vendi direttamente ai consumatori e non ti stanno portando nuovi clienti, significa che il tuo prodotto ha margini di miglioramento.

Mi chiedo spesso: "Perché i miei clienti si sentono imbarazzati a parlare del mio prodotto con tutti quelli che conoscono?" Può darsi che sia buono, ma è comunque insignificante, cioè - non degno di nota.

In realtà, la maggior parte delle cose per cui pago, fa abbastanza schifo. Il mio addetto alla piscina dimentica le cose metà delle volte. I miei giardinieri fanno un sacco di rumore nei momenti peggiori. Le mie domestiche mettono spesso i miei vestiti nell'armadio di mia moglie (forse è colpa mia per le magliette troppo piccole). E la lista continua.

I proprietari di attività si chiedono perché non ottengono referenze. La risposta è davanti a loro. *Semplicemente non sono abbastanza bravi.* Lascia che ti mostri come la penso io:

Il prezzo è ciò che addebiti. Il valore è ciò che ottengono. <u>La differenza tra prezzo e valore è il **buon rapporto**.</u>

Ciò significa che il prezzo non solo comunica il valore, ma è anche il modo in cui *giudichiamo* il valore. Gli smanettoni dell'economia lo chiamano 'surplus del cliente'. Ma io lo chiamo solo buon rapporto. Vuoi un buon rapporto. Il buon rapporto crea passaparola. Il passaparola significa referenti.

Ci sono due modi per costruire buon rapporto con i tuoi clienti. Puoi abbassare il prezzo o puoi dare più valore. Dopotutto, se abbassi abbastanza il prezzo del tuo prodotto, le persone farebbero la fila per ottenerlo. Ma probabilmente perderesti soldi. Quindi, abbassare il prezzo è, al massimo, una soluzione temporanea. Puoi abbassare il prezzo solo fino ad un certo punto per un certo periodo. E, come dice la leggenda del marketing Rory Sutherland, "*Qualsiasi sciocco può vendere qualcosa ad un prezzo più basso*".

Quindi, per costruire buon rapporto e ottenere referenti, la domanda non è come possiamo abbassare il nostro prezzo, ma come possiamo dare più valore?

Sei Modi Per Ottenere Più Referenti <u>Dando</u> Più Valore

Ci sono sei modi per ottenere referenti dando più valore. E coincidono anche con le parti di un annuncio. Molto interessante.

    1- Chiamate → Vendere Clienti Migliori

    2- Risultato Sognato → Impostare Migliori Aspettative

    3- Aumentare la Percepita Probabilità di Successo → Far Ottenere Risultati Migliori a Più Persone

    4- Ridurre il Ritardo Temporale → Ottenere Risultati Più Veloci

    5- Ridurre Sforzo e Sacrificio → Continuare a Migliorare le Tue Cose

    6- Chiamata all'Azione → Dire Loro Cosa Comprare Dopo

1. Chiamate → Vendere ai Clienti Migliori. Vogliamo vendere ai clienti migliori perché ottengono il massimo valore dai nostri prodotti. I clienti che ottengono il massimo valore hanno il massimo buon rapporto. E i clienti che hanno il massimo buon rapporto sono più propensi a fare referenze. Sì, è così semplice. Lasciate che vi dia un esempio reale:

Abbiamo una società del nostro portfolio che si occupava delle relazioni pubbliche per piccole imprese generiche. Avevano molte vendite, ma anche molta perdita di clienti. Quindi si sono fermati. Non sono cresciuti per anni.

Per vedere cosa potevamo fare, abbiamo esaminato i clienti con la più bassa perdita di clienti per vedere se avevano qualcosa in comune, e lo avevano. Erano tutti in una nicchia specifica e cercavano di raccogliere fondi dagli investitori. Quindi la soluzione sembrava ovvia: ottenerne di più! Ma il fondatore aveva una grande preoccupazione: questi clienti rappresentavano solo il quindici per cento della sua attività. Se avesse cambiato il suo targeting e fosse fallito, avrebbe perso l'ottantacinque per cento della sua attività(!). Ma l'attività non stava crescendo comunque. Una situazione difficile per qualsiasi imprenditore. Ma, dopo aver esaminato i dati molte volte, ha accettato di *cambiare gli avvisi pubblicitari per adattarli a questo pubblico più ristretto, la "scelta perfetta"*.

Il risultato: l'azienda ha superato il plateau. È cresciuta per la prima volta da anni ed è ora in procinto di aggiungere *milioni al mese*. Inoltre, il costo della pubblicità, una spesa enorme per la loro attività stagnante, è diminuito. Hanno ottenuto *potenziali clienti ancora più economici* perché potevano essere più specifici con il loro messaggio. Ma non solo, i potenziali clienti più economici hanno ottenuto ancora più valore dal prodotto perché *era fatto apposta per loro*. E quei clienti, avevano più buon rapporto con l'azienda, hanno iniziato a fare referenze con regolarità.

Ora tocca a te: *aumentare la qualità del potenziale cliente, significa aumentare la qualità del prodotto*. Scoprite cosa hanno in comune i vostri clienti più di successo. Usate queste somiglianze per mirare a un nuovo pubblico che ha la massima probabilità di ottenere il massimo valore. Quindi, vendete <u>solo</u> alle persone che soddisfano questi nuovi criteri. Preparatevi per costruire un buon rapporto. Più buon rapporto significa più referenze.

198

CREARE ASPETTATIVE MIGLIORI

PROMETTERE MENO E SUPERARE LE ASPETTATIVE PROMETTERE TROPPO E NON SUPERARE LE ASPETTATIVE

2. Risultato Sognato → Impostare Aspettative Migliori: il modo più veloce, più facile e più economico per rendere il vostro prodotto straordinario è renderlo migliore di quanto si aspettino. Ed è più facile di quanto si possa pensare, perché _siamo noi_ a stabilire le aspettative.

Suggerimento Professionale: Consigli per gli Appuntamenti

Nei primi appuntamenti, mi piace impostare le aspettative più basse possibile ammettendo tutti i miei difetti.

Dopo aver detto alla mia (ora) moglie tutti i miei difetti, ho scherzato - Da qui posso solo migliorare!

C'è mai stato un estraneo che ti ha detto che un nuovo film era fantastico? Poi vai a vederlo e pensi: "Non era così bello come mi aspettavo." Dall'altra parte, ti è mai capitato che qualcuno ti dicesse che un film era terribile e poi finissi per vederlo comunque e pensi: "Non era così male come mi aspettavo." Le nostre aspettative possono influenzare in modo _significativo_ l'esperienza stessa. Possiamo aumentare il buon rapporto abbassando le aspettative. Ci dà spazio per superarle.

All'inizio, ho promesso tutto e di più per convincere le persone a comprare.

Mantenere tali promesse si è rivelato un incubo. Quindi, ho cominciato a ridurre le promesse mantenendo comunque la qualità. Ciò mi ha dato più spazio per superare le aspettative, ed ho ottenuto un grande vantaggio: i referenti. Le aspettative dei clienti sono mutevoli. Ecco perché siamo noi a stabilire le aspettative per loro. E se fissiamo queste aspettative, allora possiamo superarle.

Ora tocca a te: Abbassa lentamente le promesse che fai quando fai offerte. Continua a ridurle fino a quando i tassi di chiusura diminuiscono. A quel punto, fermati. Questo massimizza il numero di clienti con cui puoi costruire un buon rapporto. E questo significa soprattutto più referenti.

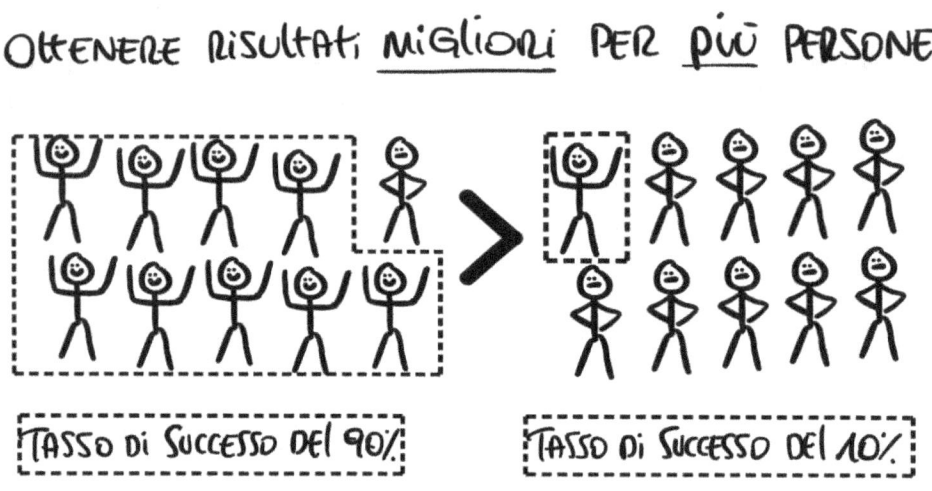

3.Aumentare la percezione della Probabilità di Successo → Far Ottenere Risultati Migliori a Più Persone:

I clienti con i migliori risultati ottengono il massimo valore dal vostro prodotto. Scoprire cosa fanno per ottenere il massimo valore può aiutare gli altri clienti a fare lo stesso. Due passi fa, per vendere ai clienti migliori, abbiamo scoperto chi _fossero_ i migliori. Quindi ora, per ottenere i migliori risultati di tutti, capiamo cosa _hanno fatto_ i migliori.

Lasciate che vi mostri come è stato con Gym Launch. Abbiamo iniziato tenendo traccia delle attività dei clienti. Il tempo impiegato per eseguire il primo annuncio pubblicitario a pagamento. Il tempo impiegato per effettuare la prima vendita. La partecipazione alle chiamate. E così via. Poi, abbiamo confrontato le attività dei nostri clienti medi _con quelle_ dei nostri _migliori_ clienti. Abbiamo scoperto qualcosa di enorme. Se un proprietario di palestra faceva pubblicità a pagamento e faceva una vendita nei primi sette giorni, il suo LTGP _triplicava_. Una volta che abbiamo capito questo, ci siamo concentrati sul far lanciare annunci e fare vendite nei primi sette giorni _a tutti_. I risultati dei nostri clienti medi sono schizzati alle stelle. Hanno seguito più clienti, ottenuto più testimonianze e ottenuto più referenti.

Ecco il processo che uso per far ottenere risultati migliori a più persone:

Passo #1: Sondare i clienti per individuare quelli che hanno ottenuto i migliori risultati.

Passo #2: Intervistarli per scoprire cosa hanno fatto di diverso.

Passo #3: Esaminare le *azioni* che avevano in comune.

Passo #4: Costringere i nuovi clienti a ripetere le azioni che hanno portato ai migliori risultati.

Passo #5: Misurare il miglioramento nei risultati medi dei clienti (velocità e risultato).

Passo #6: <u>Adattare le condizioni della tua garanzia alle azioni che producono i migliori risultati per incoraggiare più persone a seguirle.</u>

Suggerimento Professionale: Rendi le Attività di Successo le Condizioni della Tua Garanzia

<u>NON FARE QUESTO SE ODI I SOLDI E AIUTARE LE PERSONE</u>: Non appena inizi a ottenere risultati per i clienti, annota ciò che hanno fatto. Poi, inizia a garantire ai nuovi clienti quei risultati. Ma fallo a condizione che facciano *ciò che hanno fatto i migliori clienti*. La garanzia attira più persone. Le condizioni migliorano i loro risultati. Tu vinci. Anche loro vincono.

Ora tocca a te: Capire cosa hanno fatto le persone migliori. Poi fare in modo che tutti lo facciano. Basare le tue garanzie sulle azioni che generano il maggior successo. Più successo. Più buona volontà. Più raccomandazioni.

4. Ridurre il Ritardo Temporale → Ottenere Vittorie Più Velocemente: Definisco una "vittoria" qualsiasi esperienza positiva del cliente. Vittorie più rapide aumentano la loro percezione della velocità, aumentano la probabilità che rimangano e aumentano la fiducia in te. Tripla vittoria. Per far sentire le vittorie più rapide, forniamo loro vittorie più spesso.

Immaginiamo di avere un prodotto che impiega una settimana per essere consegnato. Il cliente può ottenere una vittoria alla fine di quella settimana o vincere ogni giorno con aggiornamenti quotidiani sul progresso. La stessa quantità di progresso, sette volte le vittorie. Inoltre, se qualcuno dicesse che accadranno sette cose e tutte e sette si verificano, ho ancora più fiducia in loro. Consigliarti ad un amico è ora un rischio inferiore poiché sono state fatte sette promesse e tutte e sette sono state mantenute.

Ecco cinque modi in cui faccio accadere le vittorie più velocemente:

1. Se devo consegnare sette piccole cose, le consegno a intervalli più brevi anziché tutte in una volta.

2. Gli aggiornamenti sono vittorie. Se si tratta di un progetto più grande, condivido aggiornamenti sul progresso il più frequentemente possibile. Non si può mai dare a qualcuno troppe buone notizie. E gli aggiornamenti regolari, progresso o meno, sono migliori del lasciare i clienti in attesa.

3. I clienti si formano un'impressione duratura di un'azienda entro le prime quarantotto ore dall'acquisto. Crea una buona impressione. Ottieni il maggior numero di successi possibile in quel periodo. Fissa molte aspettative. Raggiungi molte aspettative. Ripeti.

4. Devono sempre sapere quando sarà la prossima volta che li contatterai. Ho una frase efficace da un mio amico CEO: BAMFAM, Book-A-Meeting-From-A-Meeting (Prenota

un appuntamento da un appuntamento). Ancora una volta, non lasciare mai un cliente in sospeso. Devono sempre sapere cosa succederà... *dopo*.

5. Non aspettarti mai che i clienti ti perdonino. Mai. Quindi agisci di conseguenza. Ad esempio, puoi consegnare in anticipo, ma mai in ritardo. Aggiungo il cinquanta per cento ai miei tempi di consegna, così consegno sempre in anticipo. "Puntuale" per me significa: *in anticipo* per loro.

Ora tocca a te: Scomponi i risultati nei più piccoli incrementi possibili. Comunica il più spesso possibile (anche senza progressi, aggiorna i clienti). Stabilisci scadenze con un po' di margine. Consegna in anticipo. Più successi per i clienti portano a più buona volontà. E più buona volontà porta a più referenze.

VALORE CONTINUO

$.....$.....$.....$.....$.....

5. Ridurre Sforzo e Sacrificio → Continua a Migliorare il Tuo Prodotto: Se il cliente fa meno cose che detesta per beneficiare dal tuo prodotto, lo hai reso migliore. Se il cliente rinuncia a meno cose che ama per beneficiare dal tuo prodotto, lo hai reso migliore. E non esiste un prodotto perfetto. Puoi *sempre* migliorarlo. E più lo rendi facile per loro beneficiarne, più buona volontà ottieni e più è probabile che facciano referenze. Ecco il mio processo per continuare a migliorare il mio prodotto.

Passaggio #1: Utilizza i dati del servizio clienti, i sondaggi e le recensioni per individuare il problema più comune con il tuo prodotto.

Passaggio #2: Trova una soluzione. Per ottenere un vantaggio iniziale, raccogli feedback dai clienti che hanno fatto funzionare il tuo prodotto nonostante il problema che presenta.

Passaggio #3: Utilizza questi feedback per migliorare il tuo prodotto.

Passaggio #4: Fornisci la nuova versione ad un piccolo gruppo dei tuoi clienti (che stanno avendo difficoltà).

Passaggio #5: Ottieni un nuovo round di feedback. Se hai risolto il problema originale, distribuiscilo a tutti i clienti. Se non hai risolto il problema, torna al Passaggio #2

Passaggio #6: Passa al problema più comune successivo e ripeti il processo. Continua a farlo all'infinito.

Ora tocca a te: Continua a migliorare il tuo prodotto. Fai sondaggi. Apporta modifiche. Implementa. Misura. Ripeti. Io seguo questo processo ogni mese. Impostalo come un processo mensile ricorrente. Un prodotto che richiede meno sforzo e meno sacrifici significa più buona volontà. E più buona volontà significa più referenze.

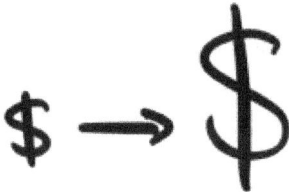

6. **CTA→ Dì loro cosa acquistare dopo:** Se hai un prodotto straordinario, vorranno di più. Devi soddisfare il loro desiderio di acquistare. Se non lo fai, acquisteranno comunque... *ma da qualcun altro.* Non permettere che ciò accada. Vendili di nuovo. Puoi vendergli una nuova cosa o di più di ciò che hanno appena acquistato. In entrambi i casi, otterrai ancora più buona volontà e prolungherai la vita del cliente. E inoltre, più cose possono comprare, più opportunità hanno di aggiungere ancora più valore. Più valore significa più buona volontà. E più buona volontà significa, hai indovinato, più referenze.

Ad esempio, in un'azienda di perdita di peso che conosciamo, molti clienti hanno indirizzato amici verso il loro prodotto di primo livello. Ma alcuni non lo hanno fatto. Molti di quei clienti che non hanno parlato del primo prodotto, quando hanno comprato qualcosa di più costoso, hanno poi consigliato quell'acquisto ai loro amici! Quindi devi continuare a vendere.

Secondo la mia esperienza, le persone si concentrano ossessivamente sulle loro offerte iniziali, il che è comprensibile. Tuttavia, trascurano il back end, *causando l'abbandono dei clienti.* E i clienti che abbandonano il tuo prodotto difficilmente lo raccomanderanno - quindi continua a venderglielo per evitare che accada.

Ora tocca a te: Tratta ogni cliente come se fosse la prima volta che lo hai venduto. Assicurati che la tua prossima offerta sia più convincente della prima. Ricorda loro di comprare di più dopo ogni grande successo. Più cose da acquistare significano più opportunità per aggiungere ancora più valore. Più valore significa più buona volontà. E più buona volontà significa, hai indovinato, più referenze.

La Domanda Suprema

Raggruppiamo questi sei passaggi in un unico esperimento mentale. Ti incoraggio a provarlo con il tuo team. Ecco qui:

Hai perso tutti i tuoi clienti tranne uno. Gli dèi della pubblicità ti vietano di fare i quattro pilastri fondamentali e stabiliscono:

   -Tutti i clienti devono provenire da questo unico cliente.

   -Violate i nostri termini e distruggeremo la vostra attività, e ogni altra attività che inizierete.

Una brutta situazione. Ma, la domanda rimane, come tratteresti questo cliente? Cosa faresti per rendere la sua esperienza così preziosa da spingere tutti i suoi amici a venire da te? Quali risultati avrebbero bisogno di ottenere? Quali sarebbero le loro prime esperienze? Che tipo di cliente sceglieresti? Riflettici. Scrivilo. *La tua azienda ne dipende.* Poi... *fallo* :)

Inizia ad agire come se gli dèi della pubblicità revocassero i tuoi privilegi dei quattro pilastri fondamentali in qualsiasi momento. Presto vedrai che non hai altra scelta che iniziare ad aggiungere più valore per ottenere più referenze dai clienti.

Ora che abbiamo parlato di questo argomento. Vuoi sapere come ottenere ancora *più* referenze? → Chiedile.

Referenze: Chiedile

Sai perché le aziende hanno così poche referenze rispetto a quanto potrebbero averne? Non le chiedono mai. I tuoi clienti, come qualsiasi altro pubblico, possono sapere cosa fare solo se lo dici loro.

Ora, ho provato *molte* strategie di referenza. La maggior parte è fallita. E ho lottato finché non ho avuto questa "soluzione": chiedere referenze funziona solo quando lo si tratta come un'offerta. *Le referenze arrivano quando mostri il valore che il cliente ottiene quando riferisce ai suoi amici*. Lascia che io ti dia due brevi casi studio per mostrarti il potere di chiedere referenze:

<u>Caso studio #1</u>: Dropbox ha fornito spazio di archiviazione gratuito ai clienti *e* spazio di archiviazione gratuito agli amici che avevano referenziato. Il programma di referenza è diventato virale ed hanno aumentato il loro business <u>di 39 volte in quindici mesi</u>.

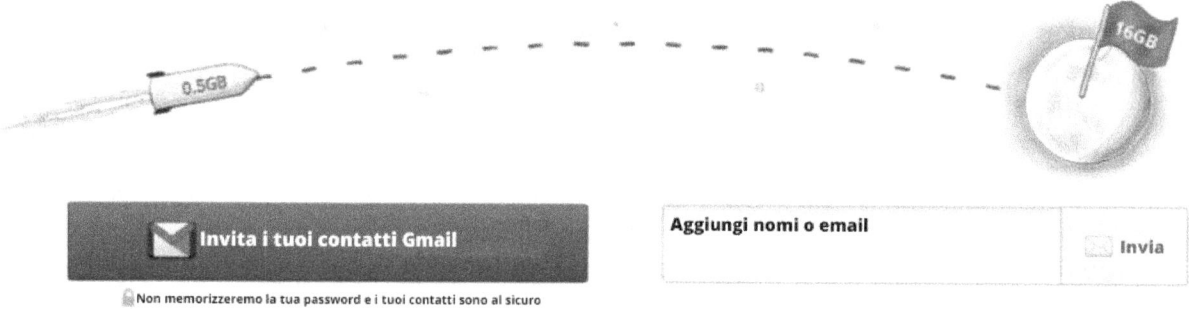

"Ottieni fino a 16 GB di spazio gratuito invitando i tuoi amici su Dropbox!"

"Per ogni amico che si unisce e installa Dropbox sul suo computer, ti regaleremo a entrambi 500 MB di spazio bonus (fino a un limite di 16 GB)! Se hai bisogno di ancora più spazio, aggiorna il tuo account."

Invita i tuoi contatti Gmail

Aggiungi nomi o email · Invia

Non memorizzeremo la tua password e i tuoi contatti sono al sicuro

<u>Caso studio #2</u>: Paypal ha dato $10 di credito ai clienti *e* $10 agli amici che avevano referenziato. In due anni, il programma li ha aiutati a raggiungere un milione di utenti e sei anni dopo hanno raggiunto 100 milioni di utenti. Lo usano ancora oggi.

Quindi, come possiamo sfruttare la stessa crescita virale nelle nostre piccole imprese? Facciamo ciò che hanno fatto loro. Lo chiediamo.

Sette Modi di *Chiedere* Referenze

Ci sono tre componenti in un programma di referenze: come offrite l'incentivo, con cosa incentivare e come chiedere. Invece di darti cento varianti che potrebbero funzionare o meno, ecco le sette combinazioni che hanno funzionato meglio per me:

1) <u>Beneficio di Referenze Unilaterali</u>: Preferirei pagare i clienti piuttosto che una piattaforma. Paga il tuo costo medio per acquisire un cliente (CAC) al referente o all'amico. Rendi loro noto l'incentivo. Rendili consapevoli dell'incentivo

   Esempio: Immagina che costi $200 ottenere un nuovo cliente. Chiedi al cliente attuale di fare un'introduzione reale a tre vie ad un amico tramite chiamata, SMS o e-mail. Non solo nome e numero. Chiedi loro di farlo subito dopo l'acquisto... non aspettare. Poi, dagli assegno da $200 quando il loro amico si iscrive <u>OPPURE</u> dai al loro amico uno sconto di $200.

Esempio: Questo funziona molto bene per i coniugi perché entrambi praticamente il beneficio. Chiedi sempre del coniuge e offri uno sconto per il nucleo familiare.

2) <u>Benefici di Referenza Bilaterali</u>: Questo è ciò che Dropbox e PayPal hanno utilizzato. Paghiamo il nostro CAC ad entrambe le parti. La metà va al referente (in credito o contanti) e la metà va all'amico (in credito). In questo modo, *entrambi* ne beneficiano.

Esempio: Vendiamo programmi da $500. Il nostro costo per ottenere un cliente è di $200. Per ogni amico che qualcuno segnala, diamo loro $100 in contanti e diamo al loro amico uno sconto di $100 alla registrazione. Buono per un massimo di 3 amici. Questo ha funzionato molto bene per le mie attività locali.

Suggerimento Professionale: Gestisci i Tuoi Annunci a Pagamento Gratuitamente

Nelle nostre attività di servizio, otteniamo regolarmente un ulteriore 25-30% di iscrizioni come referenze, *se chiediamo una referenza proprio quando si iscrivono*. Quindi, se iscrivevamo 100 clienti per una promozione, di solito ne ottenevamo altri 25-30 da referenze. E poiché operiamo sempre sopra un rapporto di 3:1 tra LTGP:CAC (Profitto a Lungo Termine rispetto al Costo di Acquisizione del Cliente), il denaro proveniente dalle referenze spesso copriva il costo degli annunci (e anche di più). Bingo bango.

---

3) <u>Chiedi un Referenza Subito Dopo L'Acquisto</u>: Nel contratto di vendita o nella pagina di checkout, chiedi alcuni nomi e numeri di telefono delle *persone con cui vorrebbero farlo*. Mostra loro come *otterranno* risultati migliori quando lo fanno con un amico.

Esempio: Avevo un nuovo venditore che è entrato in una delle mie aziende del portfolio e ha distrutto tutti i record di vendita per un evento imminente. Non sapevamo cosa stesse succedendo. Quindi ho parlato al telefono con lui - *come fai a vendere più biglietti di tutti gli altri?* Ha alzato le spalle e ha detto: "Sto facendo la stessa cosa di tutti gli altri. Mi assicuro solo di chiedere loro chi altro vorrebbero che venisse con loro. Poi chiedigli di presentarmeli." <u>La metà</u> delle sue vendite erano referenze. Così semplice, <u>eppure nessuno lo fa</u>.

207

Esempio di scripting: Le persone che seguono il nostro programma con qualcun altro tendono ad ottenere risultati 3 volte migliori. Con chi altro potresti seguire questo programma?

Suggerimento professionale: Non "Se" ma "Chi"

Una volta che qualcuno diventa cliente, sii più diretto nella tua richiesta. Non chiedere *SE* conoscono qualcuno, chiedi *CHI* conoscono.

4) <u>Aggiungi Referenza Come Fiches di Negoziazione</u>: Inoltre, puoi chiedere <u>referenze</u> come modo per negoziare un prezzo più basso. In altre parole, se qualcuno vuole pagare $400 e il tuo prezzo è di $500, puoi concedere loro lo sconto in cambio dell'introduzione a tre amici. Puoi addebitare eticamente un prezzo diverso per la stessa cosa perché hai cambiato i termini della vendita.

Esempio: "Non posso fare niente a meno di $500 iniziali, ma se fai un'introduzione tramite SMS a tre dei tuoi amici proprio ora, sarei felice di togliere quella tassa iniziale."

Per affrontare la domanda che non hai fatto - se un cliente a prezzo pieno scopre che hai dato uno sconto a qualcun altro (cosa che mi è successa), ecco tutto quello che dici:

"Sì - Stacy ha ottenuto uno sconto di $100 perché ha segnalato tre amici. Sarò felice di darti $100 se tu mi segnali tre amici. A chi stai pensando?" Non lo faranno o ti segnaleranno tre amici. Vincere-vincere.

5) <u>Eventi di Referenze</u>: Dove le persone ottengono punti, crediti, dollari o anche solo diritti di vantarsi per aver portato amici entro un periodo di tempo esplicito. Gli eventi di riferimento di solito durano da una a quattro settimane. Ogni volta che fai uno di questi eventi, vendi a tutti i vantaggi di lavorare con gli altri. Utilizza alcune statistiche (interne o esterne) per mostrare alte percentuali di successo e il beneficio egoistico di portare amici. Io utilizzo nomi come:

Promozione "Porta un amico"

Promozione "Sfida tra coniugi"

Promozione "Compagno di responsabilità"

Promozione "Sfida tra allenatori" in cui crei squadre con i tuoi dipendenti e i tuoi clienti. Questo funziona bene nelle attività di coaching.

6) <u>Programmi di Referenze Continue</u>: Invece di eseguire una promozione di riferimento a durata limitata, parla sempre dei vantaggi di fare cose con gli altri. Pensa: nei tuoi contenuti gratuiti, nell'outreach, negli annunci a pagamento, ecc. Dopo che un amico ha fatto questo, ha visto un aumento del 33% nelle registrazioni *totali*. Per contestualizzare, aveva 1.000.000 di clienti che acquistavano biglietti per il suo evento virtuale e 250.000 di loro erano referenze... queste cose funzionano.

7) <u>Bonus di Referenze Sbloccabili</u>: Crea bonus per le persone che 1) fanno referenze e 2) lasciano una testimonianza. Alcuni esempi: Sblocca bonus VIP, corsi, token, status, formazione, merchandise, livelli di servizio, supporto premium, ore aggiuntive di servizio, ecc.

I bonus di riferimento sbloccabili funzionano bene se non ti piace pagare in contanti. I bonus possono essere anche per *entrambe* le parti, se preferisci (dato che ti costano meno del denaro). Visita la sezione sui lead magnet per avere ulteriori ispirazioni. Come sempre, più rendi l'offerta pazzesca, più persone faranno referenze. Se vuoi che facciano referenze, rendilo così vantaggioso che sarebbero stupidi a non farlo.

Sei Limitato Solo dalla tua Creatività.

Ecco come appare la combinazione di alcune delle strategie sopra in una promozione di riferimento eccezionale.

Regala a tutti una carta regalo per un terzo del costo del loro programma. Digli che possono darla ad un loro amico se si iscrivono con loro. Alla carta regalo dai una data di scadenza entro sette o quattordici giorni dalla data in cui la consegni a loro → li costringerà ad usarla. Ciò conferisce al riferente uno status quando la da al loro amico. Piuttosto che dire "unisciti al mio programma con uno sconto di $2000", dicono: "Ho questa carta regalo da $2000. La vuoi? Non voglio sprecarla." Viene considerata molto più importante sia per loro che per te.

Puoi comunque utilizzare l'introduzione a tre vie con questa tattica. Poi manda una foto della carta regalo. Punti bonus se scrivi il nome dell'amico su di essa prima di mandare la foto. La rende più personalizzata e ti da una ragione legittima per chiedere il nome del loro amico (occhiolino).

PS - Puoi anche vendere le carte regalo al novanta per cento di sconto come regali acquistabili (solo per gli amici dei clienti). Il referente sembra che abbia speso molti soldi e <u>tu guadagni per ottenere nuovi clienti</u>. A malapena posso pensare ad un modo migliore per guadagnare soldi. Di nuovo, l'unico limite è la tua creatività.

Suggerimento Professionale: Abbina ciò che Offri con ciò che Vendi.

Se non vuoi regalare denaro, prova ad abbinare l'incentivo per le referenze al prodotto principale che vendi. Ad esempio, se hai un'azienda di produzione di magliette, regalare magliette gratuite ha molto senso. Perché il tuo incentivo attirerà persone che vogliono effettivamente magliette. E sono più propensi a diventare clienti paganti. (Suggerimento: ecco perché la carta regalo funziona così bene). D'altra parte, se regali una fantastica maglietta in edizione limitata per la tua azienda di servizi IT, potrebbe o non potrebbe attirare persone interessate ai servizi IT. Quindi, prova ad abbinare ciò che offri con ciò che vendi.

Conclusione

Le referenze non sono un metodo pubblicitario che puoi "fare". Non è un trucco o un hack (anche se ne abbiamo imparati alcuni). *È un modo di fare affari.* E comincia da *te*.

Dopotutto, fare referenze è sempre un rischio per il cliente. Rischiano *il loro* favore con il loro amico *nella speranza* di ottenere di più mostrando loro qualcosa di interessante (il tuo prodotto). Quindi i clienti fanno referenze *solo* quando pensano che sia molto probabile che il loro amico avrà un'esperienza positiva. In altre parole, quando i benefici per loro personalmente superano il rischio di danneggiare il rapporto con il loro amico. Quindi aggiungiamo benefici per loro e per i loro amici con incentivi e riduciamo il rischio costruendo fiducia (mostrando che manteniamo le nostre promesse). E lo facciamo utilizzando i sei modi per dare ai tuoi clienti più valore. Ora, non fraintendermi, la creazione di fiducia fa un lavoro fantastico nell'ottenere referenze da sola. Ma se siamo intelligenti, cosa che siamo, capitalizziamo su quella fiducia, in modo da ottenere ancora più referenze, utilizzando i sette modi per chiederli. Uff!

Quindi dai più di quanto ricevi e non avrai mai più fame. *È così che trattiamo i nostri clienti.* Fai questo e puoi monetizzare la *fiducia* per sempre. Per mantenere questa prospettiva, mi ricordo sempre: *sono compensato domani per il valore che fornisco oggi.*

Ora tocca a te : Calcola le percentuali di referenze e le percentuali di chiusura per stabilire una base. Implementa i sei passaggi per dare valore e costruire fiducia. Quindi sfrutta quella fiducia, utilizzando uno o più dei sette modi per chiedere referenze.

Ora tocca a te …

Ora dobbiamo capire come fare crescere un team. Sembra che dovremo chiamare i potenziali membri del team, mostrare loro il valore di unirsi al team e quindi chiedere loro di unirsi. Aspetta… sembra familiare. Ma sul serio, se vuoi davvero una macchina da $100 milioni di lead, allaccia la cintura. Il capitolo più prezioso del libro sta per iniziare - *i dipendenti.* Davvero, questo non è un capitolo noioso, e ne avrai bisogno se vuoi fare *grandi guadagni.*

REGALO GRATUITO: BONUS - Frenesia di Referenze dei Clienti

Se vuoi saperne di più sui modi per usare il metodo più vantaggioso e redditizio per ottenere clienti, ho creato una formazione proprio per te. Puoi ottenerla gratuitamente qui: **Acquisition.com/training/leads.** E come sempre, puoi anche scansionare il codice QR qui sotto se odi digitare.

#2 Dipendenti

"Se vuoi andare veloce, vai da solo. Se vuoi andare lontano, vai accompagnato" - Proverbio africano

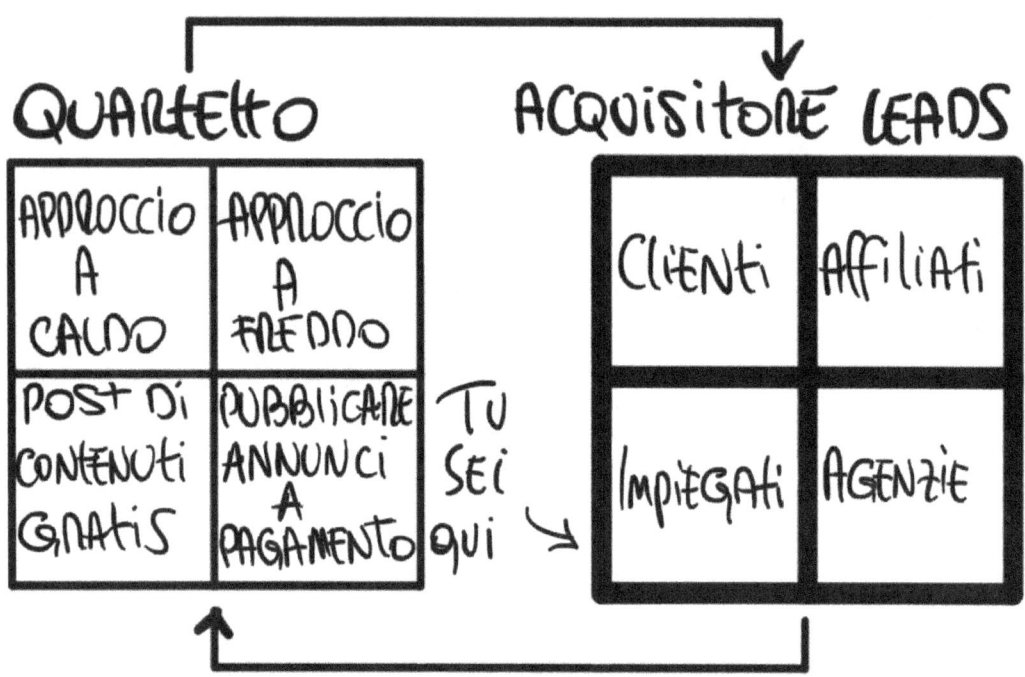

Giugno 2021

Il nuovo direttore delle vendite prese la parola: "So che siamo rimasti al di sotto del nostro obiettivo ancora una volta, ma non penso che abbiamo bisogno di cambiare nulla, lo raggiungeremo questo trimestre."

Gli sguardi scorrevano in giro per la stanza e guardavano in tutte le direzioni tranne che nella mia. Il silenzio durò abbastanza a lungo perché l'assistente esecutivo poté segnare l'argomento trattato e passare oltre. Non c'è da meravigliarsi se abbiamo mancato il nostro obiettivo di approccio iniziale a freddo per il secondo trimestre consecutivo... nessuno ha messo in discussione il fallimento. *E ora pensiamo che la terza volta sia quella buona?*

"Aspetta." dissi. Ora *tutti* guardavano nella mia direzione. "Vorrei sapere perché non l'abbiamo centrato per due trimestri consecutivi. So che sappiamo vendere, quindi se vogliamo fare più vendite con l'approccio a freddo, allora facciamo più approcci a freddo. Qual è il problema?"

"Perdiamo un venditore ogni quattro settimane." disse il direttore delle vendite. *Aha.*

"Ok... perché la nostra rotazione è così alta?"

"Mi chiedevo la stessa cosa, ma l'HR dice che in realtà siamo al di sotto della media del settore per il turnover in questa posizione." continuò, "Ma, nel momento in cui ne assumiamo uno e lo formiamo, un altro se ne va."

Vidi il direttore delle risorse umane annuire in accordo. *Mi stavo avvicinando.*

"OK, quindi il problema è l'assunzione." dissi. "Allora, com'è la situazione dell'assunzione?"

"Assumiamo uno su quattro dei candidati che HR ci propone."

"Quindi se ne vanno tanto velocemente quanto li assumiamo, e ne assumi uno su quattro, significa che ne assumi uno a settimana?"

"Sì, più o meno"

"Capito." Ora guardai l'HR , "Com'è la situazione dei colloqui di selezione?"

"Otteniamo un candidato qualificato ogni dieci colloqui di selezione, più o meno." disse lei.

"Quindi ci vogliono *quaranta* colloqui per ottenere un singolo lavoratore di base, con competenze basse?"

"Mi sa di sì." Bingo.

"Va bene, dobbiamo cambiare qualcosa." dissi. "Siamo bloccati nella selezione uno su uno. Iniziamo a fare colloqui di gruppo e cerchiamo persone eccentriche li. Spingete tutti gli altri con una buona etica del lavoro e competenze sociali di base verso le vendite. Possiamo insegnare il resto. Concordate?" La squadra annuì.

Entro sei settimane, l'assunzione superò la rotazione. Le nostre vendite con approcci a freddo aumentarono di pari passo. Alla fine del trimestre, le vendite con approcci a freddo erano raddoppiate e costituivano più della metà delle nostre vendite totali.

Il problema non era il nostro metodo di approccio a freddo, le competenze o l'offerta. Semplicemente avevamo troppe poche persone che *facevano* approcci a freddo.

***

Se utilizzi i metodi di questo libro, vedrai un flusso di potenziali leads più ingaggiati ad entrare nella tua attività. Più leads ingaggiati significa più clienti. Ma man mano che cresci, cresce anche il tuo carico di lavoro. Con il tempo, richiederà più lavoro di quanto una singola persona possa gestire. E puoi risolvere il problema del troppo lavoro per una sola persona *facendo lavorare più persone*. In breve, per fare più pubblicità, avrai bisogno di più lavoratori. E questo capitolo ti mostrerà come funzionano i dipendenti, perché ti rendono ricco, come ottenerli e il metodo che uso per trasformarli in lead-getters.

Come Funzionano i Dipendenti

I Lead-getting sono persone che lavorano nella tua azienda e che addestri a procurarti leads. Te li procurano esattamente nello stesso modo in cui hai ottenuto i tuoi leads iniziali. Possono gestire annunci, creare e pubblicare contenuti e fare attività di approccio. Possono fare qualsiasi tipo di pubblicità che *li addestri a fare*. Quindi, più dipendenti che ottengono leads significa più leads ingaggiati per la tua azienda. Significa anche meno lavoro che *devi* fare per ottenerli. Più leads e meno lavoro? Subito! Ma aspetta... non così in fretta…

Non fraintendermi, i *dipendenti richiedono lavoro*. Richiedono semplicemente meno tempo e meno lavoro rispetto al fare tutto da soli. Nella mia esperienza, se scambi quaranta ore di lavoro per quattro ore di gestione, lavori trentasei ore in meno. Fantastico. E la cosa migliore è che puoi fare questo scambio più e più volte. Puoi scambiare 200 ore di lavoro a settimana per venti ore di gestione. Quindi, scambi le venti ore di gestione per un manager, che ti costa quattro ore alla settimana per gestire le tue cose. Ciò che rimane è quattro ore di lavoro per 200 ore di acquisizione di leads. Boom.

Riassunto: i dipendenti ti permettono di avere un'impresa completamente funzionante che cresce anche *senza di te*.

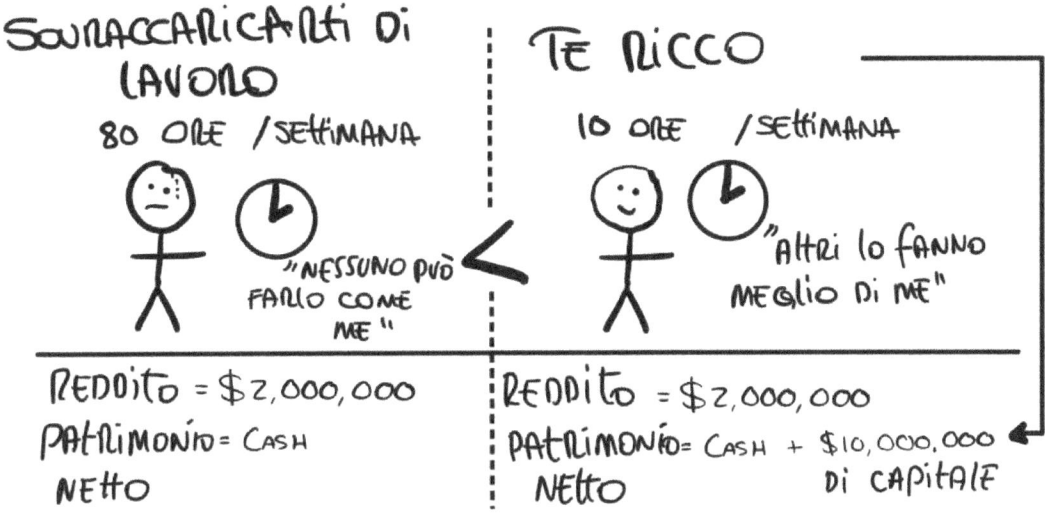

Per far funzionare la tua azienda senza di te, altre persone devono gestirla.

Scenario #1: Immagina di avere un'azienda che genera $5,000,000 all'anno di entrate e $2,000,000 di profitto. E, per ottenere quel profitto, devi lavorare giorno e notte. In questa situazione, hai praticamente un lavoro ben pagato. Ma diciamo che sei d'accordo a lavorare tutte le ore e a sapere che la tua azienda andrebbe in fumo se prendessi una vacanza. Le vacanze sono per i perdenti comunque (sto scherzando *colpo di tosse*...). C'è comunque un altro aspetto importante da considerare...

Certamente fai un po' di soldi, ma la tua azienda *non ha molto valore*. Se l'azienda guadagna soldi solo grazie a te, allora è un *investimento sbagliato per chiunque altro*. Questo potrebbe non sembrarti un grosso problema ora, ma consideriamo un'alternativa.

Scenario #2: La tua azienda genera le stesse $5,000,000 di entrate e $2,000,000 di profitto. Ma c'è una grande differenza: l'azienda funziona *senza di te*. Questo genera due cose molto interessanti. Primo, trasforma quello che era un lavoro rischioso in un asset prezioso. Secondo, ti rende *molto* più ricco. Ecco come:

Innanzitutto, recuperi il tuo tempo, così puoi utilizzarlo per investire nella tua attività, acquistare altre aziende o fare le tue dannate vacanze. In secondo luogo, diventi molto più ricco perché la tua azienda ora *vale qualcosa per qualcun altro*. Hai trasformato *un onere* che dipendeva da te in un *asset* su cui puoi contare.

Se possiedi un asset che genera milioni di dollari *senza di te,* significa che qualcun altro potrebbe usarlo per generare milioni di dollari *senza di loro*. In altre parole, la tua azienda è ora un *buon investimento*. Gli investitori che cercano asset, come Acquisition.com per esempio, potrebbero acquistarne una parte o la totalità da te. E il tuo profitto da $2,000,000 all'anno, soprattutto se sta crescendo, potrebbe facilmente valere $10,000,000+, *in questo momento*. Quindi la tua azienda è passata da avere un valore *quasi nullo* ad avere un valore di $10,000,000. Quindi, imparare come fare in modo che altre persone lo facciano al tuo posto fa una differenza di $10,000,000 al tuo patrimonio netto. Direi che vale la pena imparare come farlo.

Promemoria: *Non diventi ricco da ciò che fai. Diventi ricco da ciò che possiedi.* E mi ci sono voluti anni per capirlo perché ancora non molto tempo fa…

Tutto Quello Che Credevo di Sapere sui Dipendenti Era Sbagliato

Hai mai sentito dire…

Se vuoi che sia fatto bene, devi farlo tu stesso.

Nessuno può farlo come lo faccio io

Nessuno può sostituirmi.

Io l'ho fatto. Ho detto tutte quelle cose. Ho vissuto tutte quelle cose. Per anni, ogni volta che assumevo qualcuno, confrontavo ciò che potevano fare con ciò che potevo fare io. Nella mia testa, mi sembrava che fosse "io contro di loro". In qualche modo per dimostrare che ero io quello più "capace". Con la mia stessa squadra! E questa convinzione, questo modo di "guidare" le persone, non mi ha mai fatto guadagnare più soldi.

Per le aziende "nessuno può farlo tranne me" e "se vuoi che qualcosa venga fatto bene devi farla da solo" non sono detti veri… sono falsi. Qualcun altro ha fatto cose simili prima che tu arrivassi. E qualcuno continuerà a fare una qualche versione di esse dopo che te ne sarai andato. In un modo o nell'altro, *tutti* sono sostituibili. La mia proposta: sostituisciti appena puoi. Poi, puoi essere utile altrove. Molte altre persone hanno capito questo. E anche tu puoi farlo.

Nei primi giorni, ogni volta che iniziavo un'attività, potevo fare le cose meglio delle persone che assumevo. Tutto il mio personale finiva sempre per sembrare un gruppo eterogeneo di persone che sapevano *come fare una* delle tante cose che sapevo fare. Questo mi ha permesso di partire subito, ma sono caduto nella trappola di credere che fossi migliore di tutti gli altri. Andavo avanti e indietro tra il vantarmi perché ero migliore di loro e lamentarmi perché non erano bravi come me. E per chissà quale motivo, non mi era mai venuto in mente che *fossi io* quello che li aveva addestrati. Chi stavo prendendo in giro? La realtà era duplice: Primo, non avevo le competenze per formare o guidare una squadra in modo adeguato. In secondo luogo, ero troppo povero e poi (quando avevo un po' di denaro) ero troppo avaro per assumere qualcuno di migliore. In altre parole, ero _io_ il motivo per cui erano scarsi. Oops.

Più cercavo di battere i miei dipendenti, più diventavo distante e peggiorava la mia azienda. Certo, all'epoca, forse potevo fare meglio qualsiasi cosa rispetto a qualsiasi dei miei dipendenti. Ma... non potevo fare meglio di tutto ciò che facevano tutti i miei dipendenti insieme. E quando ho finalmente capito questo, ho cominciato ad adottare credenze migliori sul talento:

"Se vuoi che sia fatto bene, trova qualcuno che passi tutto il suo tempo a farlo."

"Se posso farlo, qualcun altro può farlo meglio."

"Tutti sono sostituibili, specialmente io."

Queste nuove credenze sul talento hanno non solo creato una cultura molto più sana nelle mie aziende, ma hanno anche portato effetti collaterali molto redditizi. Credere nei miei dipendenti per avere successo ha reso il _mio_ tempo e la mia attenzione molto _più_ preziosi. Se qualcun altro può farlo, perché dovrei farlo io? Se qualcun altro può formarli, perché dovrei farlo io? Se potessi imparare altre cose per far crescere l'azienda mentre il mio team difende la fortezza, ha _molto_ più senso farlo. Quindi facciamolo.

217

Come Ottenere Lead da Dipendenti: I Quattro Elementi Interni

Ricordi i quattro pilastri fondamentali? Beh, funzionano anche per attrarre dipendenti. Immagina! Cambiando il punto di vista da "far sapere ai potenziali clienti delle tue cose" a "far sapere ai potenziali dipendenti delle tue cose" diventa *immediatamente* qualcosa che già sai come fare. Ma alcune persone hanno anche il problema opposto sanno già come ottenere dipendenti abbastanza bene, ma faticano ancora ad ottenere clienti. *I dipendenti sono semplicemente altre persone a cui fai sapere delle tue cose.* Quindi fai la stessa cosa!

Allinea le azioni per ottenere dipendenti con le azioni per ottenere clienti.

Clienti → Dipendenti

Approccio a Caldo → Chiedere alla Tua Rete

Approccio a Freddo → Assunzioni

Contenuti Postati → Posizioni Aperte

Annunci a Pagamento → Posizioni Aperte

Referenze dei Clienti → Referenze dei Dipendenti

Affiliati →Associazioni, Gilde, ecc .

Agenzie →Agenzie di Personale,

Dipendenti → Dipendenti (invariato)

I modi in cui ottieni potenziali leads per i tuoi dipendenti hanno equivalenti nei modi in cui ottieni leads da clienti e i *loro* lead getter. Quindi quando hai bisogno di un nuovo talento, fai pubblicità per ottenerlo. E quando ne hai bisogno di più, fai di più. E come creare un processo affidabile per ottenere clienti, puoi anche creare un processo affidabile per ottenere dipendenti. E avrai bisogno di *entrambi* per scalare.

Come Ottenere dai Dipendenti Leads per Te

Ora assumi qualcuno che ti costa soldi ogni mese. Fantastico. Assicuriamoci di recuperarlo, e anche di più, il prima possibile.

Nota: alcune persone in cerca di lavoro potrebbero già sapere come ottenere potenziali leads. Queste persone sono fantastiche. Puoi anche aspettarti che costino di più. E se stai iniziando, potresti non poterti permettere di assumerle. Quindi, la tua opzione migliore è formarle. Fortunatamente, hai a disposizione un intero libro sul reperimento di potenziali clienti a portata di mano. Quindi il passo successivo è formare i tuoi dipendenti su come svolgere queste attività di acquisizione di potenziali clienti. Penso ed affronto effettivamente la formazione con questo modello mentale delle 3 D: documentare, dimostrare, duplica. Ecco come funziona.

Step Uno - Documenta. *Crei una checklist*. Sai già come fare. Ora devi solo scrivere i passaggi esattamente come li esegui. Puoi anche far sì che altre persone fidate ti osservino mentre lavori e documentino ciò che fai. Otterrai punti bonus se ti registri mentre svolgi l'attività in modi diversi e in momenti diversi. In questo modo, puoi osservarti come *spettatore* anziché interrompere il tuo flusso per prendere appunti mentre procedi. Una volta che hai inserito tutti i dettagli nella checklist, mettilo in pratica nel tuo prossimo blocco di lavoro e segui *solo* quei passaggi. Sei in grado di svolgere un lavoro eccellente *solo* seguendo *esattamente* le tue istruzioni? Se puoi, hai la <u>prima stesura</u> della tua checklist per il lavoro.

Step Due - Dimostra: <u>*Lo fai di fronte a loro*</u>. Proprio come i tuoi genitori ti hanno insegnato a legare le scarpe. Ti siedi e li guidi attraverso la checklist passo dopo passo. Ciò potrebbe richiedere un po' di tempo a seconda di quanti passaggi occorrono per completare l'attività. Se ti fermano o ti rallentano per capire qualcosa, aggiusta la tua checklist di conseguenza. Ora hai la <u>seconda stesura</u> pronta per essere provata da loro.

Step Tre - Duplica: <u>*Lo fanno di fronte a te*</u>. Ora è il loro turno. Seguono la stessa checklist che hai seguito tu. Eccetto che questa volta, sono loro a farlo e sei tu ad osservare. Vogliamo solo che *duplichino* ciò che abbiamo fatto. Quindi se l'elenco di controllo è corretto, l'esito sarà lo stesso. E se l'elenco di controllo è sbagliato, lo scoprirai rapidamente! Correggi la tua lista di controllo finché non è corretta. Poi, falla seguire finché non lo faranno bene. Ed una volta che lo acquisiscono, hai ora un vero acquisitore di lead nella tua squadra. Congratulazioni!

Suggerimento Professionale: Dai brevi periodi di prova alle persone per dimostrare se stesse.

La maggior parte dei lavori pubblicitari di livello base non sono complessi. Richiedono più determinazione che competenza. Se hai formato correttamente qualcuno e dopo tre settimane è ancora al di sotto delle aspettative, lascialo andare.

Dopo aver formato i tuoi primi dipendenti in questo modo, avrai risolto i problemi per quel lavoro e sarà abbastanza facile da lì in poi. Almeno per la parte della formazione. Pensa in questo modo, se scomparissi domani, uno sconosciuto potrebbe ottenere i risultati che ottieni seguendo solo la tua lista di controllo. Questo è il livello di chiarezza a cui puntare.

Alcune note utili sulla formazione:

- Un modo utile per affrontare questo stile di formazione è: *se sbagliano o si confondono, allora abbiamo sbagliato o reso la cosa confusa.* Se dobbiamo spiegare cosa significa un passaggio, allora il passaggio è troppo complicato. O, probabilmente, abbiamo cercato di mettere più passaggi in uno.

- Se sembrano capire solo dopo una spiegazione lunga o molteplici dimostrazioni, allora, ancora una volta, dobbiamo fare qualche lavoro. I proprietari di un'azienda che ignorano questo si imbattono in problemi cronici di formazione. E, un consiglio saggio, probabilmente puoi forzare un check list inferiore a funzionare, ma questo diventa un *incubo* quando qualcun altro prende in mano la tua check list.

- C'è una differenza tra competenza e performance. In altre parole, possono sapere esattamente cosa fare e *non essere ancora bravi a farlo.* In tal caso, le tue istruzioni vanno bene ed hanno solo bisogno di pratica. Usando un'analogia dal mondo del fitness, pensa a "lento, poi fluido, poi veloce". Non devi cambiare nulla, hanno solo bisogno di più ripetizioni.

- *Concentrati sulla capacità dei tuoi dipendenti di seguire le istruzioni più che sul risultato corretto.* Questo è molto importante perché se addestri i tuoi dipendenti a seguire le istruzioni, allora... seguiranno le istruzioni. E, se seguono le istruzioni ed ottengono il risultato sbagliato... *allora sai che sono le istruzioni.* Questo è buono. Hai molto più controllo su questo.

- Ogni volta che completano con successo un passaggio, *fagli sapere che lo hanno fatto bene.* E se rispondono al riconoscimento, lodali! E se commettono un errore, va bene anche così. A questo serve la formazione. Non prendere in mano le cose per loro quando sbagliano - semplicemente metti in pausa, fai un passo indietro e lascia che lo provino di nuovo. Cicli di feedback veloci per far imparare le persone più *rapidamente.*

- Se seguono le tue istruzioni *esattamente* ed ottengono un risultato sbagliato - lodali comunque per aver seguito le istruzioni. Lodali, e poi correggi la check list sul momento.

- Evita punizioni o penalizzazioni di qualsiasi tipo per fare le cose sbagliate durante la formazione. Come regola generale, premia le cose buone che vuoi che facciano e lo faranno. Imparare una nuova abilità è già abbastanza punitivo, non dobbiamo aggiungere altro.

- È difficile correggere più cose *quando non hai mai fatto qualcosa prima*. Fornisci feedback un passo alla volta. Dai un pezzo di feedback alla volta. Esercitati finché non lo fanno bene. Poi, passa al passo successivo.
- Ogni volta che c'è una grande diminuzione delle prestazioni normali, rifai la formazione al team. Hanno smesso di fare un passo importante nel processo (spesso perché non sapevano che fosse importante). Una volta che capisci il passo, premia le persone per averlo seguito in futuro.

Come Calcolare i Ritorni dei Dipendenti che Generano Lead

Escludendo il costo di eseguire annunci a pagamento, il costo della pubblicità (outreach, contenuti, ecc.) con i dipendenti è quasi interamente basato sulla quantità di denaro che paghi loro per farlo. Semplifichiamo tutto confrontando quanto denaro spendiamo in stipendi con quanto denaro portano i lead con cui interagiscono:

- Stipendio totale / Lead ingaggiati totali = Costo per lead ingaggiato.
  - Esempio: $100.000 / 1000 lead = $100 per lead ingaggiato
- Se uno su dieci dei lead ingaggiati diventa un cliente, allora il tuo CAC è di $1000
  - ($100 per lead ingaggiato) x (10 lead ingaggiati per cliente) = $1000 CAC
- Se ogni cliente ha un LTGP di $4000, allora hai un rapporto LTGP : CAC di 4:1
  - ($4000 LTGP) / ($1000 CAC) = 4:1

Ad esempio: al momento della scrittura, ottengo circa 30.000 lead ingaggiati al mese su Acquistion.com. Non eseguo annunci a pagamento e non faccio outreach. Ma il team responsabile della creazione dei contenuti che generano quell'interesse costa circa $100.000 al mese. Ciò significa che mi costa circa $3,33 per lead ingaggiato ($100.000 / 30.000 lead) in stipendi per generarli. Guadagniamo molto di più di $3,33 per lead, quindi siamo redditizi. Puoi applicare lo stesso calcolo al metodo pubblicitario che usi.

Come conoscere quali dipendenti focalizzare per massimizzare i ritorni

Come abbiamo imparato nella parte II di Esecuzione di Annunci Pagati, se il tuo costo per acquisire un cliente è entro 3 volte la media del settore, allora *stai facendo abbastanza bene*. Da lì, ti concentri nell'aumentare il tuo Lifetime Total Gross Profit (LTGP).

Se il tuo CAC è più di 3 volte la media del settore, allora hai un problema di vendite o un problema di pubblicità. Diagnostichiamo questo problema con una singola domanda:

Hanno i miei lead ingaggiati il problema che risolvo e i soldi da spendere?

- Se la risposta è no, allora non sono qualificati - è un problema di pubblicità.

- Se la risposta è sì, allora sono qualificati e:

    o Stanno comprando ma tu non ne hai abbastanza - problema di pubblicità.

    o Sono qualificati ma non stanno comprando - problema di vendite.

Non licenziare il tuo venditore se hai problemi di pubblicità. E allo stesso modo, non licenziare i tuoi dipendenti che gestiscono le pubblicità se hai un problema di vendite. Quella piccola domanda può aiutarti ad identificare su quali dipendenti focalizzarti.

Ma in sostanza, devi solo calcolare tutti i costi per acquisire un cliente. E finché questi sono almeno un terzo del profitto che ottieni durante il ciclo di vita del cliente, sei in buona posizione.

Conclusioni

L'obiettivo di questo capitolo era quello di *cambiare prospettiva*. È tuo compito pubblicizzare e vendere la visione della tua azienda. La pubblicizzi pubblicamente *e* privatamente, sia ai dipendenti che ai clienti. Questo è il lavoro. E una volta che diventi bravo, diventi imbattibile.

Dico questo perché credo che chiunque possa imparare a fare lavori "di base" per qualsiasi azienda - pubblicità o altro. Quindi chi scegli non è così importante come addestrare quelli che hai.

Come ho detto in tutto il libro e lo dirò di nuovo - non ci vuole un genio per pubblicizzare. Direi addirittura che ha fatto male. Abbiamo molte più volontà di ferro che cervelloni comunque. Ricorda, non si tratta di intelligenza, si tratta di coraggio. E sebbene alcune persone possano essere nate geni, *nessuno* nasce con una volontà di ferro (dopotutto, nasciamo tutti piagnucoloni). Tutto questo per dire che <u>avere coraggio è una competenza</u>. E questo significa che *chiunque* può avere il coraggio *se impara come farlo*. Quindi, se hai una volontà di ferro, e come imprenditore probabilmente ce l'hai, non ti ci vorrà molto per capire che l'hai ottenuta dalle tue esperienze di vita. Puoi passare queste esperienze come lezioni a chiunque sia abbastanza interessato da ascoltare. Poi potranno stare sulle tue spalle ed avere una migliore possibilità di successo nella vita.

E - in realtà non puoi davvero sapere nulla fino a quando non li addestri bene e dai loro una possibilità di successo sul campo. Inoltre, per lavori di basso livello, non avrai mai carenza di manodopera. Diventa esigente quando devi fare investimenti massicci "di alto livello" iper-specifici e a sei cifre. Ossia - "dipendenti di alto livello".

Trovo che in questa fase attuale, ci sia in realtà un uso migliore del tempo, assumere e formare chiunque sia *disposto*. Poi, <u>quando</u> trovi vincitori, e con questo metodo lo farai: trattali bene, non esaurirli e dai loro ciò che meritano.

Nel pianeta dei leads straripanti, avrai bisogno di alleati. I dipendenti sono tra i più potenti di questi alleati. Abbiamo parlato di come: ti arricchiscano, di come lavorano, di come ottenerli, di come far si che ti portino potenziali leads, come mantenerli ottenendo potenziali leads per te e come sapere di fare un buon lavoro E una volta che hai costruito un sistema per ottenere persone che ti portano leads, devi solo fare di più.

Nota dell'Autore: Una nota sui dipendenti di alto livello

Ho intenzionalmente omesso di trattare il reclutamento di dipendenti a livello direttivo e superiore perché puoi facilmente qualificarti per Acquisition.com senza di loro. E una volta che diventi una società del nostro portafoglio, lo facciamo noi per te.

Il Prossimo Lead Getter...

La prossima tappa del nostro viaggio pubblicitario ci porta alle agenzie. Sì, puoi pagare le persone per tagliare il percorso. Ho pagato miliardi di dollari alle agenzie e credo di aver finalmente scoperto il codice su come creare una vittoria per tutte le parti. Per noi, in modo che non dipendiamo da loro per sempre. Per loro, in modo che possano ottenere più profitto e fornire più valore ai loro clienti. Sono stati fondamentali per molte delle scoperte che ho fatto, quindi non vorrai perderti questo prossimo capitolo…

224

#3 Le Agenzie

"Tutto è in vendita"

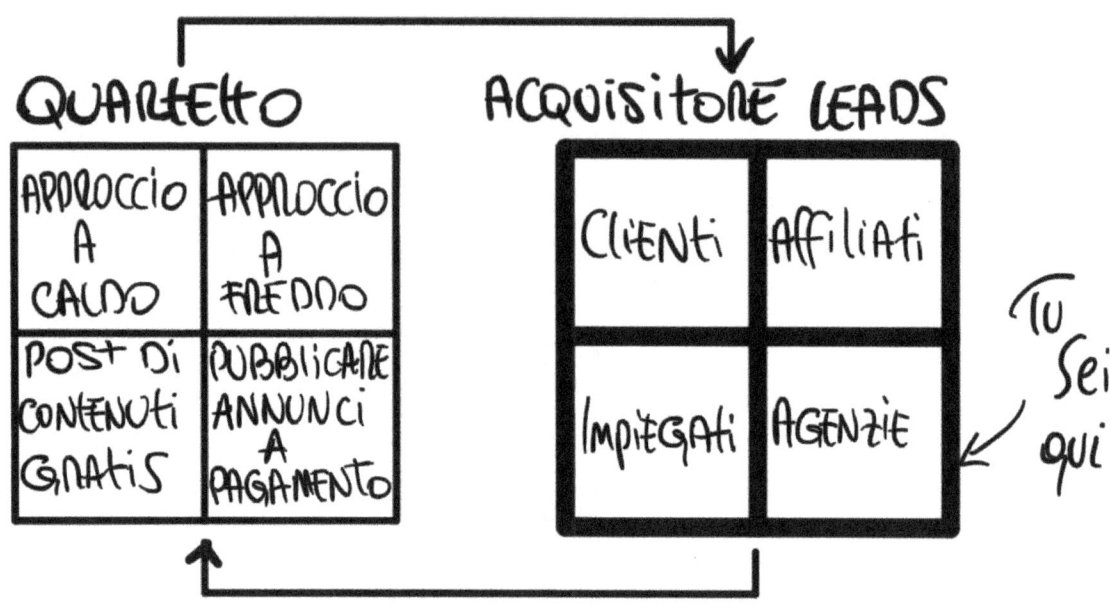

Estate 2016.

Non ero un esperto di tecnologia. Ero un esperto di fitness che aveva imparato alcuni trucchi di marketing e vendita costruendo le mie palestre. Ma ora ne avevo cinque, e stavo lanciando la sesta. Era il momento di fare un salto di qualità. Facebook aveva appena rilasciato alcune nuove funzionalità: retargeting, gruppi di interesse, pixel, ecc. E io non capivo niente di tutto ciò. Avevo comprato alcuni corsi ma alla fine ero più confuso di quando avevo iniziato.

Ho chiesto a qualche amico se conoscessero qualcuno che potesse aiutarmi. Ho ricevuto due raccomandazioni. Entrambe erano agenzie. Avevo paura. Non ne avevo mai usata una prima d'ora. Avevo solo sentito storie spaventose sulle agenzie pubblicitarie. Principalmente che costavano un patrimonio e non davano mai risultati. Ma poi ho realizzato che anche se funzionassero, ne avrei *bisogno* sempre. Avrebbero il mio Business in pugno! Alla fine, le mie aspettative non erano così lontane dalla realtà. Proponevano di gestire le mie pubblicità, certo, ma ad un prezzo esorbitante. Una somma che non potevo giustificare con i miei margini ridotti. Ma, d'altra parte, i costi pubblicitari mi stavano uccidendo. E a questo ritmo, tra qualche mese, non sarei stato in grado di mantenere aperte le porte della mia attività. Stressante.

Ho rifiutato la prima agenzia perché al momento non potevo permettermela. La seconda chiamata stava andando nello stesso modo. Ho cominciato a provare del panico. *Come potrò risolvere questa situazione?* In quello che sembrava un tentativo disperato di restare in affari, ho chiesto al proprietario della seconda agenzia ciò che volevo *davvero...*

"Puoi semplicemente mostrarmi in qualche ora come gestiresti le pubblicità sul mio account?"

"No", ha risposto seccamente. "Il mio tempo non è in vendita."

Preoccupato ma ancora speranzoso... "Che tipo di accordo potremmo trovare?"

Ha riflettuto per un momento. Poi ha alzato un sopracciglio e ha sorriso. "Va bene. 750 dollari l'ora." *Gulp.* La sua tattica di intimidazione aveva funzionato. Ma almeno sapevo che il suo tempo era in vendita... quindi volevo scoprire di più.

"E per 750 dollari all'ora siederai con *me* e mi mostrerai come gestire le pubblicità sul *mio* account?"

"Sì."

"E sarò io a fare tutto? Tipo, mi spiegherai cosa fare e guarderai mentre lo faccio, poi spiegherai perché farlo in quel modo?"

'Sì"

"E sei sicuro di poter rendere i miei annunci più redditizi? ... e mostrarmi anche le cose più avanzate, giusto?"

"Sì. Voglio dire, se vuoi pagarmi 750 dollari all'ora, possiamo fare quello che vuoi. Sono soldi tuoi", disse, ridendo a metà. Suonava più come "Sono soldi tuoi, ma è il *tuo funerale".*

Mi fermai. "Va bene. Lo farò. Ci vedremo un'ora a settimana. Mi assegni dei compiti e studierò tra una chiamata e l'altra. Va bene così?"

"A me va bene. Ma devi pagare per le prime quattro ore in anticipo."

E così feci. Ho scommesso tremila dollari sulla sua parola che sapeva quello che stava facendo. *ops.* Ma, una settimana dopo, mi presentai. E come uno studente diligente, arrivai con appunti e domande pronte. Ho anche registrato e riguardato ogni chiamata perché non volevo perdermi nulla.

Nelle prime due chiamate, lui ha preso il controllo e ho osservato. Alle chiamate tre e quattro, mi ha messo al volante. Alle chiamate cinque e sei, è scattato qualcosa. Ho capito come prendeva decisioni e di quali dati teneva traccia. Alla settima e all'ottava, ho capito che non avevo più bisogno del suo aiuto. Avevo imparato come gestire le pubblicità a pagamento, almeno su Facebook, come un professionista. E, se dovessi fare una congettura, è perché l'ho imparato... da un professionista.

In questo capitolo, esploreremo un modo non così ovvio, ma migliore, di come utilizzare le agenzie per ottenere più leads. Cominciamo.

Perché Le Agenzie Vogliono Farti Pensare Che Funzionino

Le agenzie pubblicitarie sono imprese di servizi di acquisizione di leads. Li paghi per gestire pubblicità a pagamento, fare approcci o confezionare e distribuire contenuti.

Ad esempio, diciamo che vuoi pubblicare video contenuti gratuiti. Ma, non sai nulla sulla realizzazione di contenuti video o su come distribuirli. Dovresti imparare come scegliere argomenti video, registrare video, montare video, creare miniature, e scrivere titoli. Oppure, dovresti assumere persone che lo fanno. Entra in gioco l'agenzia. Dicono di aver già assunto e formato persone per fare queste cose. Quindi promettono risultati più veloci, migliori ed efficienti in termini di costi rispetto a quanto potresti ottenere da solo. E non appena ho avuto abbastanza soldi, sembrava abbastanza convincente.

Dopo la mia prima esperienza con un'agenzia, che ho menzionato in precedenza e che è andata piuttosto bene, ho deciso di usarne di più. Ma la mia esperienza con le successive dieci o più agenzie è stata *diversa* perché le ho usate "nel modo giusto". Ognuna è stata più o meno così:

> Step 1: Mi hanno entusiasmato per tutti i nuovi leads che avrebbero portato.
>
> Step 2: Avrei seguito un processo di onboarding che sembrava vantaggioso (e talvolta lo era).
>
> Step 3: Hanno assegnato il loro "miglior" rappresentante senior al mio account.
>
> Step 4: Ho ottenuto alcuni risultati.
>
> Step 5: Spostavano il mio rappresentante senior al cliente più recente...
>
> Step 6: Un rappresentante junior iniziava a gestire il mio account. I miei risultati ne risentivano.
>
> Step 7: Mi lamentavo.
>
> Step 8: Il rappresentante senior tornava di tanto in tanto per farmi sentire meglio.
>
> Step 9: I risultati continuavano a peggiorare. E alla fine avrei smesso con loro.

Step 10: Cerco un'altra agenzia e ripeto il ciclo dell'insensatezza.

Step 11: *Per la miliardesima volta* – Inizio a chiedermi perché non ottengo più risultati come la prima volta.

Per essere chiari, come l'introduzione di questo capitolo mostra, le agenzie possono svolgere un ruolo importante nella crescita dell'azienda. Ma non nel modo in cui vorrebbero *loro*. Non voglio che qualcun altro cada nella stessa trappola. Anzi, spero che tutti i soldi che ho sprecato paghino anche la tua tassa d' ignoranza. Quindi continua a leggere.

È francamente ridicolo che mi siano serviti così tanti anni per capire che ho effettivamente usato un'agenzia *nel modo giusto... la *prima volta*! Ma ora, dopo aver giocato il loro gioco così tante volte, sento di aver scoperto il codice su "come usare un'agenzia". E non proviene affatto dal giocare al loro gioco. Viene dal giocare ad un gioco diverso. E questo capitolo spiega tutto in tre passaggi:

1. Assumere un'agenzia rispetto a farlo da soli.
2. Come utilizzo le agenzie ora. E come puoi farlo anche tu.
3. Come scegliere la giusta agenzia.

Assumere Un'agenzia O Farlo Da Soli

Innanzitutto, mettiamolo in chiaro. Le buone agenzie costano denaro. Quindi se non hai soldi, le agenzie sono fuori discussione. Devi imparare attraverso tentativi ed errori. E questo non è un grosso problema. *Tutti iniziamo in questo modo*. Ma se hai dei soldi, ti consiglio di utilizzare le agenzie per due cose: imparare nuovi metodi e scoprire nuove piattaforme.

Se voglio imparare nuovi modi per creare contenuti, strategie di contatto o pubblicità a pagamento, assumo agenzie che offrono nuovi modi per farlo. Hanno già commesso gli errori più grandi. Quindi anziché perdere tempo a capirlo da solo, vado direttamente alla parte "fare soldi". Mi piace questa parte.

Utilizzo le agenzie anche quando voglio iniziare a fare pubblicità su una piattaforma che non capisco. Guadagno più velocemente perché loro fanno la configurazione e la manutenzione iniziale per me e perché li costringo ad insegnarmi come farlo.

Assumere un'agenzia significa investire in competenze importanti che non puoi davvero imparare da nessun'altra parte. A meno che tu non voglia passare attraverso *tutti* i tentativi ed errori per impararlo da solo. E se lo facessi, perderesti il tempo e l'attenzione che avresti potuto utilizzare per imparare altre cose importanti che fanno crescere la tua azienda. E far crescere la tua azienda è l'obiettivo principale.

Ora tocca a te: Non appena hai abbastanza denaro per una buona agenzia, inizia ad esplorare. Se segui gli altri passaggi di questo capitolo, lo recupererai tutto... e anche di più.

Come Uso Le Agenzie Ora. E Come Puoi Farlo Anche Tu.

Sono diventato un po' più sofisticato rispetto alla storia che ho raccontato all'inizio. Ecco come uso le agenzie ora. Piuttosto che credere alla menzogna del "non dovrò mai imparare queste cose perché lo possono fare loro ", inizio ogni rapporto con un'agenzia con uno scopo ed una scadenza per conseguirlo. Comincio dicendo:

"Voglio fare ciò che fate nella mia azienda, ma non so come farlo. Mi piacerebbe lavorare con voi per 6 mesi in modo da poter imparare come lo fate. Inoltre, pagherò extra per capire come prendete le decisioni che prendete e i passi che seguite per prenderle. Quindi, dopo aver ottenuto una buona idea su come funziona tutto, inizierò a formare il mio team su di esso. Ed una volta che saranno in grado di farlo abbastanza bene, vorrei passare ad una consulenza a costo inferiore. In questo modo, potete ancora aiutarci se incontriamo dei problemi. Avete obiezioni a tutto ciò?

Nella mia esperienza, la maggior parte delle agenzie *non è contraria* a questa idea. E se non funziona per loro, va benissimo. Passate semplicemente all'agenzia successiva. Ma, prima di iniziare a mandare via tutti, siate disposti a negoziare. Ad un certo prezzo, può essere conveniente per entrambi.

Viva il capitalismo!

Questo è come uso le agenzie ora. Ad esempio, quando volevo imparare YouTube, ho effettivamente assunto due agenzie. La prima l'ho assunta per tenermi impegnato a realizzare video mentre facevano qualche lavoro preliminare sulla piattaforma stessa. La seconda l'ho assunta (al prezzo 4 volte superiore) per insegnarci davvero le idee approfondite dietro la creazione del miglior contenuto possibile. Ed una volta che i nostri video hanno battuto i loro, siamo passati solo alla consulenza.

Ho usato questo metodo ancora e ancora. Assumo un'agenzia "abbastanza buona" per imparare i segreti di una nuova piattaforma. Poi, assumo un'agenzia di élite per imparare come massimizzarla - *e non posso raccomandare abbastanza questa strategia.*

Se sei sincero riguardo le tue intenzioni e l'agenzia è d'accordo, ottieni il meglio. Ottieni risultati migliori nel breve termine perché loro (probabilmente) sanno di più di te. Ed ottieni risultati migliori nel lungo termine perché impari a farlo da solo o il tuo team impara a farlo per te. Inoltre, trascorri il *massimo del tempo con i loro migliori rappresentanti*.

Ricorda, ottieni solo una *frazione* dell'attenzione dell'agenzia, quindi i risultati peggiorano ogni volta che acquisiscono nuovi clienti. Nel frattempo, il tuo team migliora sempre di più perché rimane concentrato su di te a tempo pieno. Quindi confronta i risultati del tuo team con quelli dell'agenzia fino a batterli. Poi, interrompi la relazione ed investi il denaro per scalare tutto ciò che hai appena imparato.

Ora tocca a te: quando trovi un'agenzia con cui lavorare, stabilisci condizioni e scadenze per te stesso. Usa il modello sopra come guida e sentiti libero di negoziare un po' per far funzionare il tutto.

Nota dell'autore: Sì, C'è un Posto per le Agenzie

Per essere chiaro, possiedo ancora quote in un software di agenzia, ALAN. Quindi non sono contro le agenzie. Condivido semplicemente come ho avuto successo con esse. Ci sono grandi aziende che utilizzano enormi agenzie pubblicitarie? Certo. Ma non sono loro il pubblico per cui sto scrivendo. Per la maggior parte delle persone, spendere 10.000, 50.000 o 100.000 dollari in un'agenzia è un costo significativo. Quindi, questo è il modo in cui ho ottenuto il miglior rendimento lavorando con esse. Inoltre - alcune persone non vogliono mai imparare - e per quelle persone - le agenzie sono ottime. Personalmente voglio sempre imparare, motivo per cui uso le agenzie in questo modo.

Come Scegliere l'Agenzia Giusta

Dopo aver lavorato con molte agenzie scadenti ed alcune buone, ho creato una lista di ciò che tutte le agenzie di successo avevano in comune. Ora, questa non è l'ultim parola su ciò che rende un'agenzia buona, ma sono informazioni utili che hanno funzionato per me.

Ecco cosa cerco:

1) Qualcuno che conosco ha ottenuto buoni risultati lavorando con loro. Se conosci un'agenzia solo attraverso i loro annunci a pagamento o il loro approccio a freddo... probabilmente non sono così bravi quanto quelli che si affidano solo al passaparola (e i migliori lo fanno).

2) Aziende di rilievo hanno ottenuto buoni risultati lavorando con loro. Potrei non conoscere personalmente le aziende, ma se le riconosco, è un buon segno.

3) Una lista d'attesa. Quando la domanda per un servizio supera l'offerta, probabilmente sono abbastanza bravi.

4) Un processo di vendita chiaro che si preoccupa di stabilire aspettative <u>realistiche</u>. Niente faccende strane.

5) Nessun trucco a breve termine. Mantengono la discussione sulla strategia a lungo termine. Forniscono anche scadenze chiare per l'allestimento, la crescita ed i risultati.

6) Mi dicono esattamente cosa necessitano da me, quando lo necessitano e come lo utilizzano.

7) <u>*Loro*</u> suggeriscono un programma regolare di riunioni ed offrono diverse modalità per tenermi aggiornato sui loro progressi.

8) Forniscono aggiornamenti in termini semplici ed hanno modi chiari per tener traccia, così so come i costi si confrontano con i risultati.

9) Fanno una buona offerta:

   a. <u>Risultato desiderato</u>: ciò che promettono è ciò che voglio?

   b. <u>Percezione della probabilità di raggiungimento</u>: quante altre persone come me ci sono riuscite con loro?

   c. <u>Tempo di attesa</u>: quanto tempo ci vorrà?

   d. <u>Sforzo e sacrificio:</u> cosa mi chiedono di fare quando lavoro con loro? A cosa dovrò rinunciare? Posso mantenerlo per molto tempo?

232

10) Sono costose. Tutte le agenzie di successo sono costose... ma non tutte le agenzie costose sono di valore. Quindi contatta tutte quelle necessarie fino a trovare quella giusta. E usa questa lista come guida per trovare le agenzie di valore.

...se un'agenzia spunta tutte queste caselle, vale la pena prenderla in considerazione.

Suggerimento Professionale: Parla con più Agenzie per Essere un Cliente Migliore

Essere un cliente informato aiuta tutti. Quindi, prima di acquistare, informati. Parla con cinque o dieci agenzie per capire come lavorano. All'inizio imparerai un sacco di cose nuove. Ma col tempo, diventa ovvia la differenza tra quelle migliori e quelle peggiori. Ora puoi prendere una decisione informata.

Se l'agenzia non soddisfa le mie esigenze, ma mi piacciono le persone, chiederò loro di indirizzarmi verso un'altra agenzia. Una buona agenzia specializzata in un servizio ti indirizzerà verso altre buone agenzie che offrono ciò che cerchi.

Ora tocca a te: Anche se un'agenzia accetta le tue condizioni, parla con qualche altra agenzia prima di prendere una decisione. Confrontale utilizzando la lista qua sopra e scegli quella che fa al caso tuo.

Conclusione

Anche se questo non è il modello di agenzia "tradizionale", *entrambe* le aziende ne traggono vantaggio. Ottengono un cliente che altrimenti non avrebbero avuto. E noi acquisiamo una competenza redditizia per tutta la vita. Nella storia all'inizio del capitolo, mi sono costate otto ore e 6000 dollari per imparare una competenza che *mi ha fatto guadagnare milioni*. Non male no?

E per far funzionare questo metodo dell'agenzia su larga scala, devi contare su un buon periodo di tempo in cui paghi l'agenzia ed il tuo team *per fare le stesse cose*. Devi darti un po' di margine di manovra per ottenere risultati dall'agenzia, imparare ciò che fanno *e* formare il tuo team a riguardo... tutto contemporaneamente. Sì, costa parecchio denaro. E sì, ne vale assolutamente la pena quando lo fai nel modo giusto.

E puoi farlo nel modo giusto. Dopo che le agenzie mi hanno assegnato per l'ennesima volta un dipendente di basso livello, finalmente ho capito. Non può essere *così* difficile. All'inizio ci è voluto circa un anno per rendere il mio team migliore di un'agenzia. Man mano che diventavo più bravo, il periodo si è ridotto a dieci mesi, poi otto. E ora, ci sono riuscito. Posso rendere il mio team migliore dell'agenzia in meno di sei mesi o anche meno. Ed ogni volta che voglio imparare un nuovo metodo, ripeto il processo.

Più diventi bravo, meno costa e più denaro guadagni. Divertente, sembra molto simile alla pubblicità.

Passi successivi:

1) Decidi se utilizzare un'agenzia ha senso per te in questo momento.

2) Parla con molte agenzie per farti un'idea del mercato. Non essere tirchio.

3) Utilizza il framework dell'accordo che ho delineato.

4) Imposta una scadenza chiara per forzarti (e forzare il tuo team) ad imparare le competenze.

5) Usa entrambi i team finché il tuo batte il loro.

6) Passa ad una consulenza scontata finché non avrai l'impressione di insegnare a loro anziché loro a te... poi tagliali fuori.

Ora che sappiamo come trarre profitto dal mondo (ad alto rischio) delle agenzie, esploreremo il mezzo per ottenere leads che mi ha fatto guadagnare più soldi. Stiamo reclutando un esercito di aziende che possono procurarci ancora più leads: gli *affiliati*.

REGALO GRATUITO: Cosa cercare in una lista di controllo dell'agenzia

Se vuoi sapere il modo migliore per utilizzare le agenzie, piuttosto che essere utilizzato da esse, ho creato una formazione gratuita per te. Puoi guardarla gratuitamente su: <u>Acquisition.com/training/leads.</u> Contiene file pronti all'uso e altri vantaggi. Come sempre, puoi anche scansionare il codice QR qui sotto se non vuoi digitare.

#4 Affiliati e Partners

"Nulla crea amicizie come il denaro"

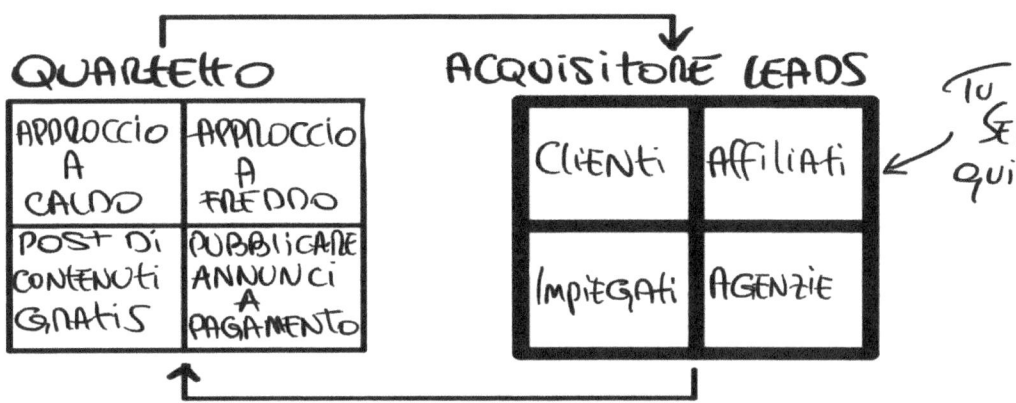

1 dicembre 2018

Non avevo idea di come sarebbe andato il lancio di Prestige Labs. Non sapevo se ai nostri clienti sarebbe piaciuto. Non sapevo se la tecnologia che avevamo costruito avrebbe funzionato. Non sapevo se i pagamenti sarebbero stati effettuati in tempo. Non sapevo se il nostro magazzino avrebbe commesso errori negli ordini.

Ma sapevo che avevamo dedicato oltre un anno di preparazione per questo lancio. Abbiamo investito tutte le nostre risorse nella creazione di un prodotto di alta qualità. Abbiamo speso oltre un milione di dollari per personalizzare il software degli affiliati e la formazione. E - abbiamo acquistato un inventario del valore di 3 milioni di dollari per vendite che potrebbero non concretizzarsi mai. Ci sono volute *tutte* le competenze commerciali che avevo per rendere Prestige Labs una realtà. E, tra poche ore, lo avremmo lanciato ai nostri affiliati proprietari di palestre. Mi sentivo come un bambino alla vigilia di Natale. E se non avesse funzionato, *non sarebbe stato per mancanza di impegno*.

Nota dell'Autore: Il Podcast The Game Episodio 98 " Mi Ricordo"

Se vuoi tornare indietro nel tempo, puoi ascoltare il "giovane me" che parla dei miei pensieri/preoccupazioni la notte prima del lancio. Puoi essere lì con me. È l'episodio 98 del mio podcast The Game con Alex Hormozi intitolato " Mi Ricordo". Questo è prima che sapessi del successo che sarebbe diventato. Per trovarlo, vai dove ascolti i podcast e cerca "Alex Hormozi" e ti apparirà.

The Game w/ Alex Hormozi
Alex Hormozi

Il giorno del lancio…

Ho terminato la presentazione di due ore sudando molto. *È fatta.*

Ho 'venduto' l'opportunità di vendere la mia linea di integratori nelle loro palestre. Avrei formato i nuovi affiliati per promuovere Prestige Labs nelle loro palestre. Quindi, affinché funzioni, avrebbero dovuto seguire la formazione *ed* usarla. Ma, se l'avessero fatto, tutti ne avrebbero tratto vantaggio. Non avevo idea se avrebbe funzionato.

Tre settimane dopo…

Abbiamo fatto $150.000 in vendite totali. Nel frattempo, 3 milioni di dollari di prodotti erano fermi in un magazzino climatizzato… *Non ha funzionato.*

A questo ritmo, includendo i costi operativi ed i pagamenti degli affiliati, ci sarebbero voluti cinque anni per pareggiare i conti. Anche se fossimo riusciti a resistere, il nostro prodotto premium sarebbe scaduto molto prima. Eravamo praticamente rovinati. Mi sentivo miserabile. Era terribile. *Chi sono io per pensare che avremmo venduto tutte quelle cose? Avevo appena sprecato* MILIONI. *Come ho potuto essere così stupido?*

Ma… nella quarta settimana… è successo qualcosa di sorprendente…

BOOM! $100.000 il lunedì.
BOOM! $110.000 il martedì.

BOOM! $92.000 il mercoledì.

Abbiamo fatto oltre $450.000 in vendite solo nella quarta settimana. La tendenza è continuata. $429.000… $383.000… $411.000… $452.000 . In media, più di 300 ordini al giorno grazie ad oltre 400 affiliati attivi. Gli ordini continuavano ad arrivare. Dai un'occhiata alla schermata del nostro rapporto interno qui sotto. Mostra, da sinistra a destra, il fatturato *settimana per settimana*. Non potevo credere ai risultati. A volte, ancora oggi, non ci riesco.

Ricavo lordo	$429,112	$383,717	$411,848	$404,838	$452,204
Ricavo netto	$407,164	$358,073	$391,197	$384,119	$429,982
Rimborsi	$21,948	$25,644	$20,651	$20,719	$22,222
Conto degli ordini	2266	2052	2094	2124	2367
Dimensione media dell'ordine.	$189	$187	$198	$191	$191
Affiliati attivi	428	409	416	437	444

La cosa migliore è che *non ho pubblicizzato né venduto nessuno dei prodotti*. Niente annunci a pagamento. Nessun team di vendita. Nulla. Gli affiliati hanno fatto tutto - e la macchina degli affiliati che ho costruito continua ancora oggi a stampare denaro. Quindi, se ti interessa, rimani in attesa, perché ti mostrerò esattamente come l'ho costruita

Come Funzionano gli Affiliati

Un **affiliato** è un acquisitore di leads. Sono un'azienda indipendente che dice al proprio pubblico di acquistare i *tuoi* prodotti. Gli affiliati sono simili a referenti esterni, ma sono molto diversi nel loro funzionamento interno. Primo, hanno le proprie aziende e creano la propria pubblicità. Secondo, accettano di offrire i *tuoi* prodotti ai *loro* leads ingaggiati in cambio di denaro, cose gratis o entrambi.

Ora, tu ottieni degli affiliati facendo pubblicità e poi facendo loro offerte *proprio come faresti con i clienti*. Ma gli affiliati richiedono un tipo di offerta unico. Invece di offrire il tuo prodotto, offri un modo veloce, semplice e facile per guadagnare commissioni promuovendolo. E questo può significare letteralmente milioni di leads ingaggiati per la tua azienda. Questo rende gli affiliati uno dei mezzi di acquisizione di leads a leva più alta.

Perché Devi Avere un Esercito di Affiliati

Ogni affiliato che acquisisci genera un ulteriore flusso di leads e clienti. Quindi reclutare, attivare ed integrarsi con un esercito di affiliati porta ad una crescita esponenziale. Questo è positivo. Lo vogliamo.

Confronta questi due scenari:

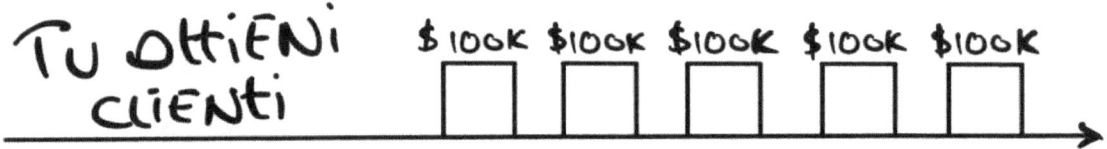

Scenario #1: Tu vendi dieci _clienti_ al mese dal valore di $10.000 ciascuno. La vostra azienda si ferma a $100.000 al mese. In dodici mesi avrete guadagnato 1,2 milioni di dollari. Supponendo che non ci siano altre pubblicità, la vostra azienda si _stabilizza_. Bassa leva.

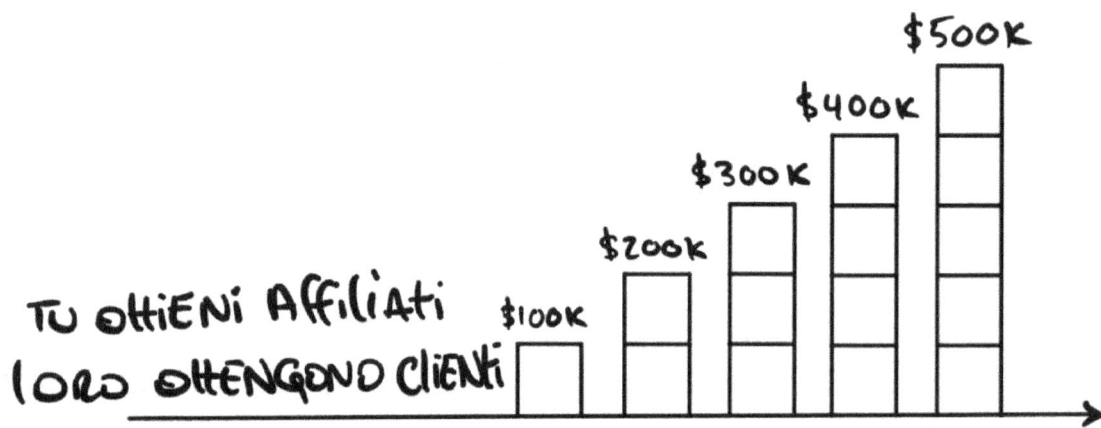

Scenario #2: Con lo stesso sforzo, vendi dieci _affiliati_ al mese. Ogni mese, questi affiliati ti portano uno di quei clienti da $10.000. Ora, ogni singolo mese aggiungi _ulteriori_ $100.000 di entrate. In dodici mesi hai guadagnato 7,8 _milioni_ di dollari. E cresce _di mese in mese_. Lo stesso lavoro, più soldi. Rendimenti più alti.

Utilizziamo ALAN, la mia azienda di software che ho sviluppato con gli affiliati, per mostrarti come funziona:

ALAN è cresciuta con tre livelli di affiliati:

1) Super-affiliati delle agenzie che portavano clienti delle agenzie

2) Agenzie che portavano clienti locali

3) Aziende locali che portavano clienti finali

Un super-affiliato ha aggiunto dieci agenzie al mese. Le dieci agenzie hanno portato in totale circa cinquanta aziende locali al mese. Queste aziende locali hanno portato un totale di 2500 leads al mese. ALAN ha gestito quei leads per circa $5 ciascuno. $12.500 *al mese*.

Ma non si ferma li. Ogni super-affiliato ha portato altre agenzie che hanno portato *altre* aziende locali che hanno portato *più* leads ogni mese successivo. Quindi, ogni super-affiliato che abbiamo ingaggiato ha generato $12.500, $25.000 il secondo, $37.500 il terzo, e così via. Con pochi super-affiliati, abbiamo raggiunto $1.700.000 al mese entro sei mesi dal lancio.

Ecco perché vuoi un esercito di affiliati. Quindi costruiamone uno.

Come Costruire un Esercito di Affiliati in Sei Passaggi

Gli affiliati sono uno dei modi più avanzati per ottenere leads ingaggiati.
Prima di tutto, devi convincerli a pubblicizzare i prodotti di qualcun altro. In secondo luogo, devi convincerli a pubblicizzare i *tuoi prodotti*. Terzo, devi continuare a *farli pubblicizzare* per renderli una fonte di leads a lungo termine. Sembra difficile. E lo è. Ma ho delle buone notizie…

Ho costruito due aziende con gli affiliati: ALAN e Prestige Labs. Insieme, hanno generato più di $75.000.000 di entrate con oltre 5000+ affiliati. E le strategie sugli affiliati che ti condivido hanno funzionato per me. Quindi possono funzionare anche per te. Esaminerò ogni passaggio.

Step 1: Trova i Tuoi Affiliati Ideali

Step 2: Fai Loro un'Offerta

Step 3: Qualificare gli Affiliati

Step 4: Stabilisci Quanto Pagarli

Step 5: Falli Pubblicizzare

Step 6: Mantienili
Ecco tutto. Iniziamo.

Step 1: Trova il Tuo Affiliato Ideale

L'affiliato ideale possiede un'azienda con un pubblico interessato composto da persone simili ai tuoi clienti. Inizia a stilare un elenco di queste aziende. Se non te ne viene in mente nessuna, rispondi a queste domande riguardo ai migliori clienti che hai:

Cosa acquistano? → *Chi fornisce questi prodotti o servizi?*

Dove vanno? → *Quali aziende si trovano in quelle aree?*

Cosa amano fare? → *Chi fornisce quei servizi?*

Se sei orientato direttamente al consumatore, i datori di lavoro dei tuoi consumatori potrebbero diventare ottimi affiliati:

Che tipo di aziende li impiega? Che tipo di lavoro svolgono?

In poche parole... *Chi ha i miei potenziali clienti!?*

Ad esempio, quando ho avviato ALAN, i titolari di agenzie erano i miei affiliati ideali. Quindi ho stilato un elenco di 200 prodotti e servizi per le *agenzie* e le aziende che li fornivano. Dopo un po' di lavoro, mi sono reso conto che si inserivano piuttosto bene in queste categorie: **software, prodotti, attrezzature, servizi, gruppi a cui appartenevano ed eventi a cui partecipavano**. Ogni volta che creo una nuova "checklist" di affiliati, inizio con queste categorie. Nota: se trovi un'azienda che rientra in più categorie, c'è una grande probabilità che abbiano molti leads per te e che possano diventare ottimi affiliati.

Ora che conoscevo le aziende che avevano i miei potenziali leads, sapevo esattamente dove concentrare i miei sforzi pubblicitari. Non era nulla di complicato, quindi non pensarci troppo.

Ora tocca a te: Crea un foglio con ciascuna di queste domande e categorie. Fai una ricerca online per completarlo. Se riscontri delle difficoltà, chiama i tuoi clienti e chiedi direttamente a loro! Risultato finale: Crea un elenco di leads dei tuoi potenziali affiliati di maggior valore.

Passo 2: Fai Loro Un'Offerta

Creiamo l'offerta di affiliazione e la pubblicizziamo nello stesso modo in cui faremmo una qualsiasi altra offerta. Coinvolgiamo il nostro pubblico, mostrando i nostri elementi di valore e li motiviamo ad agire. Tuttavia, gli affiliati si uniranno a noi solo se forniamo loro un motivo convincente. Fortunatamente, è piuttosto semplice. Poiché gli affiliati sono imprese, *offri loro un nuovo modo per guadagnare*. Cominceremo con il richiamo.
Richiamo:

I richiami per potenziali affiliati includono spesso:

- I proprietari delle attività degli affiliati stessi - PROPRIETARI DI CENTRI ESTETICI

- I clienti dell'affiliato - *Lavorate con professionisti ingaggiati che passano tutto il giorno in riunioni?*

- Risultati promessi dalle attività degli affiliati - *Agli eroi che alleviano lo stress degli altri...*

- Prodotti e servizi offerti dagli affiliati - *Se vendi creme o oli profumati, questo è per te...*

- Ai nostri stessi clienti - *Conosci qualcuno che possiede una spa?*

Ora che possiamo attirare l'attenzione di un potenziale affiliato, facciamo si che ne valga la pena per loro...

<u>Elementi di Valore</u>

Esistono un numero illimitato di modi per mostrare valore, ma tutte le offerte che generano denaro seguono una struttura simile. Questa è una buona notizia, non dobbiamo reinventare nulla. La maggior parte delle offerte che generano denaro tramite affiliati mostrano il valore in questo modo:

Guadagnare di più dai tuoi attuali clienti e ottenere più leads rispetto alla tua offerta attuale (<u>risultato desiderato</u>)... con un'alta probabilità di successo poiché i tuoi clienti desiderano già il prodotto (<u>percezione della probabilità di successo</u>)... senza dover costruire, consegnare o fornire assistenza clienti per il prodotto (<u>sforzo e sacrificio</u>)... così puoi iniziare a venderlo già da domani (<u>tempo di attesa</u>).

Passo successivo: Esplora diversi elementi di valore e completa gli spazi vuoti. Non approfondirò ulteriormente questo argomento poiché ne abbiamo già parlato. Devi semplicemente rendere degli *affiliati* il pubblico a cui ti rivolgi come cliente.

Ora che abbiamo catturato l'interesse potenziale dell'affiliato nella nostra offerta, procediamo con la qualifica.

Passo 3: Qualificare Gli Affiliati

I potenziali affiliati diventano affiliati a tutti gli effetti quando comprendono ed accettano le tue condizioni. E, proprio come con i clienti, vogliamo far loro ottenere la loro prima vittoria nel minor tempo possibile. Quindi configuriamo le nostre condizioni per obbligarli a vincere il prima possibile.

Faccio ciò convincendoli ad investire. Preferisco che investano il loro tempo, il loro denaro *e* che investano nel prodotto stesso. Qualsiasi tipo d'investimento può funzionare. Ma, nove volte su dieci, *se pagano, presteranno maggiore attenzione*. Ecco i due modi con cui faccio sì che i miei affiliati si impegnino e vincano: Li trasformo in clienti e li faccio diventare esperti. Approfondiamo ognuno di questi punti.

Modalità #1: Rendili clienti: Fai in modo che acquistino e, preferibilmente, utilizzino il prodotto per mantenere lo stato di affiliato. Questo è stato l'investimento che ha funzionato maggiormente per me. Ho scoperto che più denaro un affiliato investe nel tuo prodotto, più denaro guadagna. Questo dovrebbe avere senso. Se non credono abbastanza nel tuo prodotto da comprarlo, probabilmente non dovrebbero venderlo. Puoi dir loro che lo dico io.

Suggerimento Professionale: Acquisti all'ingrosso

Se hai bisogno di guadagnare di più per ogni affiliato, puoi richiedere che acquistino in grande quantità. Questo è stato fondamentale per il successo degli affiliati di Prestige Labs. Una volta che hanno acquistato un grande pacchetto in anticipo, hanno iniziato a seguire e a ottenere risultati. L'investimento maggiore ha alla fine fatto guadagnare di più sia loro che noi. Se hai prodotti fisici, prova gli acquisti in blocco. Se la tua azienda ha una linea di prodotti, come Prestige Labs, allora sperimenta con grandi pacchetti.

Ecco come proporre l'offerta: *"Quindi vuoi qualcosa in più o vai solo con l'ordine minimo?"* Presentando un acquisto minimo, acquisteranno almeno quello. E più spesso di quanto pensi, acquisteranno *più del* minimo. Badaboom.

Modalità #2 Rendili degli esperti: Faccio pagare loro l'onboarding e la formazione che li certifica come esperti del prodotto. Se li fai acquistare un prodotto per diventare affiliati, puoi farli utilizzare quel prodotto come credito per una certificazione. In altre parole, la certificazione *comprende* i prodotti che hanno acquistato. Ora, oltre a rendere l'affiliato effettivamente utile, la loro certificazione genera due conseguenze. Primo, copre alcune delle spese pubblicitarie. Secondo, mi permette una corretta integrazione e formazione di ogni affiliato.

Qual è il mio prezzo? Raccomando il 10-20% di quanto guadagna in media un affiliato attivo nei primi dodici mesi. Quindi, se il tuo affiliato medio guadagna $40.000 all'anno vendendo le tue cose, allora addebita loro $4000-$8000 per l'ingresso e la formazione. Troppo basso e non riuscirai a farli investire. Troppo alto e non otterrai abbastanza affiliati. Ho scoperto che il 10-20% massimizza il numero di persone che diventano affiliati *attivi*. Se stai iniziando e hai prodotti fisici, usa la strategia di acquisto in massa. In caso contrario, puoi utilizzare la strategia del capitolo dedicato all'approccio diretto con l'obiettivo di aumentare l'investimento minimo ogni 5 iscrizioni fino a raggiungere il punto ideale.

Ora tocca a te: Trasforma i tuoi affiliati in clienti, esperti o in entrambi i ruoli (il mio metodo preferito). Se non riesci a coinvolgere abbastanza persone all'inizio, diminuisci l'impegno richiesto. Se invece non riesci a far seguire a sufficienza, aumentalo.

Passaggio 4: Stabilire quanto pagarli

Il problema più grande da risolvere con gli affiliati è ottenere il loro coinvolgimento. Ma il secondo problema più grande è come *mantenerli ingaggiati*. E, in ogni caso, mantenere i tuoi affiliati ingaggiati dipende da come li ricompensi per la pubblicità dei tuoi prodotti. Preferisco ricompensare le persone che fanno cose che mi piacciono con denaro e articoli gratuiti, specialmente se prima mi fanno guadagnare soldi. Quindi parliamone.

Quando cerco modi per pagare gli affiliati, guardo due cose di base:

1. Per cosa vengono pagati

2. Quanto vengono pagati

1) Per *cosa* Vengono Pagati

Prima di fare qualsiasi calcolo matematico sui pagamenti degli affiliati, mi pongo una domanda semplice. Cosa voglio *esattamente* che faccia l'affiliato? Una volta capito questo, è ciò per cui li pago. Quindi, nella maggior parte dei casi, quanto vengono pagati e con quale frequenza vengono pagati si risolvono quasi da soli. Pago gli affiliati per due cose di base: nuovi clienti e clienti ripetuti. Nel tempo, se tracci meglio le tue metriche, puoi pagarli per i passaggi *prima* che qualcuno diventi un cliente. Ad esempio per i leads magnet, gli appuntamenti fissati o qualsiasi altra cosa tu sappia con certezza si trasformi in vendite per te.

2) *Quanto* Vengono Pagati

Suggerisco di pagare gli affiliati in base al tuo costo massimo ammissibile per acquisire un cliente (CAC).

Esempio: scelta del tuo massimo CAC ammissibile. Supponiamo di vendere un prodotto monouso per $200 e che costa $40 per essere consegnato. Questo ci fornisce $160 per pagare l'affiliato e per gestire l'attività. Se vogliamo un rapporto LTGP:CAC di 3:1, allora tre parti vanno all'attività - $120. E una parte, $40, va all'affiliato. Ciò significa che pagheremo fino a $40 per far ottenere ad un affiliato un nuovo cliente.

Ed è qui che le cose si fanno interessanti. In passato davo via tutto (l'intero CAC). Credo di farlo ancora, ma ora sono più selettivo su chi ne beneficia. Non tutti gli affiliati sono uguali. Perciò, consiglio di avere una struttura di pagamento a tre livelli. Prendendo l'esempio precedente, con un CAC massimo consentito di $40, una struttura di pagamento a tre livelli potrebbe assomigliare a questa:

- Livello 1: 25% CAC = Pagamento di $10 - Chiunque <u>accetti</u> i miei termini iniziali e si qualifica.

   ○ Esempio: Si registrano ed acquistano o dei prodotti o una certificazione.

- Livello 2: 50% CAC = Pagamento di $20 - Una volta che <u>attivano</u>.

   ○ Esempio: *completano effettivamente la certificazione che hanno acquistato,*

   effettuano un numero specifico di post e approcci, fanno un lancio, ecc.

   ○ Questo offre loro un bel premio (il doppio del pagamento) per l'attivazione.

- Livello 3: 100% CAC = Pagamento di $40 - Una volta che <u>mantengono</u> un certo livello di performance.

   ○ Esempio: Mantengono cinque clienti al mese in abbonamento.

Questo metodo a livelli ha anche un effetto collaterale nascosto e molto redditizio. Il pagamento <u>medio</u> è *molto inferiore* al tuo CAC massimo consentito. Ciò significa che se lasciamo i pagamenti massimi per i migliori affiliati, possiamo tenere il profitto "in eccesso". Possiamo usare i soldi in eccesso per organizzare grandi concorsi, pubblicità per ottenere più affiliati, incentivare le stelle nascenti, ecc. Oppure, suppongo, possiamo semplicemente tenerli in tasca.

Ad esempio, se il 20% delle vendite proviene dal livello 1, il 20% dal livello 2 e il 60% dal livello 3, il tuo pagamento combinato è di $30 anziché il tuo CAC massimo di $40. Ciò significa che il tuo rapporto LTGP:CAC è appena migliorato da 3:1 a 4:1. E spesso, la riduzione dei costi di marketing del 33% può tradursi in un aumento del 10% al 20% del profitto netto alla fine dell'anno. Un enorme salto.

Suggerimento Professionale: Paga con il Prodotto se Possibile "Vendine 3 e Ricevilo Gratis"

A tutti piacciono le cose gratuite. Spesso, più di quanto costerebbe loro ottenerle. Ricompensare le performance con il prodotto è un modo economico ed efficace per farli vincere. Lo valutano al prezzo di vendita, ma ti costa solo il tuo costo. Un bel arbitraggio del valore.

Imposta livelli di vendita e premia i tuoi affiliati con prodotti o crediti per il costo al dettaglio. Ai livelli inferiori, puoi persino compensare esclusivamente con cose gratuite. Ad esempio: se i tuoi affiliati ti inviano molti clienti per massaggi, è del tutto accettabile premiare i tuoi affiliati con massaggi gratuiti. A basso volume, un massaggio spesso vale più che inviare loro un assegno di $30 (il tuo costo). Ma man mano che gli affiliati ti inviano più clienti, di solito opteranno per più soldi. Dopo tutto, incassare 100 massaggi diventa irrealistico.

In Prestige Labs, ho offerto a chiunque vendesse più di tre pacchetti al mese un pacchetto gratuito del valore di $200 a loro scelta. Questo ha anche reso ogni affiliato un atleta sponsorizzato. Ottenevano prodotti gratuiti per la vita finché mantenevano tre clienti che compravano al mese. L'ho chiamato "Vendi tre per ottenerlo gratis".

Ora tocca a te: Determina come desideri pagare i tuoi affiliati in modo da poter pianificare quanto pagarli, con cosa e con quale frequenza.

Fase 5: Incoraggiali a Pubblicizzare - Lancio

Come con i referenti, quanto valore gli affiliati ricevono da te determina quanto pubblicizzano i tuoi prodotti. Pertanto, *considera gli affiliati come clienti*. Fornisci loro qualcosa di valido e rapido. Niente funziona così bene per gli affiliati come i grandi lanci ed un sacco di denaro.

Ecco come funzionano i lanci:

Gli affiliati pubblicizzano il tuo lead magnet o l'offerta principale al loro pubblico *prima che possano acquistarlo*. Pubblicano post. Effettuano approcci a caldo iniziali. Eseguono annunci a pagamento. Potrebbero anche effettuare approcci iniziali a freddo. Fanno più pubblicità possibile fino al giorno del lancio. Quando il prodotto è disponibile, lo vendono a tutti i potenziali leads ingaggiati che hanno raccolto. Alcuni vendono uno a uno, alcuni fanno un'offerta all'intero gruppo. E altri semplicemente mettono il prodotto a disposizione.

Quindi, se hai intenzione di attivare i tuoi affiliati attraverso i lanci, come dovresti fare, fallo nel migliore dei modi. Io uso il metodo sussurrare-stuzzicare -gridare. Non riesco a ricordare dove l'ho sentito per la prima volta, ma mi è rimasto impresso. Facciamo il lancio.

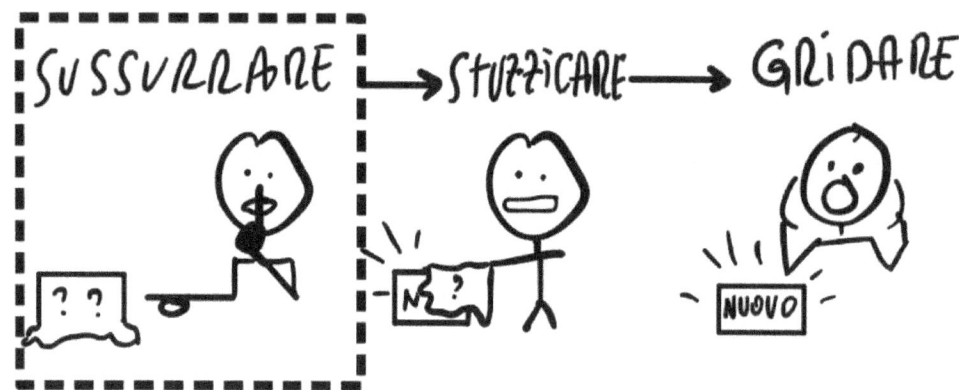

Prima di iniziare il lancio, ricordate: *i buoni lanci richiedono tanto lavoro di preparazione*. Quindi, fate *tutto* il lavoro per loro. Poi, potranno inserirsi ed iniziare. Analizziamo ora ogni fase del lancio, e darò un esempio del mio lancio di un libro per chiarire ogni punto. Da notare: questo è il modo in cui si lancia *qualsiasi* cosa, non solo un programma di affiliazione. Ho inserito questa sezione nella parte sugli affiliati perché non ho trovato un modo migliore per attivare gli affiliati se non attraverso i lanci.

Sussurrare: *Pensate a "Chiamate in evidenza"*. Come in un annuncio, la chiave della fase del sussurro è la curiosità. Mantenete il prodotto stesso misterioso e accennate a quanto sia importante. Mantenete i sussurri brevi. E guadagnate punti extra se mostrate il dietro le quinte della creazione del vostro prodotto.

Se avete qualcosa in cantiere, potete iniziare la fase del sussurro anni prima. Prima iniziate a sussurrare, più diventa importante per il vostro pubblico. Iniziamo presto perché, Più tempo sembra necessario per realizzare qualcosa, più il pubblico lo valorizzerà. Ad esempio, a parità di tutto il resto, un pubblico darà più valore ad un prodotto che ha richiesto dieci anni per essere realizzato rispetto a uno che ne ha richiesti dieci giorni. Quindi - *mostrate il vostro lavoro.*

Ricorda: la curiosità nasce dalla voglia di sapere cosa succede *dopo*. Quindi inculcate nella loro mente domande sul prodotto. Dobbiamo raccontare loro qualcosa che vogliono sapere e poi dire...*non ancora*.

Ad esempio, durante la fase del sussurro del lancio del mio libro: ho pubblicato contenuti, contattato amici, inviato email alla mia lista e ho informato i potenziali affiliati delle principali novità riguardo al libro. Ho mostrato a quale stadio di sviluppo mi trovavo. Ho condiviso foto del dietro le quinte mentre stampavo le bozze. Ho mostrato le varie versioni delle immagini che ho disegnato. Ho condiviso video di me mentre editavo il libro , presto al mattino e tardi la notte, ecc... tutto ciò ha suscitato la curiosità ed ha *attirato l'attenzione* delle <u>persone che desiderano potenziali leads</u>

Ora tocca a te: Comincia a sussurrare ogni quattro-sei settimane fino a quando mancano sessanta giorni. Poi sussurra ogni due-tre settimane fino a quando mancano trenta giorni. Poi, inizia a stuzzicare...

<u>Stuzzicare</u>: *Pensate agli "Elementi di Valore".* È il momento di cominciare a soddisfare tutta la curiosità che avete creato durante la fase del sussurro. Svelate il vostro prodotto, rendete pubblica la data del lancio e cominciate a <u>mostrare</u> gli elementi di valore. Utilizzate il Framework del "Cosa-Chi-Quando".

Ad esempio, durante la fase di anticipazione del mio libro: sono stato più specifico e ho rivelato informazioni più "concrete" su di esso. Ho iniziato a pubblicizzare come il libro soddisfacesse l'obiettivo di avere un numero illimitato di leads. Di avere meno lavoro e farlo più velocemente di quanto potessero immaginare. Ho mostrato anche decine di esempi di come utilizzare il libro al meglio.

Ora tocca a te: Inizia ad anticipare una volta a settimana fino a due settimane prima. Poi fallo due volte a settimana fino a tre giorni prima. A tre giorni dal lancio, è il momento di gridarlo al mondo intero.

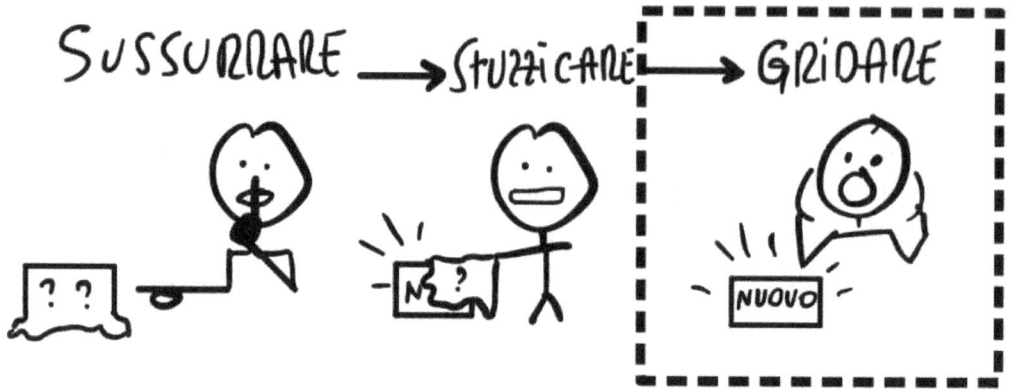

Gridare: *Pensate a "Chiamata all'Azione"*. Fornite azioni specifiche affinché il pubblico le intraprenda quando il prodotto viene lanciato. Ora cominciate a bombardare il pubblico con bonus, scarsità, urgenza e garanzie legate al concetto di essere "i primi". Urlate per far esporre la vostra offerta al maggior numero di persone.

Ad esempio, durante il lancio del mio libro, nella fase "urlo": ho fornito chiamate all'azione specifiche. Promemoria brevi, chiari e concisi per registrarsi al lancio del libro. Ho ricordato a tutti i bonus esclusivi riservati solo a coloro che acquistavano durante il lancio.

Ora tocca a te: Gridate almeno due volte al giorno a partire da tre giorni prima. Il giorno del lancio, cominciate a gridare ogni ora fino a due ore prima. Poi fatelo ogni trenta minuti fino al momento del lancio del prodotto

---

Suggerimento Professionale: Lanci dei Film

Il miglior esempio nel mondo reale della tecnica sussurra-stuzzica-grida è il lancio dei film. Realizzano trailers di cinque secondi un anno prima. Poi un trailer di trenta secondi novanta giorni prima E poi trailers più lunghi man mano che si avvicina la data del lancio. Alimentano la curiosità, poi l'interesse, poi l'azione.

Ora tocca a te: Ottieni dai tuoi affiliati il lancio. Fornisci loro tutto il necessario per fare il "sussurra-stuzzica-grida" correttamente. Loro gestiscono la pubblicità. Tu ottieni potenziali leads ingaggiati. *Tutti vengono pagati.*

Passo 6: Continua a Pubblicizzare.

La strategia che utilizziamo per far iniziare gli affiliati a pubblicizzare è diversa da quella che utilizziamo per *mantenerli* attivi nella pubblicità. In un mondo ideale, vendi una volta a un affiliato e loro ti inviano leads ingaggiati per sempre. L'integrazione ci permette di raggiungere questo obiettivo.

 Ho tre modi per integrare il tuo prodotto nella loro offerta. Li ordino dal più facile al più difficile. Primo, puoi far sì che *regalino il tuo leads magnet* con ogni acquisto del loro prodotto. Secondo, puoi far sì che *vendano separatamente il tuo leads magnet* al loro pubblico. Terzo, puoi far sì che *vendano direttamente la tua offerta* principale.

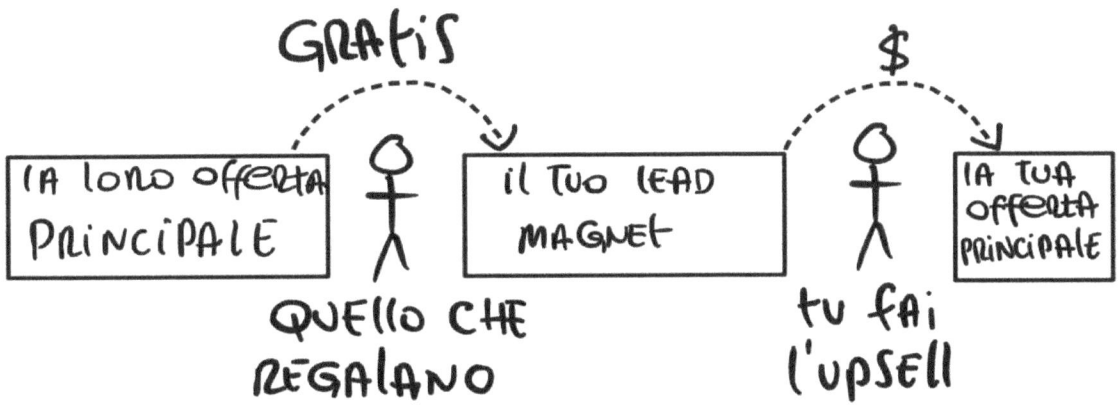

Offrono gratuitamente il tuo leads magnet, il che rende più preziosa la loro offerta principale senza costi aggiuntivi. Quindi, fai l'upselling della tua offerta principale e di tutte le offerte successive.

 1) **Gli Affiliati Regalano il Tuo Leads Magnet Quando Qualcuno Acquista le Loro Cose.** L'idea qui è che il tuo Leads Magnet renda l'offerta dell'affiliato più preziosa. Questo consente loro di addebitare di più ed ottenere più leads di quanto potrebbero senza di esso. Ricorda, i migliori leads magnet regalano una prova gratuita o un campione del tuo prodotto, rivelano un problema o offrono un singolo passaggio di una soluzione a vari step. Ecco alcuni esempi:

Campioni e Prove: Immagina di vendere massaggi e di reclutare come affiliato lo studio di personal training accanto. Ora, tutti coloro che acquistano da loro ricevono un massaggio gratuito da parte tua. Lo studio di personal training ora ha un'offerta più forte per cui possono addebitare di più e noi otteniamo più potenziali clienti per i massaggi. Tutti vincono.

<u>Rivelare un Problema</u>: Invece di regalare un massaggio gratuito, offriamo loro una valutazione della postura gratuita o scontata con ogni pacchetto di allenamento che vendono. Le valutazioni e gli sconti aggiungono meno valore all'offerta dell'affiliato, ma alcune persone lo faranno comunque. E per essere chiari, dopo aver valutato il cliente, gli fai un'offerta per risolvere i problemi che gli hai rivelato.

<u>Un Passo in un Processo Multi-Fase</u>: Supponiamo tu abbia un piano di trattamento in tre parti. Massaggio, stretching ed aggiustamenti. Le persone che ricevono abbastanza valore dalla prima parte avranno paura di perdere gli altri passi. Quindi, più pensano che gli altri passi contribuiranno a risolvere il loro problema principale, più è probabile che li acquistino. Il tuo affiliato darebbe gratuitamente il primo passo del tuo processo multi-fase. Da lì in poi effettueresti l'upselling dei tuoi potenziali clienti.

<u>Ciò che ho fatto</u>. Otteniamo affiliati da palestre per regalare una consulenza nutrizionale gratuita ad ogni nuovo membro. Poi, vendiamo i nostri prodotti durante la consulenza. Possono promuovere il fatto che includono consulenze nutrizionali per ottenere più lead e possono chiedere di più per il valore aggiunto. E noi abbiamo l'opportunità di vendere quei lead. È una vittoria per tutti.

Suggerimento Professionale: Lead Magnet con Etichetta Bianca

Una delle mie strategie preferite è permettere loro di utilizzare i lead magnet per attirare potenziali leads che ho già creato per il mio pubblico, per il loro. Assicurati solo che i tuoi affiliati concordino con il modo in cui offri valore e comprendano il tuo invito all'azione. Al massimo, poche modifiche nel testo renderanno il tuo lead magnet adatto a loro. Ad esempio, per le palestre, ho creato piani alimentari, liste della spesa e istruzioni per la preparazione dei pasti in white label (senza logo). Li ho dati alle palestre da utilizzare come lead magnet *per i loro clienti*. Tutto ciò che dovevano fare era apporre il loro logo - e boom - il loro pubblico ha potuto beneficiare *immediatamente* di tutto il mio lavoro. E, così *entrambi* abbiamo ottenuto più leads.

252

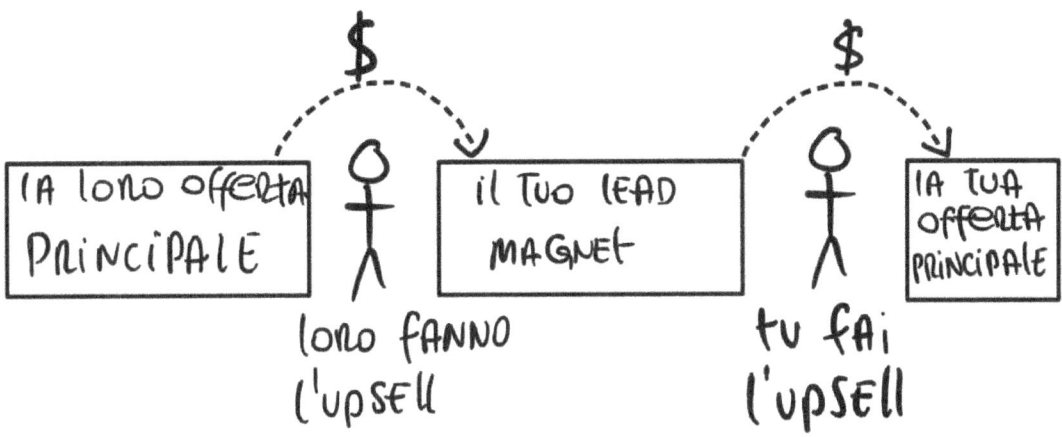

Vendono la loro offerta principale. Successivamente, propongono l'upsell del tuo lead magnet. In seguito, proponi l'upsell della tua offerta principale e di tutte le offerte successive.

2) **Gli Affiliati Vendono il Tuo Lead Magnet**. Fondamentalmente, l'affiliato può vendere qualsiasi cosa sia tua che trasformi i loro clienti nei tuoi clienti. Potrebbe essere un libro, un evento, un servizio, un software, un campione di prodotto, ecc. Inoltre, dare agli affiliati tutti i soldi provenienti dalla vendita di un lead magnet che tu *soddisfi* diventa tutto profitto e nessun lavoro per loro, una proposta interessante per qualsiasi attività. Il tuo guadagno deriva dalla vendita della tua offerta principale per un importo superiore a quanto ti è costato fornire il tuo lead magnet. E se lo fai in questo modo, non sarà necessario condividere i guadagni della tua offerta principale con loro. Un altro vantaggio per entrambi.

Esempio: Vendono ciascun prodotto che abbiamo offerto gratuitamente nel passaggio precedente. Vendono il tuo massaggio ad un prezzo scontato. Vendono la tua valutazione (che potresti fare in formato 1-1 o in un formato di gruppo come un workshop). Vendono la parte uno della tua soluzione multi-step.

Quello che ho fatto. Le palestre offrirebbero una consulenza nutrizionale tramite noi e ne tratterrebbero i ricavi. Potrebbero addebitare, ad esempio, $99 o $199 per un'ora del nostro tempo. Se fossimo furbi, consentiremmo loro di trattenere l'intero importo. Se lo facciamo, ci invieranno ancora più potenziali leads. Poi, effettueremo un'upselling dei nostri prodotti durante la consulenza.

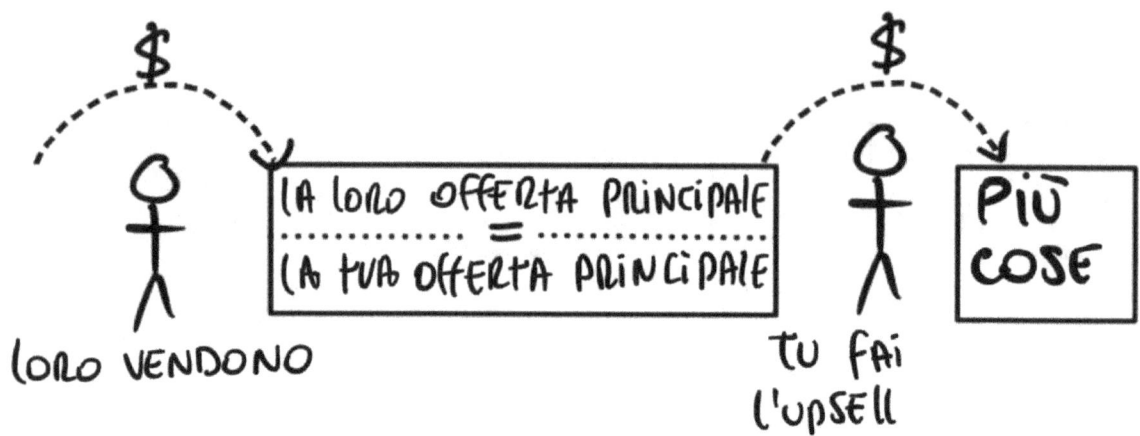

...poi suddividi i soldi. Puoi suddividere i soldi iniziali, tutti i soldi per un certo periodo di tempo o tutti i soldi per sempre. Preferisco pagare per sempre in modo che i miei affiliati rimangano motivati a mantenere i miei clienti per sempre. E, non limito mai i pagamenti.

3) **Gli Affiliati Vendono la Tua Offerta Principale**. Un affiliato vende direttamente la tua offerta principale ai propri clienti e aggiunge un'altra fonte di reddito senza sforzo aggiuntivo. Per alcuni affiliati, questa è la loro unica fonte di reddito! Molte aziende offrono questa struttura come nuova opportunità o aggiuntiva di business per gli affiliati. In ogni caso, qualsiasi cosa tu venda, loro possono venderla. Quando utilizzi questo metodo, l'affiliato otterrà una percentuale più alta del tuo guadagno lordo a vita, ma tu non dovrai fare nulla oltre alla consegna.

Esempio: Vendono l'intero pacchetto di massaggi. Vendono l'intero programma o i servizi. Raggruppano i loro servizi con i tuoi servizi a pagamento e applicano un prezzo ancora più alto.

Cosa ho fatto: Abbiamo insegnato alle palestre ad organizzare consulenze nutrizionali con prodotti senza marchio. Poi li abbiamo istruiti a promuovere i nostri integratori direttamente ai loro membri e abbiamo diviso il guadagno.

Quelle sono le tre strategie di base. Funzionano tutte. Sono semplicemente diverse. Dopo i test, continuiamo ad utilizzare la Strategia 1 (due volte l'anno come grande evento) e la Strategia 3 in modo continuativo. Detto questo, molte aziende simili nel nostro portfolio utilizzano la Strategia 2. Sto solo condividendo ciò che ha funzionato per noi.

Riassumendo: L'integrazione è la strategia a lungo termine per utilizzare gli affiliati per ottenere un flusso costante di leads duraturi. Tratta gli affiliati come clienti. Fai in modo che la tua offerta abbia senso per la loro attività. Rendila così buona che si sentirebbero stupidi a dire di no.

Ora tocca a te: Integrati con i tuoi affiliati scegliendo se vuoi che regalino il tuo lead magnet o lo vendano o direttamente vendere la tua offerta principale.

Questi sono i sei passaggi per reclutare un esercito di affiliati. Ora che li abbiamo affrontati, permettimi di darti tre casi studio reali per chiarire ulteriormente il concetto.

Tre Casi studio che Puoi Seguire

Caso Studio #1: Servizi Nazionali di Preparazione Fiscale

Un mio amico gestisce un'azienda da $50M che si occupa della preparazione di LLC, conti bancari e atti costitutivi. Si concentra sulle persone che avviano un'attività per la prima volta, ma non cerca di competere con Legalzoom. Invece, ha costruito il suo business facendo partnership con persone che formano nuovi imprenditori. La sua strategia è semplice: aiutare queste persone a vendere di più promuovendo anche i suoi servizi. Quindi, offre ad ogni cliente degli affiliati la configurazione gratuita di LLC. Questo è uno dei cosiddetti "lead magnet ad alto costo" di cui abbiamo parlato nella sezione II.

Lancio: Organizza un grande seminario di lancio rivolto al pubblico degli affiliati per dare avvio all'intero processo. Le persone accettano volentieri la sua offerta di LLC gratuita. Questo è il suo lead magnet per attirare potenziali leads.

Integrazione: Una volta che gli affiliati vedono il successo del lancio, integrano il suo lead magnet nella loro offerta principale. Successivamente, il team del mio amico contatta telefonicamente *i clienti che gli affiliati gli portano gratuitamente*. Ecco come guadagna lui, vendendo loro ciò di cui avranno bisogno in seguito. I servizi di cui avranno bisogno per avviare la loro attività come la contabilità, la preparazione delle dichiarazioni fiscali, ecc

Il mio amico non spende un dollaro in pubblicità a pagamento. I suoi veri costi pubblicitari sono rappresentati da due cose: la fornitura del suo lead magnet gratuito (la configurazione LLC) e il pagamento di una percentuale su ogni prima vendita agli affiliati che glieli hanno inviati. E tutti vincono.

Caso Studio #2: Prestige Labs, la mia azienda di integratori

Vendiamo ai proprietari di palestre presso Gym Launch e li formiamo su come pubblicizzare e vendere le iscrizioni alle palestre. Prestige Labs ha una linea di integratori per adulti che si allenano attivamente. Questo rende Gym Launch un affiliato perfetto, in quanto ha una comunità di proprietari di palestre che hanno anche clienti adulti attivi. Quindi, quando Gym Launch vende un nuovo proprietario di palestra, li presenta a Prestige

Labs. Successivamente, il team di Prestige Labs segue la strategia "lanciare e poi integrare" descritta sopra.

Lancio: Forniamo ai proprietari di palestre materiale pubblicitario in modo che possano coinvolgere i loro clienti attuali e passati. Ci concentriamo sull'approccio diretto e sulla pubblicazione di contenuti gratuiti per una sfida di 28 giorni gratuita. Quando le persone partecipano alla sfida, i proprietari delle palestre vendono loro gli integratori da utilizzare con il programma. Il proprietario della palestra ottiene più clienti, guadagna denaro, noi stessi guadagniamo denaro e tutti vincono.

Integrazione: Dopo il lancio, insegniamo loro a vendere gli integratori a ogni nuovo membro della palestra. Quindi, quando i nuovi clienti acquistano un pacchetto, il proprietario della palestra organizza un orientamento sulla nutrizione. Durante l'orientamento, il proprietario della palestra vende loro integratori per un valore dai $50 ai $1000 . Quindi, se una palestra registra venti clienti al mese e riesce a convincere il settanta per cento di loro a comprare gli integratori, otteniamo quattordici nuovi clienti al mese per palestra. Può non sembrare molto, ma quando si moltiplicano 4000 palestre x 14 nuove vendite al mese x $200 di ordine medio, si tratta di una notevole quantità di denaro ogni mese.

Caso Studio #3: Chiropratici Locali

I chiropratici cercano nuovi pazienti. Ed una delle aziende del nostro portfolio insegna loro ad utilizzare una strategia di affiliazione per ottenerli. Il loro modello è semplice: rivolgersi ad aziende ad alto volume che hanno persone che necessitano di aggiustamenti chiropratici. Una palestra si adatta bene al profilo. Ecco cosa fanno.

Lancio: Convincono il proprietario della palestra a promuovere un workshop di tre ore in cui mostrano esercizi corretti e posture per ottenere il massimo dai loro allenamenti. Il proprietario della palestra promuove il workshop gratuitamente o lo vende ad un prezzo compreso tra $29 e $99 a persona. Il chiropratico divide il denaro con il proprietario della palestra. Suggerimento: se dai all'affiliato (in questo caso il proprietario della palestra) il 100% del denaro, sarà più propenso a farlo più spesso. Quindi, se una palestra riesce a far venire trenta persone per un costo di $99, guadagna $2970 di profitto inviando solamente qualche mail e post sui social media. Durante il workshop, il chiropratico presenta in maniera leggera i suoi servizi ed ottiene un bel gruppo di nuovi pazienti. Facile come bere un bicchier d'acqua.

Integrazione: A lungo termine, il chiropratico convince il proprietario della palestra ad includere uno o due aggiustamenti con ogni nuova iscrizione che la palestra registra. In questo modo, aumenta il valore dell'iscrizione alla palestra rispetto alla concorrenza. Inoltre, si dimostra che la palestra dà la priorità alla salute e alla sicurezza dei propri membri (una grande preoccupazione per i principianti). Vantaggio per entrambi. Ora, ogni nuovo membro della palestra diventa un lead per il chiropratico da seguire. Ripetono questo processo con trenta palestre e ottengono più pazienti di quanti ne riescano a gestire.

Suggerimento Professionale: Anche i Dipendenti sono Leads

Le aziende che assumono molte persone sono ottime affiliate. Questo è FONDAMENTALE per le aziende dirette al consumatore e *incredibilmente* sottovalutato.

Esempio: Ogni nuovo assunto in un'azienda riceve un massaggio gratuito nel proprio pacchetto di benvenuto. Oppure, puoi offrire massaggi gratuiti ai loro dipendenti durante la pausa pranzo. È gratuito. È facile. E molte aziende desiderano fornire più valore ai loro team. Loro ottengono valore gratuito, tu ottieni leads gratuiti. E poiché probabilmente non sono nel tuo stesso business, non c'è rischio di "competere" con i loro. Quindi i datori di lavoro possono essere tra gli affiliati più facili da integrare.

"Il mio business non può funzionare con gli affiliati", disse il perdente.
"Io devo far funzionare gli affiliati per il mio business", disse il vincente.
Sii un vincente.

Nel calcolare i ritorni con metodi differenti, abbiamo confrontato il profitto lordo a vita (VVCTL) con il costo per acquisire un cliente (CAC). Quindi investiamo denaro per acquisire clienti e, in un'attività redditizia, loro ci restituiscono più di quanto abbiamo speso. Gli affiliati funzionano in modo diverso.

Spendiamo denaro per ottenere affiliati, certo. Ma in realtà non otteniamo molto indietro *dagli* affiliati stessi. Il denaro che spendiamo per ottenere un affiliato ritorna *dai clienti che loro ci portano*. Quindi, per calcolare i ritorni, confrontiamo quanto ci costa ottenere un affiliato con il profitto lordo di tutti i clienti che loro portano al nostro business.

Esempio:

Supponiamo di possedere un'azienda di widget che cresce grazie agli affiliati.

- Ottenere un affiliato ci costa $4000 in pubblicità. CAC = $4000

- Il nostro affiliato medio vende $10.000 di widget al mese e rimane per 12 mesi.

  - ($10.000 al mese) x (12 mesi) = $120.000 vendite totali

- I widget hanno un margine lordo del 75%. In altre parole, costano il 25% del prezzo al dettaglio.

  - ($120.000 vendite totali) x (25% costo della merce) = $30.000 costo totale della merce

  - ($120.000 vendite totali) - ($30.000 costo totale della merce) = $90.000 di profitto lordo da tutti i clienti che l'affiliato porta

- Paghiamo agli affiliati il 40% del profitto lordo:

  - ($90.000 profitto lordo) x (40% di pagamento) = $36.000 all'affiliato come pagamento.

- Ecco il profitto lordo che ci rimane dopo i costi della merce e i pagamenti:
  - ($120.000 totali) - ($30.000 costi) - ($36.000 pagamenti) = $54.000rimanenti
- Troviamo il rapporto LTGP a CAC degli affiliati:
  - ($54.000 profitto lordo rimasto) / ($4000 per ottenere un affiliato) = 12,5 : 1

...Niente male.

Se ricordi quanto detto in precedenza, dobbiamo avere almeno un *rapporto* di 3:1 per avere un'attività rispettabile. Come nell'esempio, vogliamo che il rapporto sia ancora più alto di questo (5:1, 10:1+). Ora, se avessimo questi numeri, faremmo semplicemente di più. Ma se il tuo rapporto effettivo tra Valore a Vita del Cliente a Lungo Termine (LTGP) e Costo di Acquisizione del Cliente (CAC) è inferiore a 3, ecco tre modi per migliorarlo:

1) Riduci il CAC: otteniamo affiliati ad un costo *inferiore* (migliorando i nostri annunci, l'offerta ed il processo di vendita).

2) Aumenta il LTGP e Riduci il CAC: fai sì che più persone si *attivino* (creando un processo di lancio).

3) Aumenta il LTGP: ne aumentiamo il *valore* (migliorando il processo di integrazione).

Con gli affiliati, ora hai almeno due livelli di clienti. I tuoi clienti e le persone che ti procurano clienti. E se hai dei super-affiliati, aggiungi un terzo livello, le persone che ti procurano le persone che ti procurano clienti! Questo aggiunge complessità, ma se riesci a gestirla, ne vale la pena.

Ora che hai compreso come utilizzare gli affiliati per fare pubblicità e come renderli maggiormente redditizi, mettiamolo in pratica.

Conclusione

Come i referenti, gli affiliati non sono un metodo pubblicitario che si può 'fare'. Sono persone che fanno pubblicità ai tuoi prodotti per il beneficio di entrambi. Li ottieni facendo i 4 approcci fondamentali e se vuoi che ti amino, *li tratti come clienti*. Perché in molti modi, *lo sono*. E se offri loro più valore di quanto gli costi ottenerlo (soprattutto i costi nascosti), ti procureranno più lead di quanto tu possa gestire.

E come abbiamo imparato in precedenza, <u>ci sono due modi per creare un'attività in crescita esponenziale. Puoi trovare più persone che non smettono mai di comprare i tuoi</u>

prodotti o puoi trovare più persone che non smettono mai di venderli per te. Le referenze sono i primi. Gli affiliati sono la scala.

In teoria, una volta costruito un esercito di affiliati, non dovresti mai più fare pubblicità. Continueranno a procurarti lead mese dopo mese. Il motivo principale è che ha senso per loro. Il modo in cui conduci la tua attività, la tua leadership e il valore del tuo prodotto entrano in gioco. Se organizzi tutto correttamente, entrambi dovreste beneficiare della vostra relazione. Dovrebbero essere in grado di investire di più per acquisire clienti grazie ad un'offerta più allettante, a maggiori profitti, o ad entrambi. E, in cambio, ottieni lead più ingaggiati. Allora, perché non lo fanno tutti? Non sanno che è possibile. Non sanno come farlo. O semplicemente, non vogliono farlo. Speriamo di aver risolto tutti e tre questi problemi contemporaneamente.

Ricorda, *la pubblicità funziona sempre*, è solo una questione di efficienza. Quindi, una volta iniziato, continua finché non funziona.

Passaggi da compiere

Fai pubblicità alla tua offerta affiliata fino a ottenere dieci o venti affiliati.

Ottieni risultati con quegli affiliati e usa i loro feedback per risolvere i problemi della tua offerta, come i termini, i lanci e la strategia di integrazione.

Quindi, scala rapidamente trasformando i loro risultati nel tuo primo set di leads magnet per i tuoi affiliati.

REGALO GRATUITO: Costruisci il tuo esercito di affiliati BONUS

Come puoi vedere - sono un grande fan della costruzione di programmi di affiliazione quando sono fatti bene. Per aiutarti a 'farlo bene' al tuo primo tentativo, ho creato una formazione video approfondita per te. Puoi ottenerla gratuitamente su: **Acquisition.com/training/leads**. E come sempre, puoi anche scansionare il codice QR qui sotto se non vuoi digitare.

Sezione IV Conclusione

Ottenere Acquisitori di Leads

"L'ultima abilità che devi acquisire è far sì che gli altri facciano tutto ciò di cui hai bisogno per te"

Mettiamo in atto i quattro pilastri fondamentali per ottenere lead ingaggiati: Facciamo approcci a freddo, approcci a caldo, postiamo contenuti e creiamo pubblicità a pagamento. E li usiamo per ottenere due tipi di lead ingaggiati: quelli che diventano clienti o quelli che trasformiamo in "acquisitori di lead". Gli acquisitori di lead si presentano in quattro varianti: Referenti, Dipendenti, Agenzie e Affiliati. Ognuno di essi ha punti di forza chiave:

- I referenti dei clienti hanno il potenziale più grande per una crescita esponenziale a basso costo.

- I dipendenti sono sotto la tua influenza diretta e gestiscono la tua attività per tuo conto.

- Le agenzie insegnano competenze che conserverai per sempre e che puoi trasferire al tuo team.

- Gli affiliati, una volta avviati, possono operare completamente da soli.

Puoi fare pubblicità da solo o farlo fare ad altre persone. E ci sono molte più "altre persone" rispetto a te. *Ottieni più lead per il lavoro che fai quando ricevi aiuto.* Quindi, se vuoi ottenere un sacco di lead, questa è la strada da percorrere.

Forse ti gira la testa. Ora che capisci questi metodi di pubblicità, vedi lead ovunque guardi. *Abbiamo così tanti modi per crescere*! Ma... non sai su quale concentrarti.

Qualsiasi o tutti questi metodi di acquisizione di leads possono supportare una strategia di successo per ottenere leads, e li ho messi nell'ordine in cui avvengono naturalmente. Se inizi da solo, tendi ad ottenere i tuoi primi referenti prima di iniziare a costruire un grande team. E quando inizi a costruire un grande team (dipendenti), probabilmente inizierai a cercare un aiuto professionale (agenzie). E solo quando un imprenditore ha il controllo della gestione delle persone all'interno della propria azienda tende a trovare il coraggio di cercare di gestire le persone al di fuori della propria azienda (affiliati). In ogni caso, devi dimenticare l'idea che tutto funzionerà alla perfezione subito.

261

Se pensi di diventare milionario il primo anno in cui inizi a lavorare per conto tuo, probabilmente ti sbagli. È molto improbabile. E un'ossessione per "arricchirsi velocemente" probabilmente farà sì che non accada mai. Le persone cercano scorciatoie per un decennio fino a quando non capiscono che avrebbero dovuto scegliere una strategia ed attenersi ad essa per un decennio. Se lo fai, il successo è inevitabile. Una volta trovato qualcosa che funziona per te, *attieniti a ciò che scegli*. Queste sono le migliori parole di incoraggiamento che posso offrire. Più giochi, più diventi bravo e più successo otterrai. *Ma non rinunciare o cambiare metodo dopo aver visto alcune perdite*. È normale perdere all'inizio. In effetti, mi aspetto di trovare una nuova fonte di lead tra tre e sei mesi (e questa non è la mia prima esperienza). Quindi, se le tue aspettative sono più rapide di così, pensi che le tue aspettative siano ragionevoli?

Abbiamo trattato molti argomenti qui. Questa sezione è su come scalare: Fai in modo che altre persone ti aiutino. Sono il collegamento mancante. Ognuno di essi ha la propria strategia e le proprie pratiche migliori. Usa ciò che si applica al meglio alla tua situazione.

Questo ci porta alla Sezione V: Inizia. Voglio mettere tutto questo insieme per te, così saprai *esattamente cosa fare dopo*. Insieme, elimineremo per sempre i leads come ostacolo nella tua attività. Andiamo avanti!

Sezione V : Inizia

"Non è la fine. Non è neppure l'inizio della fine. Ma è, forse, la fine dell'inizio."

- Winston Churchill

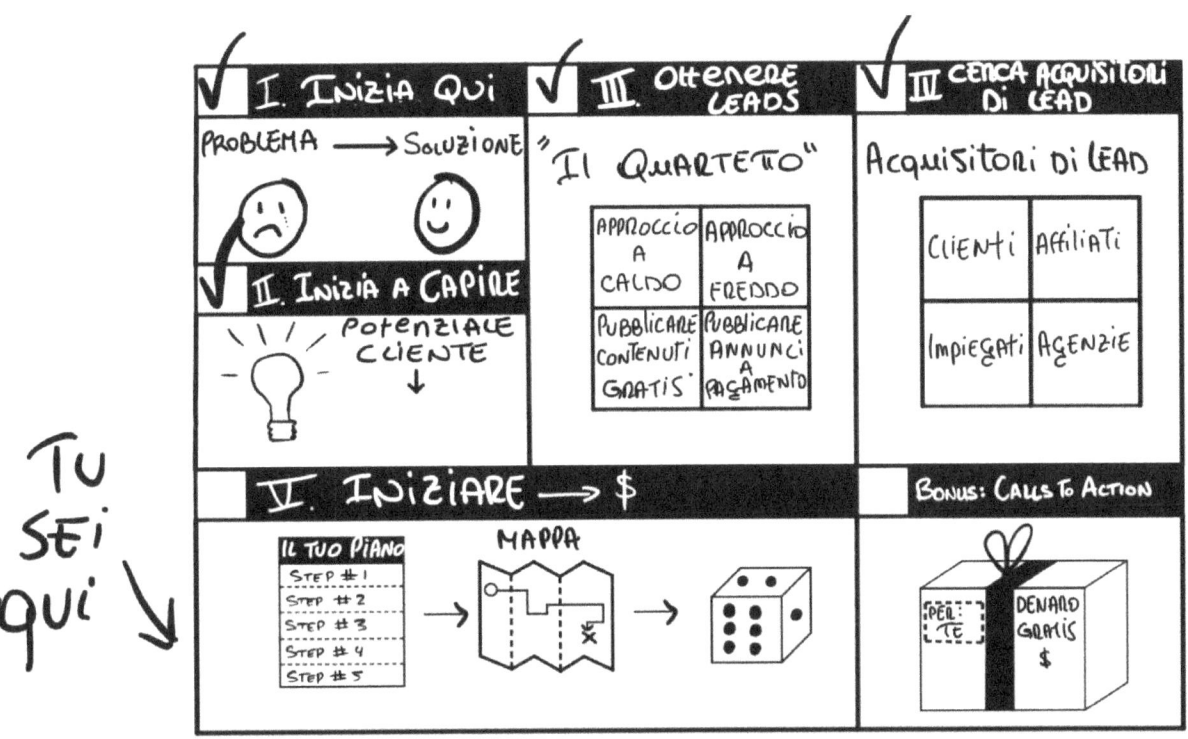

Giugno 2017. Tre mesi dopo aver perso tutto di nuovo e aver trasformato Gym Launch in una licenza.

"Hey Leila, cosa ne pensi di questo?" chiesi.

"Cos'è?"

Le diedi il mio telefono.

> *Signor e Signora Hormozi, vi invitiamo cordialmente ad un evento privato per imprenditori che guadagnano da otto cifre in su. Fatemi sapere se siete interessati.*

"Sembra interessante", disse lei. "...ma non guadagniamo otto cifre"

Feci finta di non sentirla. "Vuoi andare?"

"Certo. È incluso nelle nostre quote di mentorato?"

"Un attimo, chiedo."

Un attimo dopo arrivò una risposta via email:

No, questa è una spesa aggiuntiva. Si tratta di un evento di due giorni limitato a dieci persone in un resort privato.

"Nope", dissi.

"Uh. Possiamo permetterci di andare?" Ouch.

"Chissenefrega! Non possiamo permetterci di non andare."

10 giorni, un lungo volo ed un breve tragitto in auto dopo...

Ce l'abbiamo fatta. L'incontro dei "ragazzi fighi". Avevo un solo obiettivo, aggiungere il massimo valore possibile a tutti gli altri presenti. Ma dal momento in cui ero entrato, avevi capito di essere fuori dalla mia lega. Riconobbi quasi tutti lì. Erano famosi nel mondo della pubblicità. Parlavano tutti a grandi eventi. Facevano autografi. Guadagnavano milioni E poi c'ero io. Non ero un imprenditore a otto cifre. Ero un ragazzo di Baltimora che pagava solo per respirare l'aria di tutti quelli altri.

Una volta che tutti si sedettero, incominciò una breve discussione organizzativa e poi passammò al business. Questo modo di fare le cose era in netto contrasto con i grandi palchi, i sistemi audio a tutto volume, le luci lampeggianti e altre scenografie che hanno gli eventi "veri".

Il primo oratore era pronto per iniziare. Aveva una sorta di "man bun" e vestiti comodi, quasi da yoga. Sembrava un hippie. Ma poi, cominciò dicendo che faceva solo $3.000.000 al mese... *è possibile!?* I numeri che condivideva con tale nonchalance mi facevano impazzire. Come è possibile?

Continuò con il suo discorso usando tutta una serie di termini tecnici legati al mondo degli affari, della pubblicità e della tecnologia. Ero venuto qui per imparare di più sulla pubblicità, ma mi sentivo più ignorante ogni secondo che passava. Capii abbastanza parole da rendermi conto che non sapevo nulla di utile al riguardo. La sua presentazione superava di gran lunga le mie capacità. Cominciai a sudare freddo. Leila prese la mia mano. Entrambi ci sentivamo stressati e fuori dalla nostra portata.

Finii e finalmente iniziarono le domande. *Eccellente.* Ma le domande erano dello stesso livello della sua presentazione. No, *sono di nuovo spacciato.* Poi, una voce impacciata chiese.

"Allora ehm... Che corsi stai facendo per imparare tutte queste cose?" *Evvai*. Mi avvicinai con l'orecchio. Penna in mano. La sua risposta cambiò la mia vita:

"A questo punto, non mi aspetto di imparare nulla di nuovo dai corsi. Devo imparare facendo. E "faccio" spendendo una percentuale del mio fatturato per testare nuove campagne, nuovi canali, nuove pagine o semplicemente idee folli. E ogni volta che faccio un test, imparo qualcosa di nuovo, quindi i soldi sono ben spesi. Ogni volta che uno di questi test è un successo, e alcuni lo sono, è una grande vittoria. Scopro qualcosa di incredibile e guadagno molto più denaro di quanto ne abbia speso. Alza l'asticella per la mia azienda e, cosa più importante, per me stesso. Quindi, che si tratti dell'1%, del 5% o del 10%, *metti da parte una certa percentuale del tuo budget pubblicitario* per provare cose nuove senza aspettarti un ritorno. Consideralo un investimento nella tua formazione."

Sentii brividi attraversarmi come se un demone avesse lasciato il mio corpo. Mi stava dando il permesso di fallire.

<u>*Nulla di tutto questo è magia. Se lui può farlo, allora posso farlo anch'io.*</u>

***

La settimana successiva, triplicai il mio budget pubblicitario. Sì, era un po' aggressivo. Ma la mia mentalità era completamente cambiata. Avrei o guadagnato di più o migliorato:

La nostra attività passò da $400.000 a giugno a $780.000 a luglio. Da lì, il mio costo per acquisire clienti aumentò troppo. Quindi sperimentai con nuovi target. La maggior parte è fallita. Poi, un successo. Boom, superammo il milione di dollari, arrivando a $1,2 milioni e poi a $1,5 milioni al mese.

Poi mi resi conto che non stavamo seguendo i nostri leads ingaggiati.... Testammo le e-mail. Non funzionò. Testammo le chiamate telefoniche. Niente. Poi provai gli SMS di massa. Bam, siamo schizzammo a $1,8 milioni il mese successivo.

Da quel momento in poi, testammo gli annunci a pagamento come dei pazzi. Aumentammo qualità e quantità contemporaneamente. Boom. Ed in un batter d'occhio eravamo arrivati a $2,5 milioni al mese.

Poi lanciammo il nostro programma di affiliazione e aggiungemmo altri $1,5 milioni al mese. Ciò ci portò oltre $4 milioni al mese. Anni dopo, il nostro portfolio ora genera più di $16.000.000 al mese.

Quindi prova e riprova fino a trovare qualcosa che funzioni. Agite con determinazione. Rimanete concentrati. Raddoppiate gli sforzi finché non ottenete risultati. Poi testate fino a trovare la prossima cosa che funziona e raddoppiate gli sforzi anche su *quella*. Seguire questi passi è l'unico modo per creare l'azienda che desideri e la vita che ne deriva. E forse, sconfiggere il tuo demone del giudizio.

Quindi da ora in poi...

O vinci o impari.

La Fine dell'Inizio

La tua velocità nel fare soldi dipende da quanto rapidamente impari le competenze per fare soldi. Ottenere più leads ingaggiati con le competenze della pubblicità è un ottimo punto di partenza per guadagnare di più. Infatti, se guadagni già *una certa* quantità di denaro, più leads ingaggiati ti faranno guadagnare ancora di più. E, purtroppo, queste *competenze richiedono tempo per essere apprese*. Quindi condivido le mie esperienze per accorciare di anni il tuo percorso. Per ridurre il divario tra non avere soldi ed averne di più. È ora di far accadere le cose.

Sommario della Sezione "Inizia"

Questa sezione finale ha tre capitoli. Sono brevi e concisi, proprio come il nostro tempo insieme.

<u>Nel primo capitolo</u>, Pubblicità nella vita reale, stabilirò la mia unica grande regola pubblicitaria. Poi ti fornirò il mio piano pubblicitario personale su una sola pagina che puoi utilizzare per ottenere più leads ingaggiati, *oggi*.

<u>Nel capitolo successivo</u>, Mettiamo tutto insieme, traccerò la roadmap per

scalare dai tuoi primi leads fino alla tua macchina da *$100 milioni di leads*.

<u>Infine</u>, compatterò un decennio in una pagina, riassumerò tutto ciò che abbiamo imparato in elenchi per mostrare quanto abbiamo progredito nel nostro tempo insieme. Poi, per mandarti per la tua strada, condividerò una parabola che mi ha aiutato persino nei momenti più difficili.

Pubblicità nella Vita Reale : Aperti all'Obiettivo

Se un po' è buono, di più è ancora meglio.

Giugno 2014.

Quando lanciai il mio primo centro fitness, utilizzai gli stessi annunci a pagamento che avevo usato nella palestra di Sam, tempo fa. E funzionarono per un periodo. Nel tempo, i costi cominciarono a salire. Ottenevo meno leads allo stesso costo. Ma avevo bisogno di ancora più clienti. Non ero sicuro di cosa fare.

Parlai con un mentore che gestiva una catena di centri abbronzatura per un consiglio. Disse: "Prima di tutta questa roba sofisticata su internet, i volantini ci hanno dato grandi risultati, dovresti provarli." E così feci. Ne stampammo 300. Nel corso del giorno successivo, li appesi sulle auto nelle zone vicine al centro fitness. Un giorno dopo. Nulla. Il giorno successivo, il telefono squillò. *Finalmente*!

"Hey, hai messo un volantino sulla mia auto -" Il mio cuore cominciò a battere

forte. *Aveva funzionato*!

"- Sì, sì l! Come posso -?" Ma prima che potessi finire, mi interruppe di nuovo.

"- Sì, hai graffiato la mia Mercedes..." *Mannaggia.* "...dovrai pagare per -" Panico. Riattacai il telefono. Mi richiamò , lasciai il telefono squillare. Fortunatamente non mi richiamò una seconda volta. Quella fu l'unica chiamata che ricevetti dai volantini. Nessun lead Nulla.

Universo: 1. Alex: 0.

267

Alcune settimane dopo

Ero seduto nella hall della mia palestra ad *aspettare che i clienti mi capitassero tra le mani*. Mi sentivo annoiato e un po' frustrato, così chiamai il mio mentore con l'idea "illuminante" di distribuire volantini.

"Hey Alex, come va?"

"Uh, non troppo bene."

"Oh sì? Cosa succede?"

"Avevamo messo fuori i volantini come hai detto."

"Ah sì, quanti potenziali clienti hai ottenuto?"

"Nessuno."

"Uhm... è strano." Fece una pausa. "Qual era la dimensione del tuo test?"

"Cosa intendi?"

"Quanti ne hai distribuiti?"

"Ne ho messi fuori 300", risposi con un tono risentito.

"Oh, ne hai messo fuori solo 300? È difficile capire se funziona con un numero così piccolo... io faccio dei test con 5000. Poi, quando troviamo un lead ne mettiamo fuori 5000 al giorno, tutti i giorni, per un mese..."

Cinquemila? Lui testa con quasi diciassette volte il budget della mia intera "campagna". E lo fa in <u>un solo giorno</u>. Mi sentivo come la persona che dice che l'esercizio fisico non funziona dopo essere stata in palestra una sola volta. E *odio* quella persona.

"... Intendo, che tipo di risposta pensavi di ottenere?" Rise. "Se otteniamo lo 0,5%, è decente. Se otteniamo l'1%, è un successo. Con 300 volantini, lo 0,5% sarebbe come una persona e mezza. Questo rende abbastanza difficile capire se hai ottenuto un lead no."

Non avevo niente da dire. Aveva ragione. *Mi sentivo uno sciocco.*

Dubito che si ricordi di quella chiamata. Ma mi è rimasta impressa. Mi sono promesso che *non avrei mai* permesso che lo sforzo fosse la ragione per cui qualcosa non funziona per me. Poteva essere qualcos'altro. L'offerta. Il testo. L'immagine. Il target. Il media. La piattaforma. La posizione della luna. *Ma non il mio sforzo.*

Quei miseri 300 volantini mi hanno insegnato una grande lezione. Avevo fatto le cose giuste, ma non abbastanza volte. Mancava ciò che può essere descritto con una sola parola: volume.

Neil Strauss ha detto una volta: "Il successo si basa sul fare l'ovvio per un periodo di tempo insolitamente lungo senza convincersi di essere più intelligenti di quanto si è." L'azione giusta nella quantità sbagliata fallisce comunque. La maggior parte delle persone, me compreso, *si ferma troppo presto*. Non facciamo *abbastanza*.

La maggior parte delle persone sottovaluta notevolmente il volume necessario per far funzionare la pubblicità. Non ne fanno la metà o un terzo di quanto richiesto. In realtà, fanno molto meno. Io stavo facendo 1/1500 della quantità di sforzo richiesta per far funzionare una campagna di volantini–*semplicemente non lo sapevo*.

Sento questa storia tutto il tempo. "Alex, ho contattato 100 persone nelle ultime sei settimane, ho ottenuto solo un cliente, non funziona."

Risposta: "Hai fatto 1/42 del lavoro richiesto. Dovevano essere 100 al giorno, non 100 nel corso del tempo."

La maggior parte delle persone non capisce che la pubblicità è un gioco di input ed output. Per loro, gli output sembrano fuori dal loro controllo. I loro input di basso sforzo ottengono come risultato un flusso di output di potenziali clienti ingaggiati, basso e poco affidabile. Interrompiamo questa pratica ora. Tu investi nello sforzo pubblicitario. Il risultato sono potenziali clienti ingaggiati. Fine. Adesso siamo chiari sulle azioni che compi (i quattro pilastri fondamentali). E come abbiamo imparato quando massimizziamo questi quattro elementi, devi semplicemente mettere in *più* e farlo *meglio* di prima. Abbiamo iniziato con la regola del 100, ma quando la rendi la norma, sei pronto a portarla al livello successivo con…

Regola del 100 su Steroidi - Aperto all'Obiettivo

Una catena di palestre con molto successo permetteva ai loro responsabili delle vendite di organizzare il proprio orario di lavoro. Ma c'era un vincolo: dovevano iscrivere cinque nuovi membri al giorno, *non importa come*. Quindi, se ci fossero riusciti entro pranzo, avrebbero potuto finire presto. Ma se ciò richiedeva 18 ore, pazienza. Chiamavano questo tipo di programma "aperto all'obiettivo".

Ho scoperto che gli imprenditori e i venditori d'élite in varie industrie fanno qualche variazione di "aperto all'obiettivo". Questo perché è simile alla regola del 100… ma per i grandi esperti. Non ti limiti semplicemente a impegnarti a fare qualcosa un numero specifico di volte... ti impegni a lavorare fino a raggiungere un numero specifico di risultati, qualunque cosa accada. Significa che sblocchi un livello completamente nuovo di sforzo che nemmeno sapevi di avere. Potrebbe significare fare qualcosa solo cinquanta volte per ottenere il risultato desiderato. O, come per i volantini, cinquemila volte, ogni giorno, per *anni.*

Se vuoi portare la tua pubblicità al livello successivo - <u>lavora fino a quando il lavoro non è finito</u>. Abbandona l'idea di "fare del tuo meglio". Invece, fai ciò che è richiesto. E a volte significa che il tuo meglio deve solo migliorare.

Come Faccio A Far Funzionare "Aperto all'Obiettivo" Per Me Stesso:

Se dovessi scegliere le tre abitudini che mi sono servite maggiormente nella mia vita, sarebbero:

1) <u>Svegliarsi presto</u> (alle 4-5 del mattino) -Consiglio da esperto, ciò significa effettivamente *andare a letto presto...*

2) <u>Mettersi subito al lavoro</u>-Nessun rituale. Nessuna routine. Bevo caffè e mi metto a lavorare.

3) <u>Nessuna riunione fino a mezzogiorno</u>-Nessuna interruzione. Niente. Tempo di lavoro completamente concentrato.

Per essere chiari, non credo ci sia magia nello svegliarsi presto. Ma credo che ci sia magia in un lungo periodo di lavoro ininterrotto immediatamente dopo un lungo periodo di sonno ininterrotto. Dopotutto, sono le ore più produttive di lavoro intenso che posso svolgere... senza nulla che mi intralci... Ogni. Singolo. Giorno. Come puoi perdere?

E poiché ho un'idea chiara di quanto posso fare in un giorno, stabilisco il mio obiettivo giornaliero di conseguenza. Poi, solo dopo il mio periodo dedicato di lavoro concentrato, mi dedico a risolvere emergenze, parlare con le persone e occuparmi delle altre faccende quotidiane.

Svegliarsi presto, mettersi subito al lavoro e lavorare 8 ore di fila è stato il mio "stack di abitudini" con l'ROI più alto. Di gran lunga. Se decidi di provarlo, spero che ti serva così come è servito a me (o meglio). E per coloro che pensano: "Aspetta! Questo significa lavorare più di dodici ore al giorno!" Hai ragione. Sto giocando per vincere. Ma se ti sembra troppo all'inizio, lo capisco. Riduci un po' le ore e poi lavora per aumentarle. Alcuni giorni sono duri, ma mi piace sempre ricordare:

"Fai più di quanto facciano loro, e avrai più di quanto hanno loro."

Alex Hormozi ✓
@AlexHormozi

Ogni volta che raggiungo un punto basso in cui penso "perché continuare?"

Cerco solo di ricordarmi "questo è il punto in cui la maggior parte delle persone si ferma, ed è per questo che non vincono."

Poiché il mio lavoro di solito consiste "nell'ottenere più clienti" nella maggior parte delle mie aziende, mi concentro sulla pubblicità. Questo libro, ad esempio, è stato scritto esclusivamente durante il blocco di tempo "aperto all'obiettivo". Perché? Perché è un asset che può portarmi altre aziende.

Quindi, se stai seguendo la mia serie di abitudini ad alto ROI, avrai bisogno di un piano d'azione chiaro per quel momento. Questo è il piano pubblicitario più semplice che posso offrirti.

Checklist Pubblicitaria su Una Pagina

Step #1: Scegli il Tipo di Lead Ingaggiato da Ottenere: Clienti, Affiliati, Dipendenti o Agenzie

Step #2: Scegli la Regola del 100 o Aperto All'Obiettivo. Impegnati Nelle Tue Azioni Pubblicitarie Quotidiane

Step #3: Compila la Checklist Pubblicitaria per Quell'Azione Giornaliera

Checklist giornaliera per la pubblicità	
Chi:	Tu
Cosa:	La tua Offerta o Lead Magnet
Dove:	Piattaforma
A chi:	Pubblico/Lista
Quando:	Prime 8 ore
Perché:	Ottieni X lead interessati o generatori di lead.
Come:	Contatti caldi/freddi, contenuti, annunci.
Quanto:	100 o fino a raggiungere il tuo obiettivo
Quante:	Numero di follow-up/numero di volte ritargetizzati.
Quanto tempo:	100 giorni o fino a raggiungere il tuo obiettivo

Step #4: Fai questa azione quotidiana finché non hai abbastanza denaro per permettere a qualcun altro di farlo.

Step #5: Quando lo fai, torna al passo 1. Rendi i dipendenti il tuo nuovo tipo di lead di destinazione. E ripeti i passaggi 1-4 finché non hai l'aiuto di cui hai bisogno. Poi, scala di nuovo.

Conclusioni

Molte pagine. Tante idee. Siamo quasi alla fine. Ma non hai più lead. Perché? Risposta: leggere non fa interessare le persone a ciò che vendi... *la pubblicità sì*. Se non stai informando nessuno su ciò che vendi, allora non attirerai l'interesse di nessuno. Punto.

Questo capitolo ha delineato il piano per fare pubblicità nel modo più semplice possibile:

- Lavora "aperto all'obiettivo".
- Struttura la tua giornata per rendere possibile "l'aperto all'obiettivo".
- Crea *e* impegnati in quell'obiettivo utilizzando la checklist pubblicitaria su una pagina.

Molti saltano la pianificazione, o peggio, scrivono un piano di cento pagine che non viene mai utilizzato. Quindi salta l'atroce spreco di tempo che è scrivere pagine di fesserie. Sfrutta il potere di elencare i tuoi passaggi d'azione *in* pagina. Non lasciare spazio per le scuse, distrazioni ed illusioni. O hai fatto le cose o non le hai fatte. Puoi compilare la tua checklist pubblicitaria su una pagina in circa cinque minuti. E una volta che la nuda verità ti sta di fronte, tutto ciò che ti resta è *farlo*.

Il Percorso - Mettere Tutto Insieme

Da Zero a $100.000.000

"Un leader deve puntare in alto, vedere in grande, giudicare ampiamente, distinguendosi dalle persone comuni che dibattono in confini ristretti."

-Charles de Gaulle,

Presidente Francese Durante la Seconda Guerra Mondiale

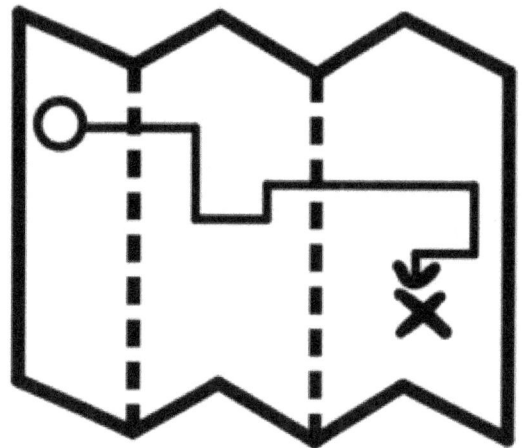

Per arrivare dove vuoi arrivare, conviene sapere cosa ti aspetta. Quindi, in questo capitolo, descrivo le fasi che attraverserai mentre aumenti la tua pubblicità. Acquisition.com utilizza questa roadmap per scalare le nostre aziende del portfolio da alcuni milioni all'anno, fino a $100.000.000+. Questi livelli ti aiuteranno ad identificare dove ti trovi nel totem della pubblicità, così saprai cosa fare per raggiungere il livello successivo.

Livello 1: *I tuoi amici sanno cosa vendi.* Per iniziare ad ottenere leads ingaggiati, fai un'offerta, ad un avatar, su una piattaforma. Il momento in cui ottieni leads ingaggiati è il momento in cui puoi iniziare a guadagnare. Per me, questo momento è iniziato contattando *tutte le persone* che conoscevo.

Azione Principale: Approccio a caldo.

Livello 2: *Informi costantemente tutti quelli che conosci su ciò che vendi.* Conosci gli input esatti per ottenere un lead ingaggiato con il tuo metodo pubblicitario scelto. E, scalando questi input, ottieni clienti costanti. Ma i clienti costanti provengono dalla massimizzazione della tua capacità lavorativa personale. Per me, oltre ai leads caldi, ho massimizzato la mia capacità lavorativa personale con annunci a pagamento, usando un caso studio come lead magnet. Ma guardando indietro, avrei voluto iniziare postando contenuti gratuiti. Quindi lo suggerisco.

Azioni Principali: Fai più approcci possibili con i leads caldi e pubblica il maggior numero di contenuti in modo *coerente*.

Livello 3: *Ottieni dipendenti per aiutarti a fare più pubblicità*. Hai massimizzato i tuoi input pubblicitari personali, ma non quelli della piattaforma. E se vuoi più leads ingaggiati, può significare solo una cosa. Fare di più. Per me, ho assunto un videomaker e un media buyer per togliermi la maggior parte del lavoro sugli annunci a pagamento.

Azione Principale: Assumi persone per pubblicizzare efficacemente per conto tuo.

Livello 4: *Il tuo prodotto è abbastanza buono da ottenere raccomandazioni costanti*. Continui a costruire buona volontà e cerchi di ottenere il 25% o più dei tuoi clienti dalle raccomandazioni. Ora, ti sei preparato per incrementare nuovamente la tua pubblicità. Ma per farlo funzionare, devi essere più serio nel formare un team.

È in questo momento che ho capito che i miei annunci erano spenti, ma stavo ancora ricevendo raccomandazioni ogni settimana. Quindi, ho puntato ancora di più sulle raccomandazioni. Ho costruito buona volontà utilizzando il feedback dei clienti per aggiornare il mio prodotto ogni due settimane. Ho anche avviato un programma di raccomandazioni con grandi incentivi allo stesso tempo.

Azioni Principali: Concentrati sul tuo prodotto fino ad ottenere raccomandazioni costanti, quindi torna a scalare la tua pubblicità con un team più grande. Qui è dove la maggior parte delle persone sbaglia. Fanno scivolare il loro prodotto e non si riprendono mai.

Livello 5: *Promuovi in più luoghi, in più modi e coinvolgi più persone*. Inizialmente, espandi verso nuovi pubblici sulla tua piattaforma principale. Poi, crei annunci con tutte le posizioni e tipi di media supportati dalla piattaforma. E, dopo che il tuo team riesce ad ottenere risultati costanti, espandi nuovamente il tuo team per scalare: *un'altra piattaforma, un acquisitore di lead o un'attività con i quattro pilastri fondamentali.*

Io, ho preso due piccioni con una fava. Ho ampliato i miei annunci a pagamento per includere potenziali affiliati. E questo ha aperto la strada ai miei programmi di affiliazione.

<u>Azione Principale</u>: Fare pubblicità in modo redditizio utilizzando almeno due metodi su più piattaforme.

Livello 6: *Assumi esperti*. I tuoi dirigenti sviluppano reparti specifici per un metodo o una piattaforma pubblicitaria senza il tuo coinvolgimento. Stai cercando leader esperti specializzati esattamente in ciò che desideri.

Abbiamo raggiunto il limite. Mi sono reso conto di due cose in tre anni. Primo, che avevo bisogno di dirigenti con l'esperienza adatta ai miei problemi. E secondo, che avevano bisogno di incentivi più forti. Ma quando ho realizzato tutto ciò, avevo già venduto quelle aziende. Una volta avviato Acquisition.com, ho compreso quanto sia potente espandere il campo d'azione per coinvolgere più persone nel raggiungimento del successo. È così che abbiamo superato i $100 milioni poi i $200 milioni di fatturato nel portfolio e oltre.

<u>Azione Primaria</u>: Far assumere ai dirigenti esperti e capi di dipartimento il controllo delle nuove attività dei canali pubblicitari.

Suggerimento Professionale: Assumi Esperienza, Non Potenziale.

Ho provato l'approccio a freddo due volte prima che funzionasse la terza. La principale differenza: la persona che ho assunto per gestirlo. Prima, ho provato con qualcuno esterno con esperienza - e ha fallito. Poi ho provato internamente senza esperienza - e ha fallito. Infine, ho assunto internamente *con* esperienza - e ha funzionato. Poiché si tratta di un'operazione complessa e pesante in termini di personale, la persona che assumi per gestire il team conta molto. Scegli l'esperienza. Dovrebbero sapere *più* di te. <u>Se non stai imparando da loro durante l'intervista, hai la persona sbagliata.</u>

Livello 7: Tornerò a modificare questo capitolo una volta superato il miliardo. Prometto che, invierò le lezioni non appena le avrò. Hai la mia parola.

<u>Punti Finali</u>: So che sembra ordinato. Ma non lo è mai. Il vero business è *caotico*. Ci vuole *molto* per scoprire quali pubblici, lead magnet, metodi e piattaforme funzionino meglio. E puoi scoprire cosa funziona solo provando. Quindi devi provare molte cose diverse, in molti modi diversi, per un tempo sufficientemente lungo per essere sicuro.

Nessuno può mai sapere la cosa migliore in assoluto da fare. Ma so una cosa: più fai pubblicità, più persone scoprono ciò che vendi. Più persone conoscono ciò che vendi, più persone lo comprano. Questa è la chiave della *Macchina dei Leads da $100 milioni*.

La Macchina dei Leads da +$100 milioni

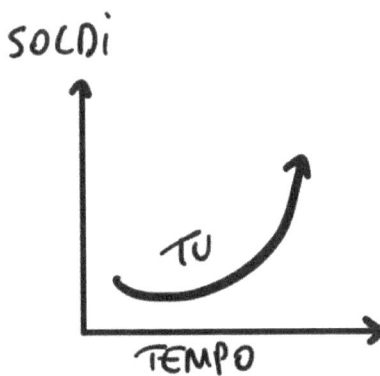

Diamo uno sguardo al tuo futuro. La tua azienda genera un fatturato annuale di $100.000.000 o più. È bello avere un'immagine chiara di come appare la macchina da $100M. Innanzitutto, la tua pubblicità funziona al massimo…

- Il tuo team multimediale distribuisce una quantità enorme di contenuti gratuiti di vario tipo su molteplici piattaforme.

- Fai regolarmente offerte al tuo pubblico per ottenere più clienti o affiliati.

- Il tuo pubblico affamato rende *subito* redditizio *qualsiasi* cosa lanci.

- Hai team che gestiscono e scalano pubblicità a pagamento redditizie su diverse piattaforme.

- Il tuo team di approcci a freddo ti porta più clienti.

- Hai un responsabile affiliati che lancia ed integra tutti i nuovi affiliati.

- Hai reclutatori *e* agenzie di reclutamento che portano più acquisitori di lead.

- Il tuo prodotto è così buono che un terzo dei clienti ti porta più clienti.

- Il tuo team esecutivo guida tutta questa crescita senza di te.

- E... *hai più lead ingaggiati di quanto tu possa gestire*.

Quanto tempo ci vuole? Per i proprietari d'azienda che sanno cosa fare, da cinque a dieci anni ovunque. Costruire qualcosa di grande, anche se sai esattamente cosa fare, richiede tempo. E molti amano vantarsi di un "successo notturno", ma guardando dietro le quinte si racconta una storia diversa. *A mia moglie e a me sono serviti più di dieci anni di impegno costante per superare i primi $100 milioni di patrimonio netto.* Quindi, quanto più grandi sono i tuoi obiettivi, tanto più lunghi devono essere i tuoi orizzonti temporali. Vuoi giocare in giochi in cui se aspetti, vinci.

Alex Hormozi ✔
@AlexHormozi

L'imprenditoria non è per i deboli di cuore.
Il carico è pesante e la strada è lunga.

REGALO GRATUITO: TUTORIAL BONUS - Scalare da $0 a $100M+

A volte è utile ascoltare un racconto su come sia ogni fase. Se sai cosa arriva dopo, puoi iniziare a prepararti da oggi. Ho registrato un tutorial gratuito in cui ti aiuto ad identificare dove ti trovi e cosa viene dopo, così puoi vincere. Puoi prendere il tutorial gratuitamente su, l'hai indovinato, **Acquisition.com/training/leads.** Come sempre, puoi anche scansionare il codice QR qui sotto se non vuoi digitare.

Un Decennio in una Pagina

"La semplicità è la massima sofisticatezza." - Leonardo Da Vinci

Abbiamo parlato molto. Penso che raccogliere tutto ciò che abbiamo imparato in un unico posto aiuti ad assimilarlo meglio. Così ho creato questa lista "al volo" di ciò che abbiamo trattato e dei relativi motivi.

1) Come definire un lead da questo momento in poi. Ora sai cosa stai cercando: leads ingaggiati, non solamente leads.

2) Come trasformare i leads in leads ingaggiati con un'offerta o un lead magnet. E come crearli.

3) I *Quattro Pilastri Fondamentali* - gli unici quattro modi in cui possiamo far sapere alle persone cosa vendiamo.

   a) Come contattare persone che ci conoscono: *chiedere a loro se conoscono qualcuno.*

   b) Come pubblicare: *attirare, trattenere, ricompensare. Dare finché non chiedono.*

   c) Come contattare estranei: liste di leads, personalizzazione dei messaggi, offerta di grande valore in tempi brevi, gestione del volume di invii.

   d) Come eseguire annunci a pagamento per estranei: *targeting, richiami, Cosa-Chi-Quando, CTAs, acquisizione finanziata dal cliente.*

4) Massimizzare i Quattro Pilastri Fondamentali: *Più Meglio Nuovo.*

   a)Cosa ci impedisce di fare ciò che sto facendo attualmente dieci volte

   di più? E di conseguenza risolvere questo problema.

   b)Trovare il limite nella nostra pubblicità. E poi testare *finché* non sblocchiamo questo limite. Poi facciamo di più finché non raggiungiamo un nuovo limite da "sbloccare"

5) I Quattro Cacciatori di Leads: *Clienti, Dipendenti, Agenzie e Affiliati.*

   a)Come far si che i clienti raccomandino altri clienti.

   b)Come far si che i dipendenti scalino la tua pubblicità.

   c)Come far si che un'agenzia ti insegni nuove competenze.

   d)Come far si che gli affiliati vengano lanciati ed integrati.

6) Quando si fa pubblicità nel mondo reale: *La Regola del 100 e Aperto all'Obiettivo.*

   a)   Il piano pubblicitario in cinque fasi, per ottenere più leads *oggi.*

279

7) I sette livelli pubblicitari e la macchina dei *leads da $100 milioni* in azione.

Come promesso fin dall'inizio, l'obiettivo di questi punti è ottenere un numero maggiore di leads ingaggiati, di qualità superiore, ad un costo inferiore e con maggiore affidabilità. Spero che questo libro ti torni utile. Spero che, a seguito della lettura di questo libro, tu sappia come ottenere più leads di quanti ne ottieni attualmente. E spero di averti svelato il mistero dietro l'acquisizione dei leads.

Inoltre, dato che sei uno dei pochi che effettivamente finisce ciò che inizia, voglio lasciarti con un regalo d'addio: una favola che mi ha aiutato nei momenti più difficili.

Il Dado Multifaccia

Immagina tu ed un tuo amico che giocate ad un gioco di lancio di dadi. A ciascuno di voi viene dato un dado. Uno dei dadi ha 20 facce. L'altro ne ha 200. Su ciascun dado, solo un lato è verde. Gli altri lati sono rossi.

Il punto del gioco è semplice: *Trovare il verde il maggior numero di volte possibile.*

Le regole del gioco sono le seguenti:

- *Non puoi vedere quante facce hai.*

- *Puoi vedere solo se tiri rosso o verde.*

- *Se tiri verde - uno dei tuoi lati rossi diventa verde, e puoi tirare di nuovo.*

- *Se tiri rosso - non succede nulla, e puoi tirare di nuovo.*

- *Il gioco finisce quando smetti di tirare. E se smetti di tirare, perdi.*

<u>Cosa fai?</u>

Tiri. Quando tiri rosso, prendi il dado e tiri di nuovo. Quando gli altri tirano verde, prendi il tuo dado e tiri di nuovo. Quando tiri verde, prendi il dado e tiri di nuovo. Continui a dirti una cosa. "Più tiro, più otterrò il verde." All'inizio, troverai il verde ogni tanto. Ma, man mano che più lati rossi diventano verdi, i verdi accadono più spesso. Con abbastanza tiri, colpire il verde diventa la regola piuttosto che l'eccezione.

<u>Cosa fa il tuo amico?</u>

Lui tira alcune volte e colpisce rosso ogni volta. Vede te tirare verde e si lamenta che *devi avere* un dado con meno facce. Ragiona che è l'unico modo in cui potevi tirare verde prima di lui. E anche se l'hai fatto, hai anche tirato molte più volte. Allora qual è la verità?

In entrambi i casi, lui tira ancora alcuni dadi con frustrazione e colpisce un verde. Ma poi si lamenta di quanto tempo ci sia voluto. Ha passato più tempo a guardarti e a lamentarsi che a giocare effettivamente. Nel frattempo, tu hai colpito la tua striscia verde. *È così più facile per te,* si dice. *Ottieni il verde ogni volta! Questo gioco è truccato, allora qual è il punto?* Si arrende.

✱✱✱

Quindi chi ha ottenuto il dado a 20 facce? Chi ha ottenuto il dado a 200 facce? Se capisci il gioco, capisci che una volta che tiri abbastanza volte, <u>non importa il dado che ti è stato dato.</u>

- Un dado con meno facce potrebbe tirare un verde prima.

- Un dado con più facce potrebbe tirare un verde dopo.

- Ma un dado con un lato verde ha *sempre* una possibilità di tirare un verde... *se lo tiri.*

- Ogni dado colpirà la sua striscia verde se lanciato abbastanza volte.

Tutti noi otteniamo un dado con molteplici facce. E guardando gli altri giocatori, non hai idea se è il loro centesimo tiro o il loro centomillesimo. Non sai quanto siano "bravi" gli altri giocatori quando iniziano, puoi solo vedere quanto bene stanno facendo *ora*. Ma, se capisci il gioco, sai anche che *non importa*.

Alcuni iniziano a giocare presto. Altri iniziano molto più tardi. Gli altri restano in disparte lamentandosi di quanto fortunati siano i giocatori. Immagino di sì, ma sono più fortunati perché giocano. E quando colpiscono il rosso, cosa che fanno, non si arrendono. Tirano di nuovo.

Imparare a fare pubblicità è molto simile al gioco del dado multifaccia. Non sai se funzionerà finché non provi. E quando inizi a fare pubblicità, probabilmente colpirai il rosso nei tuoi primi lanci. Ma se lo provi abbastanza volte, *colpirai il verde*. E *quando* funziona, hai una migliore possibilità che funzioni di *nuovo*. Più lo fai, più diventa facile. Inizi a capire il gioco. Indipendentemente da quanti giocatori ci siano o dal numero di facce sul dado che ti è stato dato, inizi a vedere solo due garanzie:

1) Più tiri, più impari.

2) Se ti arrendi, perdi.

Quindi ecco la mia promessa finale:

<u>Non puoi perdere se non ti arrendi.</u>

282

Regali Gratuiti : CTA

Se è gratuito, è per me!

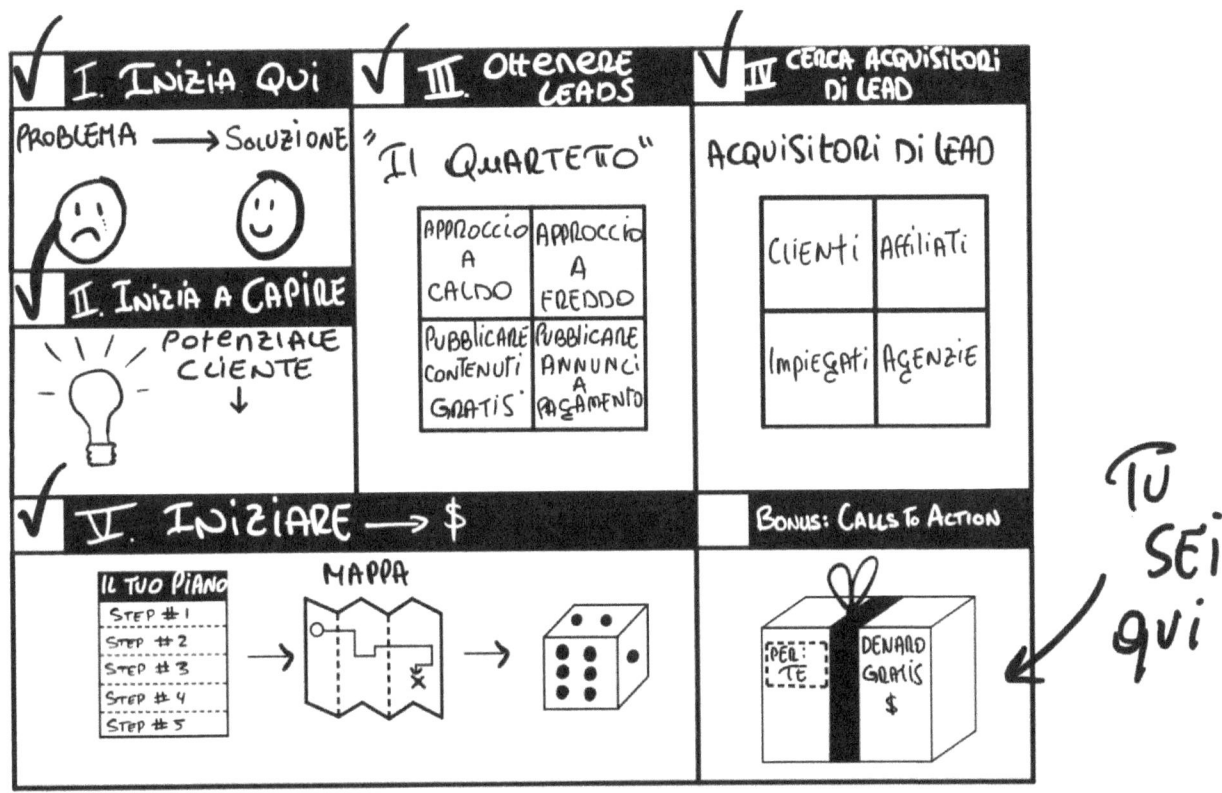

Tra un attimo ti darò un sacco di cose gratuite, quindi resta sintonizzato.

Il dottor Kashey (il mio editor) ed io abbiamo trascorso oltre 3.500 ore su questo libro. Abbiamo scritto più di 650 pagine e 19 bozze con varie cornici, temi e punti di focalizzazione. Ma alla fine, i cambiamenti hanno lasciato solo i concetti più essenziali. Abbiamo passato in rassegna 127 pagine di modelli disegnati a mano per selezionare quelli che sono stati inclusi nel libro - Tutto questo per dire che spero che questo lavoro ti aiuti a costruire l'azienda dei tuoi sogni.

Quando guarderò indietro nella mia vita, questi libri saranno tra le cose di cui sono più orgoglioso. Non sarei in grado di scrivere con tanta passione se non pensassi che le persone lo leggeranno. E per quanto io cerchi di essere l'uomo che lavorerebbe sodo anche se a nessuno importasse, non sono ancora arrivato a quel punto. Il tuo sostegno e la tua positività fanno la differenza per me. Quindi grazie dal profondo del mio cuore per avermi permesso di fare il lavoro che trovo significativo. Ne sono eternamente grato.

Se sei nuovo nella #mozination, benvenuto. Crediamo in grandi ambizioni e nel corrispondere le nostre ambizioni con doni e pazienza. E ho un obiettivo personale in questo spirito di donazione: *morire senza nulla da dare*.

Quindi, se sei ancora con me, grazie. Voglio darti ancora qualche regalino.

1) **Se stai cercando di capire a <u>chi</u> vendere,** ho pubblicato un capitolo chiamato "Il tuo Primo Avatar" tra questo libro e l'ultimo. Pensalo come un 'singolo' da un album musicale. Puoi ottenerlo gratuitamente su **Acquisition.com/avatar**. Basta inserire la tua email e te lo invieremo.

2) **Se stai avendo difficoltà a capire <u>cosa</u> vendere,** puoi andare su Amazon o ovunque tu compri libri e cercare "Alex Hormozi" e "$100M Offers". Dovrebbe metterti sulla strada giusta. La versione digitale è disponibile in vendita al prezzo più basso che la piattaforma mi ha permesso di fissare.

3) **Se stai lottando per convincere le persone a comprare, il mio prossimo libro sarà sulla persuasione e sulle vendite.** Potrebbe o potrebbe non essere già uscito al momento della tua lettura. Si chiamerà o "$100M Sales" o "Persuasione". Non ho ancora deciso. Ma se cerchi il mio nome, puoi cercare altri libri che potrebbero essere disponibili al momento della tua lettura.

4) **Se desideri un lavoro presso Acquisition.com** o in una delle nostre aziende del portfolio, amiamo assumere dalla #mozination. Lo facciamo con piacere perché abbiamo scoperto che otteniamo i migliori risultati investendo in persone eccezionali. Vai su **Acquisition.com/careers/open-jobs**, e potrai vedere tutte le posizioni aperte in tutte le nostre aziende nel nostro portfolio.

5) **Se la tua azienda ha un EBITDA (profitto) superiore a 1 milione di dollari,** saremmo felici di investire nella tua attività per aiutarti a crescere. Ci dà molta soddisfazione sapere che le aziende nel nostro portfolio sono cresciute molto più rapidamente della mia *perché hanno evitato gli errori che ho commesso*. Se vuoi farci dare un'occhiata e vedere se possiamo aiutarti, vai su **Acquisition.com**. Invia le tue informazioni è veloce e semplice.

6) Per ottenere i download gratuiti dei libri e i video di formazione che accompagnano questo libro, vai su **Acquisition.com/training/leads**.

7) **Se ti piace ascoltare podcast e desideri ascoltarne di più**, il mio podcast al momento di questa scrittura è tra i primi 5 nell'imprenditoria e tra i primi 15 nel settore aziendale negli Stati Uniti. Puoi trovarlo cercando "Alex Hormozi" ovunque tu ascolti i podcast. Oppure, visitando **Acquisition.com/podcast**. Condivido storie utili ed interessanti, preziose lezioni e modelli mentali essenziali di cui mi affido ogni giorno.

8) **Se ti piace guardare video**, dedichiamo molte risorse alla nostra formazione gratuita, disponibile per tutti. Abbiamo l'intenzione di renderla migliore di qualsiasi altro contenuto a pagamento, e ti lasciamo decidere se ci siamo riusciti. Puoi trovare i nostri video su YouTube o ovunque tu guardi i video cercando "Alex Hormozi".

9) **E se ti piacciono i video di breve durata**, dai un'occhiata ai contenuti brevi che pubblichiamo ogni giorno su **Acquisition.com/media**. Vedrai tutti i luoghi in cui pubblichiamo e potrai scegliere quelli che preferisci di più.

E, per ultimo, grazie di nuovo. Ti prego di essere uno di quei donatori e **condividere questo con altri imprenditori lasciando una recensione**. Significherebbe il mondo per me. Ti sto inviando energia positiva per la tua attività mentre lavoro dalla mia scrivania. Passo qui molto tempo, quindi è pieno di vibrazioni positive. Possa il tuo desiderio essere più grande dei tuoi ostacoli.

Spero di incontrarti presto, insieme alla tua azienda.

Alex Hormozi, Fondatore, Acquisition.com